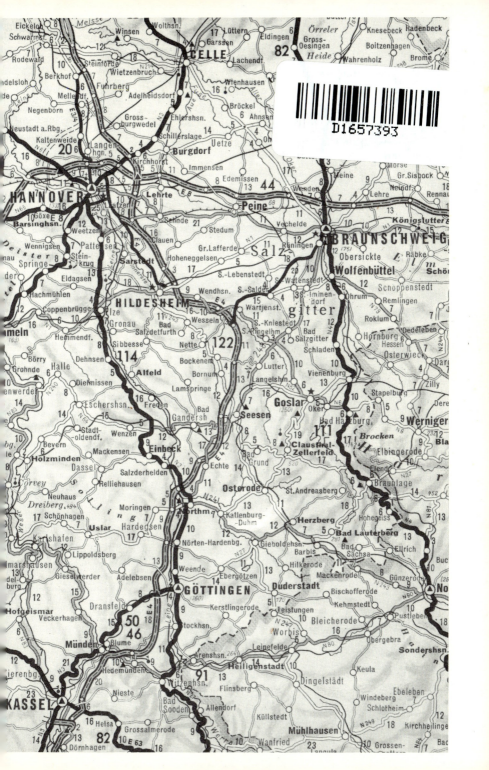

HEINZ MEYER

Damals –

Der Zweite Weltkrieg zwischen Teutoburger Wald Weser und Leine

VERLAG K.W. SCHÜTZ KG · PREUSSISCH OLDENDORF

Copyright 1980
Verlag K.W. Schütz KG · Preußisch Oldendorf
Alle Rechte vorbehalten
Printed in Germany
Gesamtherstellung: Kölle-Druck · Preußisch Oldendorf

ISBN 3-87725-094/7

Inhaltsverzeichnis

Vorwort 7
Zum Thema 9

A. Kriegsmaßnahmen für die Zivilbevölkerung

1. Bewirtschaftung von Gütern 13
2. Die Rüstung 18
3. Kriegsgefangene und Zivilarbeiter im Reich 21

B. Der Luftkrieg

1. „Fliegende Festungen" im Anflug 31
2. Tiefangriffe auf Verkehrsanlagen 47
3. 26. November 1944: Schwerste Luftkämpfe zwischen Weser und Deister 52
4. Deutsche Luftabwehr durch Flak und Flugzeuge 57
5. Marine- und Luftwaffenhelfer 71

C. Heimatkriegsgebiet

1. Der deutsche Volkssturm 79
2. Das Standgericht in Lügde 82

D. Kampfhandlungen im Raum Teutoburger Wald, Weser und Leine

1. Britischer Vorstoß am Mitteland-Kanal über Minden und Petershagen zur Leine 90
2. Verteidigungsmaßnahmen am Teutoburger Wald 100
3. Die 5. US-Panzer-Division auf der Reichsautobahn zwischen Bielefeld, Herford, Bad Oeynhausen und Weser 111
4. Der Weserübergang bei Hausberge und die Kämpfe um Bückeburg und Eisbergen 118
5. In Rinteln wurde der amerikanische Vorstoß gestoppt . . 127
6. Der deutsche Widerstand im Wesergebirge und zwischen Steinbergen und Pötzen 135
7. Amerikanischer Vorstoß über Lemgo und auf der Reichsstraße 1 bis Groß-Berkel am 4. April 1945 144

8. Unterstützung der Tiefflieger zum Weserübergang am
   5. April 1945 154
9. Bildung eines Brückenkopfes östlich Hameln 161
10. Die Stadt Hameln wird am 7. April 1945 besetzt. 168
11. Vom Teutoburger Wald zur Weser. (Raum Detmold,
    Blomberg, Bad Pyrmont, Bodenwerder) 176
12. Harte Kämpfe im Weserabschnitt Polle 185
13. Vorstoß auf die Weserfront zwischen Höxter und
    Beverungen 191
14. Siebzehn vernichtete US-Panzer vor Karlshafen 206
15. Waffen-SS verteidigt den Raum Warburg/Reinhardswald . . 210
16. Amerikanischer Vorstoß von Kassel nach Hann.-Münden
    und Göttingen 219
17. Vom Brückenkopf Ohr zur Leine
    (2. US-Panzer-Division am 6. April 1945) 230
18. Keine Verteidigungsanstrengungen in den Trümmern von
    Hildesheim (7. April 1945) 243
19. Gefechte um Vogler, Hils und Leine
    (Kreis Holzminden 7. und 8. April 1945) 249
20. Alfeld sollte „bis zum letzten Mann" verteidigt werden . . 261
21. Kampfhandlungen im Solling und die Besetzung von Einbeck.
    (Weserübergang Gieselwerder) 269
22. Besetzung der Gauhauptstadt Hannover (10. April 1945). . 284
22. Öffnung der „Deisterpforte".
    Weiße Fahnen zwischen Deister und Leine. 293

E. Waffenstillstand und seine Folgen

1. Gab es den „Werwolf"? 305
2. Die Verwaltung nach der Besetzung 306
3. Der britische Henker in Hameln 316
4. Preußenschatz in Kleinenbremen 321
5. Die Entnazifizierung 323
6. Der Schwarz- und Tauschhandel 325
7. Kriminelle Ausschreitungen 330
8. Neubeginn in der Besatzungszeit 334

Namensverzeichnis 340
Ortsverzeichnis 344
Quellenverzeichnis 352

Vorwort

Mit diesem Buch soll ein Stück Zeitgeschichte dargestellt werden, das viele von uns als mehr oder minder bedeutsam noch miterlebt haben. Seit dem Ende des Zweiten Weltkrieges sind inzwischen über 35 Jahre vergangen; es sind noch eigene Erlebnisse oder Ereignisse im näheren Raum bekannt, aber inwieweit unser Heimatgebiet um Teutoburger Wald, Weser und Leine durch kriegerisches Geschehen gelitten hat, ist in Vergessenheit geraten. Eigentlich wäre das auch gut so, nachdem äußerlich keine Zerstörungsspuren mehr zu finden sind. Immer wieder taucht jedoch die Frage auf: „Wie war das damals?" Zur Antwort soll hier ein Beitrag geleistet werden.
Die Erforschung geschichtlicher Vergangenheit kann sich nicht nur auf das Gute und Schöne beziehen. Ein Historiker soll sich bevorzugt jenen Ereignissen zuwenden, von denen viele Menschen im starken Maße betroffen wurden und die für die Meisterung gegenwärtiger und künftiger Probleme besonders lehrreich sein können. Jahrelange Forschungen haben es ermöglicht, einen Gesamtüberblick über die Verhältnisse in den Jahren 1939 bis 1945 und die Nachkriegszeit herzustellen. Selbstverständlich können hierbei nicht die zahlreichen Einzelschicksale berücksichtigt werden, von denen viele Familien betroffen wurden. Beschrieben werden auch nur Kriegsereignisse, die die Bevölkerung im behandelten Raum erlebte, nicht das politische Geschehen. Es kann auch kein Anspruch auf Vollständigkeit erhoben werden.
Man kann die Augen nicht vor der Vergangenheit verschließen. Der geschichtlich Interessierte weiß, daß auch diese Kriegszeit beschrieben werden muß. Ich möchte hiermit einen Beitrag zur Zeit- und Heimatgeschichte liefern.

Hameln, im Jahre 1980.   Der Verfasser.

Zum Thema

In Not und Bedrängnis geratene Menschen waren während und nach dem zweiten Weltkrieg ausschließlich damit beschäftigt, sich mit dem Notwendigsten zum Leben zu versorgen. Es hatte kaum jemand Muße oder das Verlangen, über diese Zeit Notizen zu machen. Erst mit Zeitabstand wurden einzelne Berichte verfaßt.
Die räumliche Abgrenzung auf das Gebiet um Teutoburger Wald, die Weser und den Leinefluß ergab sich daraus, daß in diesem Raum noch einmal – nach Schließung des Ruhrkessels – Verteidigungsanstrengungen unternommen wurden und hierüber bisher keine geschichtliche Darstellung vorliegt. Die militärischen Operationen im April 1945 sind links- und rechtsseitig der Oberweser von Minden bis Hann.-Münden räumlich lückenlos behandelt, eine Darstellung schließt an die nächste an.
Aus heutigen Erkenntnissen lassen sich viele Begebenheiten nicht verstehen. Wie immer in der Geschichte, kann auch der beschriebene Zeitabschnitt nur aus der Sicht der damaligen Verhältnisse betrachtet werden. Seit 130 Jahren stand kein Feind im Lande, jetzt sollte er ferngehalten werden. Man wußte von der Not der Vorfahren, die sie in Kriegszeiten unter fremder Besatzung erleiden mußte. Auch hieraus ist zu verstehen, daß Verteidigungswille teilweise bis zum äußersten vorhanden war.

Kriegsmaßnahmen für die Zivilbevölkerung

Bewirtschaftung von Gütern.

Wie in allen vergangenen Kriegen mußte seit dem 1. 9. 1939 die Bevölkerung mit ihren Vorräten und Erzeugnissen maßhalten. Um gerechte Verteilungen vornehmen zu können, wurden Bezugscheine und Lebensmittelkarten eingeführt. Schon am 28. August 1939, also einige Tage vor Beginn des Zweiten Weltkrieges, trat die Rationierung in einigen Versorgungsbereichen in Kraft. Das gesamte Deutsche Reich war von diesen Maßnahmen gleichermaßen betroffen. Im Verlauf des Krieges wurde die Ausgabe von Bezugscheinen auf fast sämtliche Gebrauchsgüter ausgedehnt. Eine soziale Einrichtung gab es zusätzlich in Städten. Dort wurden Großküchen eingerichtet, die zu den Kartenrationen zusätzlich „Stammessen" markenfrei verkauften. Bei Landwirten wurden Viehzählungen durchgeführt, um regelmäßig den Bestand kontrollieren zu können und um „Schwarzschlachtungen" zu verhindern. Das Getreide auf den Feldern durfte erst nach Schätzung von Sachverständigen geerntet werden. Eine eigens gebildete Schätzungskommission mit dem „Ortsbauernführer" war dafür zuständig.

Den Schulen fiel in der Kriegszeit die Aufgabe zu, Heilkräuter zu sammeln. Im Jahre 1939 wurde den Schulleitern eine Liste über 28 benannte Kräuter zugeleitet. Das aufgebrachte Sammelgut war dem Drogenhandel zur Verfügung zu stellen. Auch die Hitler-Jugend beteiligte sich an dieser Sammelaktion. Ähnlich verhielt es sich mit der Altmaterialsammlung. Viele Metalle (Eisen, Kupfer, Messing u.a.) wurden von Schülern zusammengetragen. Zwischenzeitlich fanden besondere Woll- oder Pelzsammlungen statt. Der Materialbedarf für die Rüstung war so groß, daß man im Jahre 1942 bereits einige Kirchenglocken beschlagnahmte und an verschiedenen Orten sammelte. Zum Einschmelzen ist es in zahlreichen Fällen nicht gekommen, offensichtlich hat man erst andere Metalle verwendet. Der Glocke der Kilianskirche in Lügde erging es ebenso, sie konnte nach dem Kriege wieder zurückkehren. Die Beschlagnahme von Metallen erstreckte sich auch auf schmiedeeiserne Gartenzäune und Türen. Es ist aber nur in einigen Fällen zur Ablieferung dieser Zäune gekommen.

Nach einer Verordnung des Reichsverkehrsministers vom 6. September 1939 wurde der größere Teil der Kraftfahrzeuge im zivilen Verkehr stillgelegt, der Rest durch Erteilung des „roten Winkels" zum Verkehr zugelassen. Die Erteilung des roten Winkels wurde an die Vorausset-

Pelzsammlung in Grohnde
(Krs. Hameln-Pyrmont)
– Januar 1942 –

Die erste Reichskleiderkarte war vom 1. November 1939 bis 31. Oktober 1940 gültig. ▶

Die letzte Lebensmittelkarte bei Kriegsende. Im Gültigkeitszeitraum war das Weserbergland bereits besetzt.

10 SV Lose Abschnitte sind ungültig! Gültig vom 9. bis 29. 4. 1945 **Lebensmittelkarte** für Vollselbstversorger über 6 Jahre EA.: Kreis Hameln-Pyrmont Name Wohnort Straße	306 74 SV	305 74 SV	304 74 SV	303 74 SV		
	312 74 SV	311 74 SV	310 74 SV		308 74 SV	
	318 74 SV	317 74 SV	316 74 SV	315 74 SV	314 74 SV	313 74 SV
325 74 SV	324 74 SV	323 74 SV	322 74 SV	321 74 SV	320 74 SV	319 74 SV

Schuhmacher
Marienau 33
XI Nr. b 227180 *

Reichskleiderkarte

für Frau / Fräulein _Frieda Pufvendraat_

Wohnort _Marienau – Salzburg_

Wohnung _____

(Mit Tinte auszufüllen)

Die Karte gilt bis 31. Oktober 1940; sie ist nicht übertragbar. Mißbräuchliche Benutzung wird bestraft. Verlorengegangene Karten werden nicht ersetzt. Aus dem Zusammenhang der Karte gelöste Kartenteile und Abschnitte sind ungültig. Auf die Karte können die umstehend genannten Waren bezogen werden. Bei jeder Ware ist angegeben, wieviel Abschnitte zum Kauf benötigt werden. Für nicht aufgeführte Spinnstoffwaren (z. B. Wintermäntel, Bett- und Tischwäsche) müssen, soweit sie bezugscheinpflichtig sind, Einzelbezugscheine beantragt werden.

Kaufe nur, was du wirklich dringend brauchst! Du mußt mit der Karte bis zum 31. 10. 1940 ausreichen. Alle Abschnitte sind bis zu diesem Zeitpunkt gültig.

Erläuterungen

Die Karte darf nur zur Befriedigung des Bedarfs des Karteninhabers benutzt werden. Die Abschnitte können von dem auf gedruckten Zeitpunkt ab bis zum 31. 10. 1940 ausgenutzt werden. Am 1. 11. 39 werden die Abschnitte 1–30, am 1. 1. 40 die Abschnitte 31–40, am 1. 3. 40 die Abschnitte 41–60 fällig usw. Die mit Strichen umrandeten Abschnitte können auch vor ihrer Fälligkeit zum Kauf eines Mantels, eines Kostüms, eines Kleides, einer Kittelschürze, eines Morgenrocks, eines Trainingsanzugs oder eines Bademantels benutzt werden.

Die benötigten Abschnitte werden von dem Verkäufer vor Aushändigung der Ware von der Karte abgetrennt und einbehalten. Beim Bezug von Strümpfen oder Söckchen trennt der Verkäufer außerdem den entsprechenden auf dem 1. Kartenteil unten aufgedruckten Bezugsnachweis ab und behält ihn ein.

Auf die Karte kann in jedem beliebigen Geschäft eingekauft werden.

zung geknüpft, daß die Weiterbenutzung des Fahrzeugs im öffentlichen Interesse liegt. Ärzte und Tierärzte erhielten in erster Linie die Genehmigung. Polizeiliche Kennzeichen am Fahrzeug wurden mit einem roten Winkel versehen. Die erwähnte Verordnung wurde durch Erlasse laufend ergänzt und die Benutzung von Kraftfahrzeugen immer mehr verschärft. Es waren zum Beispiel von etwa 900 vorhandenen Personenwagen im Zulassungsbezirk Bückeburg im Februar 1941 nur noch 241 PKW zur Benutzung freigegeben.

Nach einer anderen Reichsverordnung mußten Kfz-Besitzer immer damit rechnen, daß ihre Fahrzeuge für kriegswichtige Zwecke beschlagnahmt wurden. Besonders neuwertige PKW mit einen Hubraum von über 1500 ccm waren betroffen. Diese Fahrzeuge wurden eingesetzt, wo gerade Bedarf war. Auf diesem Wege kamen sehr viele zivile Personenwagen zu Fronteinheiten, obwohl sie für das Gelände gar nicht geeignet waren.

Auch schwere LKW wurden auf Holzgasbetrieb umgerüstet. Bei den Saurer-Werken wurden neue Holzgas-LKW (4,5 t) am laufenden Band hergestellt; der 100 PS-Dieselmotor eignete sich besonders für den Generatorbetrieb.

MERCEDES-BENZ NUTZKRAFTWAGEN *mit Gaserzeuger*

Der hervorragende Anteil der Daimler-Benz-Werke an der Entwicklung zuverlässiger und wirtschaftlicher Anlagen zur unmittelbaren Verwendung heimischer, fester Brennstoffe für den Kraftwagenbetrieb findet seinen Ausdruck in der Herstellung der „Mercedes-Benz-Gaserzeuger für Kohle", die auf Grund langjähriger Versuche, Beobachtungen und Erfahrungen gebaut werden und sich in der Praxis bereits bestens bewährt haben.

DAIMLER-BENZ AKTIENGESELLSCHAFT

Die in Autozeitschriften angebotenen Mercedes-LKW waren nur für kriegswichtige Betriebe erhältlich. Auch die Wehrmacht benutzte holzgasgetriebene Fahrzeuge.

Nach der Benzinrationierung stellte man sich auf den Holzgas- und Holzkohlengasgenerator um. Verschiedene Firmen stellten diese Anlagen her, für LKW wie auch für PKW. Einem Liter Benzin entsprechen 2,5 kg trockenes Holz, 1,5 kg Holzkohle oder 1,8 kg Karbid. Der Betrieb mit Holz kostete seinerzeit nicht ganz die Hälfte des Benzinpreises, der Betrieb mit Holzkohle etwa zwei Drittel des Benzinpreises. Durch die Umstellung auf diese Antriebsart verlor der Benzinmotor etwa die Hälfte der PS-Zahl.

Die Rüstung.

Eine große Anzahl gewerblicher Betriebe, die bisher für den zivilen Bedarf produziert hatte, wurde während des Krieges umgestellt und zur Herstellung von kriegswichtigen Gütern verpflichtet. Das betraf nicht nur Fabriken, sondern auch zum Teil kleinste Betriebe. Sogar die früheren Korbmachereien in Exten bei Rinteln erlebten durch Wehrmachtsaufträge geschäftlichen Aufschwung. In der Nähe von Rinteln befanden sich sechs Korbmachereien, die Munitionskörbe herstellen mußten. Als Arbeitskräfte waren ihnen je zehn Russinnen zugeteilt worden. In Hameln waren mehrere kleine Betriebe eingerichtet, die mit Hilfe von dienstverpflichteten Frauen Munition verschiedener Art herstellten. Torpedos, Kompressorteile und Luftschrauben, ebenso Gewehrmunition wurden von der Firma Rochling & Buderus Wetzler Werke in Mehle (Kreis Alfeld) geliefert. Die größte Munitionsanstalt im Weserbergland befand sich in Godenau bei Alfeld. Geschoßmäntel stellte die Firma Hans Preiß GmbH in Hameln her. In Holzen bei Eschershausen hatten sich mehrere Rüstungsbetriebe unterirdisch angesiedelt: Deutsche Edelstahlwerke AG (Kurbelwellen für Flugzeuge und U-Boote), und eine Firma C. Lorenz AG (Teilfabrik für elektrische Rüstungsapparate). Als Arbeiter waren hier zum Teil Strafgefangene aus dem Zuchthaus Hameln eingesetzt, zum Teil KZ-Insassen. Ein weitaus größerer Einsatz von KZ-Insassen im Weserbergland erfolgte ab 1944 bei der Porta Westfalica. In Barkhausen wurde ein Außenlager des KZ Neuengamme errichtet. Es bestand von März 1944 bis April 1945. Die männlichen Häftlinge arbeiteten in der Flugzeugindustrie. In Lerbeck bestand ein Kommando mit etwa 500 Häftlingen in dem gleichen Zeitraum. Etwa 150 weibliche Häftlinge waren in Hausberge/-Porta untergebracht, um bei der Herstellung von Flugzeugteilen zu helfen (Jägerprogramm). Allerdings waren diese Frauen bereits nach einem Monat Aufenthalt (im April 1945) befreit worden.
Die Anzahl der Herstellungsfirmen von Flugzeugteilen war bis zum Kriegsende besonders stark angestiegen. In Hann.-Münden war es die Firma Händler & Natermann, die Flugzeugteile herstellte, in Alfeld die „Alfa-Werke", in Hameln Fa. Bessert, Nettelbeck & Mertens KG, in Springe die Firma Bähre & Greten. Die Firma Franz Kaminski in Hameln überholte Flugmotore, die „Domag" (jetzt Fa. AEG-Telefunken) stellte monatlich 380 Fahrgestelle für Me 109 und Me 110 – Flug-

Im Hils an der Straße zwischen Eschershausen und Grünenplan waren Unterkünfte für die Kriegsindustrie errichtet worden. In unterirdischen Räumen wurden hier Flugzeugteile und Kurbelwellen für U-Boote hergestellt. (Jetzt Gelände der Firma DASAG). Foto: H. Meyer

zeuge her. Überall waren Kriegsgefangene und Zivilarbeiter zusammen mit dem deutschen Personal eingesetzt.
Die Firma Hanomag AG. in Hannover baute bis Kriegsende in den noch heute vorhandenen Gebäuden Halbkettenfahrzeuge und schwere Panzer. Wenn auch einige Hallen durch Luftangriffe beschädigt waren, ging die Produktion nach Tagen weiter.
Reichsminister Dr. Goebbels wurde im Jahre 1944 „Reichsbevollmächtigter für den totalen Kriegseinsatz". Am 24. August 1944 setzte er zur vollen Ausnutzung der Arbeitskraft die Arbeitszeit in den öffentlichen Verwaltungen und Büros der Wirtschaft einheitlich auf mindestens 60 Stunden in der Woche fest.
Aus Statistiken geht hervor, daß im Jahre 1944 die höchste Anzahl neuer Flugzeuge produziert wurde. Wenn das trotz der zunehmenden feindlichen Luftangriffe möglich war, lag das auch mit an der guten Planung des Rüstungsministers Albert Speer.

Die Hydrierwerke Hannover-Misburg hatten am Bahnhof Bögerhof der Extertalbahn Rinteln – Barntrup ein Ausweichlager eingerichtet. Die Behälter und die angrenzende Straße waren mit Tarnnetzen überspannt und so gegen Fliegersicht geschützt.

Noch 35 Jahre nach Kriegsende ist an den vorhandenen Unterkünften (Verwaltung, Bewachung) der Tarnanstrich erkennbar. Von Fliegerangriffen waren die Anlagen verschont geblieben.

Kriegsgefangene und Zivilarbeiter im Reich.

Nach dem Ende des Polenfeldzuges im Jahre 1939 wurden zahlreiche Kriegsgefangene im Deutschen Reich, vorwiegend in der Landwirtschaft, eingesetzt. Außerdem ergingen Verfügungen, wonach zivile Arbeitskräfte aus Polen zum Arbeitseinsatz verpflichtet wurden. Nach einer Rundverfügung vom 6. 2. 1940 des Präsidenten des Landesarbeitsamtes Westfalen wurde ein größeres Kontingent an volkspolnischen landwirtschaftlichen Arbeitskräften aus dem Arbeitsamtsbezirk Radom angeworben. Die Kräfte wurden durch Sonderzüge mit durchschnittlicher Stärke von 600 bis 800 Personen in die Aufnahmebezirke befördert. In den Arbeitsamtsbezirk Minden kamen aus diesem Kontingent ca. 600 polnische Landarbeiter, in den Arbeitsamtsbezirk Herford ca. 800 Arbeiter. Die Arbeiter mußten sich an für sie geschaffene Bestimmungen halten. Der Reichsführer-SS Himmler teilte mit Schreiben vom 8. 3. 1940 das Ausgehverbot mit, und zwar bestand es in der Zeit vom 1. 4. bis 30. 9. von 21 bis 5 Uhr, in der Zeit vom 1. 10. bis 31. 3. von 20 bis 6 Uhr. Ferner wurde angeordnet, daß jeder Ausländer eine Arbeitskarte mit Lichtbild und Fingerabdrücken zu führen habe. „Jeder gesellige Verkehr mit der deutschen Bevölkerung (Kino, Theater, Gaststätten) ist verboten".
Im Jahre 1940 konnten nach dem Frankreichfeldzug erneut Tausende von Kriegsgefangenen im Reichsgebiet eingesetzt werden. Die Landwirtschaft war zu diesem Zeitpunkt bereits mit polnischen Arbeitern fast hinreichend versehen. Die Franzosen wurden daher größtenteils in der Forstwirtschaft und in der Industrie untergebracht. Allein im Osterwald (Kreis Hameln) arbeiteten zwei Kolonnen Franzosen; sie waren im Ort Osterwald und in Dörpe im Saal einer Gaststätte einquartiert. Zahlreiche Kolonnen zu je 20 bis 30 Franzosen wurden in unseren Wäldern zum Baumfällen und zu Wegearbeiten herangezogen.
Im Verlauf des Krieges kamen Angehörige aller Staaten, die sich mit dem Deutschen Reich im Kriegszustand befanden, zum Arbeitseinsatz. Einen großen Anteil bildeten die russischen Kriegsgefangenen. Auch sie wurden in großer Anzahl als Waldarbeiter eingesetzt. Die einzelnen Trupps hatten zumeist eine Stärke von ca. 20 bis 30 Mann. Jeder Gefangene trug noch seine grüne Uniform und als Erkennungszeichen in großer weißer Schrift die Buchstaben „SU" (= Sowjetunion) auf dem Rückenteil.

Polnische Zivilarbeiter (1943), eingesetzt in Marienau-Salzburg und Dörpe (Krs. Hameln-Pyrmont) bei den Landwirten Heinrich Meyer und Conrad Marahrens.

Russische Zivilarbeiter nach ihrer Befreiung. (Raum Minden)

Zwei dienstverpflichtete Russinnen. Die amtliche Bezeichnung lautete „Ostarbeiterinnen". (April 1945)

Nach den Allgemeinen Bestimmungen des Reichsführers der SS vom 10. 9. 1942 waren Anwerbestellen für Ostarbeiterinnen im Alter von 15 bis 35 Jahren im besetzten Gebiet zu errichten, die für den Einsatz im städtischen und ländlichen Haushalt in Frage kamen. Damit waren Arbeiterinnen gemeint, die, wie es wörtlich heißt, „geeignet erscheinen und deren Erscheinungsbild dem rassischen Bild des deutschen Volkes möglichst nahe kommt".
Nach einer „Polizeiverordnung über die Kenntlichmachung im Reich eingesetzter Zivilarbeiter und -arbeiterinnen polnischen Volkstums" vom 8. 3. 1940 (Reichsgesetzblatt I, S. 555 Jg. 1940) hatten die Polen ein Kennzeichen zu tragen. Es bestand aus einem auf der Spitze stehenden Quadrat mit 5 cm langen Seiten und zeigte bei 1/2 cm breiter violetter Umrandung auf gelbem Grunde ein 2 1/2 cm hohes violettes „P". Russen und Ukrainer, die als Zivilarbeiter hier tätig waren, trugen ebenfalls in Stoff in gleicher Größe das Zeichen „OST" in blauer Schrift auf

weißem Grund. (Äußere Maße: 80 x 87 mm). Die Gendarmerieposten achteten darauf, daß die Zeichen auch sichtbar getragen wurden. Es drohte eine Geldstrafe bis 150, – RM oder 6 Wochen Haft. Das bezog sich auch auf die weiblichen Angehörigen der „OST"-Staaten. Es waren verhältnismäßig viele Arbeiterinnen aus der Ukraine in der Landwirtschaft eingesetzt.

In Städten lebten die ausländischen Arbeiter und Kriegsgefangenen zumeist in Baracken. Sie wurden durch Wachmannschaften morgens zur Arbeitsstätte geführt und abends unter Bewachung wieder zurückgebracht. Derartige Lager waren mit einem hohen Stacheldrahtzaun umgeben. Ein Lager russischer Kriegsgefangener, die zur Waldarbeit eingesetzt waren, befand sich in Mühlental bei Hemeringen. In diesem Lager sind bis zur Auflösung sechs Russen verstorben. Sie sind am Waldrand zwischen Mühlental und Friedrichshagen beerdigt. Die Gräber werden noch heute von Einwohnern gepflegt.

Über die Beisetzung verstorbener Kriegsgefangener bestimmte der Reichsminister des Innern am 1. 4. 1943, daß die Leiche unbekleidet in starkes Packpapier einzuhüllen sei und Särge einfachster Art zu verwenden sind. Die Teilnahme von Zivilpersonen und das Fotografieren waren verboten. Als Sargträger kamen Kriegsgefangene in Frage. Auch eine Kranzspende der Einheit ohne Schleife (Bezahlung aus Reichsmitteln) war bewilligt.

Am Nordhang des Osterwaldes in der Gaststätte „Holzmühle" waren in einem Anbau ca. 30 bis 50 Russen untergebracht. Auf dem angrenzenden Hof hatten sie Ausgang, jedoch unter Stacheldrahtumzäunung. Zwei Wachposten zogen morgens mit den Gefangenen in den Wald. Unter Aufsicht eines deutschen Haumeisters fällten sie Bäume. In der Freizeit flochten die Russen aus Weidenruten Kartoffelkörbe oder bastelten Kinderspielzeug. Das waren für sie Tauschobjekte, um ihre Lebensmittelrationen aufzubessern.

Die Verpflegung sowjetischer Kriegsgefangener wurde erstmalig am 6. 8. 1941 durch das Oberkommando des Heeres festgesetzt. In Lagern ohne nennenswerte Arbeit betrug die Ration für 28 Tage: 400 g Fleisch, 440 g Fett, 400 g Nährmittel, 600 g Zucker, 600 g Marmelade, 4500 g Frischgemüse, 550 g Sauerkohl, 36 kg Kartoffeln, 6 kg Brot, 375 g Käse. Bei Arbeitseinsatz sollte mehr verabfolgt werden. Am 10. 11. 1942 war durch den Oberpräsidenten der Provinz Hannover angeordnet worden, „ . . . daß das gesamte Fuchsfleisch aus Fuchsfarmen ohne Verzö-

gerung abgegeben und für die Verpflegung sowjetischer Kriegsgefangener verwertet wird. Das Fuchsfleisch ist in voller Höhe auf die zustehende Fleischmenge anzurechnen".
Für jeweils mehrere Kriegsgefangenenlager war ein Kontrolloffizier eingesetzt, der die Oberaufsicht führte.
Bei den Asphaltwerken in Holzen bei Eschershausen sollen etwa 2000 Arbeiter eingesetzt gewesen sein. Die Baracken lagen gut getarnt im Fichtenwald, so daß ein Luftangriff nie erfolgte. Einmal ist ein Häftling wegen Sabotage zum Tode verurteilt worden. Er wurde am Galgen aufgehängt. Die gesamte Belegschaft mußte zur Abschreckung an dem Toten vorbeigehen. Ein Friedhof in der Nähe der Anlage mit 26 unbekannten und 27 namentlich benannten Toten erinnert an diese Zeit.
Für den Wehrbereich XI befand sich das Stammlager („Stalag") in Fallingbostel. Hierzu gehörten u. a. am 9. 1. 1943 folgende Kommandos:

Kreis	Arbeits-kommandos	Zahl der Gefangenen	Lads. Schützenkp.
Hannover Stadt	63	5000	Hannover
Hannover Land	61	2800	Burgdorf
Nienburg	42	1600	Wunstorf
Bückeburg	8	400	
Stadthagen	15	800	Stadthagen
Rinteln	39	1600	
Hildesheim	37	1770	Hildesheim
Peine	46	1800	Peine
Marienburg	27	1000	
Einbeck	24	800	Einbeck
Alfeld	30	1100	Alfeld
Holzminden	20	500	Alfeld
Hameln	45	1800	Hameln
Springe	38	1200	

Es handelt sich hier nur um Kriegsgefangenenlager, die ständig unter militärischer Bewachung standen. Die Zahl der Zivil-Fremdarbeiter war höher.
Private Gespräche durften mit Kriegsgefangenen nicht geführt werden. Es lag natürlich an den Wachmannschaften, ob über dieses Verbot hinweggesehen wurde. In mehreren Fällen sind Bestrafungen erfolgt.

Hier einige Beispiele:

1. Am 23. 3. 1943 erstattet das Metallwerk Alfred Schwarz GmbH in Fröndenberg, Werk Hameln, Strafanzeige gegen ihr Gefolgschaftsmitglied Inge D. Darin heißt es: „... ist wiederholt dabei beobachtet worden, daß sie sich mit französischen Kriegsgefangenen eingelassen hat. So hat sie u.a. Schokolade angenommen, und heute wurde festgestellt, daß ihr von einem französischen Kriegsgefangenen ein Brief zugesteckt wurde." Sie wurde durch Strafbefehl zu einer Geldstrafe von RM 30, — anstelle einer Gefängnisstrafe von 6 Tagen verurteilt.
2. In Hess. Oldendorf wird am 6. 1. 1943 eine Strafanzeige gegen Frau Elli H. aufgenommen. Ihr wird auch verbotener Umgang mit französischen Gefangenen zur Last gelegt. Aus diesem Grund wurde sie sogar aus der Stuhlfabrik Brautlecht entlassen. „Einige Tage vor ihrer Entlassung wurde Frau H. ernstlich verwarnt, da sie mit im gleichen Arbeitsraum arbeitenden Kriegsgefangenen herausfordernde Blicke tauschte." Auch hierzu wurde eine Geldstrafe durch Strafbefehl ausgesprochen.
Für die eingesetzten Franzosen war bereits durch das Oberkommando der Wehrmacht mit Schreiben vom 3. 10. 1941 eine Erleichterung eingetreten. Darin heißt es, daß „mit Ausnahme der linksrheinischen Gebiete eine Auflockerung der Bewachung kriegsgefangener Franzosen" zu erfolgen habe. „Der Sinn soll sein, dem Franzosen gewisse Härten der Gefangenschaft zu erleichtern." Die Bewachung auf dem Wege von und zur Arbeitsstelle fiel fort. Die Auflockerung mag damit zusammenhängen, daß alsbald in Frankreich Freiwilligen-Bataillone der Waffen-SS für die Division „Charlemagne" aufgestellt wurden. Noch während des Krieges sind auch zahlreiche Franzosen in ihre Heimat entlassen worden.
Zahlreichen Kriegsgefangenen gelang auch die Flucht. Mit folgendem Fernschreiben vom 28. 12. 1943, 12.30 Uhr wurden zwei Russen gesucht:

„In den Bezirken Neustadt/Rbge., Nienburg, Stadthagen wird Polizeialarm Einsatzstufe „Beta" ausgelöst, während in den übrigen Alarmbezirken des KP-Bezirks Hannover im Rahmen der bestehenden verstärkten Kriegsfahndung nach den oben bezeichneten Personen zu fahnden ist.
Am 26. 11. 1943 in den späten Abendstunden drangen zwei Zivilpersonen in das Lager der Kriegsgefangenen in Münchenhagen, Krs. Nienburg, ein, ermordeten den Wachposten, stachen ihm mit eigenem Seitengewehr die Augen aus und forderten die anwesenden 35 sowjetischen Kriegsgefangenen zur Flucht und zum Überfall auf das Postgebäude auf. Die Gefangenen leisteten der Aufforderung keine Folge, sondern benachrichtigten den Arbeitgeber. Die Täter waren die Ostarbeiter Iwan Makarenko und Iwan Sorotschhan."

Ein Fernschreiben vom 29. 12. 1943, 14.05 Uhr, bezieht sich ebenfalls auf diese Täter:
„In der Nacht zum 29. 12. 1943 wurde in der Gemeinde Neuenknick Krs. Minden die Familie Wallbaum, bestehend aus 4 Personen, ermordet. Als Täter kommen Makarenko und Sorotschhan in Frage. Alle Dörfer in den Kreisen Diepholz, Nienburg, Minden und Schaumburg sind durch verstärkte Stadt- und Landwacht bei Tag und Nacht zu sichern."
Aus der Hannoverschen Zeitung von Neujahr 1944 geht hervor, daß in dem abgelegenen Haus vier Familienmitglieder in grauenvoller Weise ermordet wurden. Die Täter stahlen Anzüge und ließen ihre alte Kleidung zurück. Ob Sie verhaftet werden konnten, ist nicht bekannt.
Für den Raum Westfalen bestand ein Kriegsgefangenen – Stammlager in Forellkrug bei Paderborn. Die Aufsicht hatte die 1. Kompanie des Landesschützenbataillons 464 in Steinheim.
In der Landwirtschaft arbeitende Fremdarbeiter waren auf jeden Fall besser versorgt als Gefangene in Massenlagern. Bauern war es untersagt, mit Polen oder OST-Arbeitern an einem Tisch zu essen. Diese Bestimmung wurde sehr oft unbeachtet gelassen. Es war und bleibt Eigenart eines jeweiligen Charakters, wie er mit seinen Untergebenen umgeht. *)

---

*) Im Jahre 1975 schreibt ein Pole an den Verfasser:
„Ich hatte im Kriege bei euch besser zu essen als jetzt hier."

In welcher Anzahl im Deutschen Reich Fremdarbeiter und Kriegsgefangene eingesetzt gewesen sind, ergibt diese Übersicht:

am	31. 5. 1940	1,2 Millionen
	31. 5. 1941	3,0 Millionen
	31. 5. 1942	4,2 Millionen
	31. 5. 1943	6,3 Millionen
	31. 5. 1944	7,1 Millionen
	30. 9. 1944	7,5 Millionen

Unter den Millionen Fremdarbeitern gab es selbstverständlich eine Anzahl, die nicht bereit war, sich mit dem Schicksal abzufinden. Fluchtversuche, Widerstand oder Sabotage waren die Folge. In Bad Münder wurden am 24. 11. 1941 drei Russen auf der Flucht erschossen. In den Gemeinden Lahde und Bierde im nördlichen Kreisgebiet Minden befand sich ein Arbeitserziehungslager für Polen und Russen. Es war für Arbeitsverweigerer eingerichtet worden. In Sterberegistern ist zu den Todesursachen angegeben: „Innere Vergiftung", „Allgemeine Schwäche", „durch die Geheime Staatspolizei Hannover exekutiert" (28. 11. 1944, 14. 2. 1945) „Tuberkulose", „hat sich erhängt".
Die Todesstrafe wegen krimineller Handlungen ist u.a. vollstreckt worden in folgenden Fällen:
Am 26. 4. 1944 wurde ein Todesurteil durch Erhängen an einem Polen auf dem Klostergut bei Northeim vollstreckt, weil er sich an einem Mädchen von 8 Jahren vergangen hatte. Die gesamten in der Umgebung beschäftigten Polen mußten dabei zusehen. Ein Fall wegen einer gleichartigen Straftat ist aus Hannover bekannt. Als der Pole gehenkt wurde, mußte aus jedem Ort (u.a. aus Eldagsen) ein Landsmann an diesem Tage erscheinen, um der Vollstreckung beizuwohnen.
Auch aus Meierberg (Extertal) ist ein gleicher Fall bekannt. Hier wurde im „Schulwald" in den letzten Kriegsmonaten ein Pole öffentlich gehenkt. Die Polen aus der Umgebung mußten auch bei dieser Vollstreckung zusehen. Der Verurteilte war aus weiterer Entfernung herbeigeschafft worden. Seine Leiche wurde wieder mitgenommen.
Mit dem Einrücken der Amerikaner waren die ausländischen Arbeiter befreit. Russen wurden in Lagern untergebracht, um sie geschlossen abzutransportieren. Auch für die Polen hatten es die Besetzer angeordnet. In der Wartezeit, die sich bis Ende 1945 ausdehnte, gingen viele Ausländer auf Raub aus. (S. „Waffenstillstand und seine Folgen".)

Der Luftkrieg

„Fliegende Festungen" im Anflug.

Vorkehrungen für den Fall eines Krieges mit Luftangriffen hatte die Reichsregierung bereits 1937 getroffen. Nach den Schutzraumbestimmungen sollte bei Neubauten eine Schutzraum-Anlage im Kellergeschoß vorhanden sein. Im Runderlaß des Reichsministers der Luftfahrt vom 4. 5. 1937 waren Verdunkelungsvorschriften festgelegt. An Wohnungsfenstern dienten schwarze Papierrollen als Verdunkelung, Fenster von Wirtschaftsgebäuden erhielten einen blauen Anstrich. Über die Verdunkelung von Lichtanlagen an Fahrzeugen waren während des Krieges besondere Verordnungen erlassen worden. Im Auftrag und auf Kosten des Reiches wurden in Städten Bunker und Luftschutzräume gebaut. Als zum Kriegsende die Tiefangriffe zunahmen, war auch der Bau von Luftschutz-Deckungsgräben (1944) durch Gesetz angeordnet worden. An stark befahrenen Straßen hob der Volkssturm in bestimm-

Hochbunker in Hannover. Diese fast bombensicheren Bunker wurden nur in Großstädten errichtet. Die Bevölkerung in Kleinstädten und auf dem Lande mußte in hauseigenen Kellern Schutz suchen.

Merkblatt über die Verdunkelung!

1. Feindliche Flieger suchen in erster Linie die Großstädte mit ihren großen Industriebetrieben auf. Die beste Abwehr gegen Fliegerangriffe bei Dunkelheit ist die **einwandfreie** Verdunkelung.
   Wer die Bestimmungen dieses Merkblattes voll beachtet, schützt in erster Linie **sich selbst**. Nachlässigkeiten in der Verdunkelung gefährden aber auch die Nachbarschaft. Tue deshalb jeder seine Pflicht, achte auf die anderen und mache sie auf etwaige Fehler aufmerksam.
2. Die Verdunkelung dauert von Sonnenuntergang bis Sonnenaufgang. Die Zeiten sind täglich aus der Tagespresse zu ersehen.
3. Häuser, Vorder- und Hinterfront, Höfe und Stallungen **restlos** verdunkeln.
4. An Laden- und Geschäftstüren **Lichtschleusen** anbringen. Türen und Lichtschleusen **nicht gleichzeitig** öffnen. Es darf kein Lichtschein beim Öffnen der Türen auf Bürgersteig oder Fahrbahn fallen.
5. Sonstige Lichtquellen, insbesondere an oder in Normaluhren und Lichtreklame in einem Schaufenster oder am Eingang in mattweißer Farbe (nur Name der Firma oder Art des Gewerbes) darf **bis Ladenschluß** in den vorgeschriebenen Ausmaßen brennen.
   Farbiges, **besonders aber blaues Licht**, ist kilometerweit für Flieger aus der Luft erkennbar und deshalb verboten. Die Verdunkelungsanlagen dauernd überprüfen, sorgfältig schonen und bei Beschädigung sofort ausbessern.
6. Hand- und **Taschenlampen** im Freien nur abgeblendet benutzen und nur nach unten halten.
7. **Fußgänger** achtet beim Überschreiten der Straße auf die Straßenbahn und die herannahenden Kraftfahrzeuge, da die Führer der Fahrzeuge wegen der abgeblendeten Beleuchtung Euch **erst im letzten Augenblick** sehen können.
8. Den Schlitz an den Verdunkelungslappen der Scheinwerfern an Kraftfahrzeugen nur bis zu 8 Zentimeter lang und nicht breiter als 1 Zentimeter machen. Der Schlitz muß **unterhalb** des Brennpunktes der Lampe liegen und darf nur in wagerechter Linie verlaufen.
9. Scheinwerfer an **Fahrrädern** so abdecken, daß nur eine wagerechte 4 Zentimeter lange, 1 Zentimeter breite Öffnung an der unteren Hälfte der Abschlußscheiben das Licht austreten läßt.
   Rücklichter so abblenden, daß kein Lichtschein nach oben bringt.
10. **Außerhalb** geschlossener Ortschaften darf mit aufgeblendetem Licht (Scheinwerfer), in **geschlossenen** Ortschaften dagegen **nur** mit abgeblendetem Licht gefahren werden.
11. In Bewegung befindliche Land**fahrzeuge** und Züge auf öffentlichen Verkehrswegen, mit Ausnahme von Fahrrädern, führen bei Dunkelheit stets **abgeblendete** rote Schlußbeleuchtung.
12. **Nicht in Bewegung** befindliche Land**fahrzeuge** müssen, sofern sie nicht auf Parkplätzen oder an Orten abgestellt werden, die zur Verhütung von Unfällen besonders kenntlich gemacht sind, nach Maßgabe der allgemeinen Vorschriften unter Beachtung der Erfordernisse der Verdunkelung beleuchtet sein. — Laternengaragen fallen fort.
13. **Fahrräder** nicht an Bürgersteigen abstellen, da sie in der Dunkelheit nicht zu sehen sind und so Unfälle verursachen können.
14. Zur Durchführung **dringender** Arbeiten **im Freien** notwendige Lichtquellen in der Weise abblenden, daß bei Dunkelheit u. klarer Sicht aus 500 Meter Höhe in senkrechter und schräger Blickrichtung für ein normales Auge weder **unmittelbare** noch **mittelbare** Lichterscheinungen wahrnehmbar sind.

Wer gegen diese vorstehenden Punkte, die eine letzte Warnung sind, in grober Sorglosigkeit verstößt, begeht Verrat an der Gesamtheit des **Volkes** und wird in Zukunft unnachsichtlich bestraft.

Maschsee in Hannover 1945. Er war gegen Fliegersicht abgedeckt worden.

ten Abständen Deckungslöcher von etwa 1 mal 1 Meter aus. Ab Oktober 1944 hatten die Höheren SS- und Polizeiführer in dem jeweiligen Gaugebiet die „Fliegerwarnzeichen für den Straßenverkehr" angeordnet. Die Zeichen waren bei Fliegeralarm an Ortseingängen in den Farben Gelb/Blau/Gelb aus Holz, Pappe oder Stoff an der rechten Straßenseite anzubringen. Die Mindestgröße der Warnzeichen war auf 60 mal 80 cm festgelegt. Bei Beendigung des Alarms wurden die Zeichen, zumeist als Fahne, entfernt.
In größeren Städten waren Sirenen installiert, die Fliegeralarm meldeten. Zu unterscheiden waren „Luftgefahr", auch Voralarm genannt, „Fliegeralarm" und „Entwarnung".
Im Weserbergland wurden die Einwohner Heßlingens bei Rinteln als erste durch Bombendetonationen aus dem Schlaf gerissen. Es war die Nacht vom 10. zum 11. Mai 1940. „In der Trift" waren fünf Bomben gefallen, die glücklicherweise nur Flurschaden anrichteten. Seit dieser Zeit drangen die Briten regelmäßiger ins Reichsgebiet ein und warfen auch in unserem Gebiet vereinzelt Bomben: am 14. 5. 1940 auf den Ohrberg bei Hameln, am 18. 5. 1940 drei Bomben bei Rinteln, am 19. 5. 1940 bei Hausberge/Porta, am 20. 6. 1940 dreißig Sprengbom-

Im Kreise Lübbecke fielen am 22. Juni 1940 gegen 2.15 Uhr in Drohne die ersten Bomben. Wirtschaftsgebäude und Wohnhaus des Landwirts Willy Allhorn Nr. 48 brannten völlig nieder. Im Bild: Löscharbeiten der Drohner Feuerwehr.

ben bei Minden (Anlagen des Mittellandkanals). Bis Ende 1940 waren die Luftangriffe bereits zahlreich, aber sie hatten keinen großen Schaden verursacht. Auch im Jahre 1941 abgeworfene Bomben waren hier noch bedeutungslos, es gab hauptsächlich Flurschaden. In der Nacht zum 26. 7. 1941 beschädigten fünf Sprengbomben bei Hastenbeck eine Starkstromleitung, bei Benstorf brannten mehrere Stiegen Gerste und in Marienau/Salzburg wurden durch 18 Sprengbomben Fenster- und Dachschäden angerichtet.

Seit 1943 griffen die Angloamerikaner deutsches Reichsgebiet am Tage an, während die Nachtangriffe weiter durch die RAF geflogen wurden. Die Amerikaner mußten feststellen, daß sie oft nur schwer an ihr Ziel gelangen konnten, teilweise bis zu 20 % Verluste durch Flak und Jäger hinnehmen mußten. Die 8. US-AF hatte sogar die Luftangriffe auf das deutsche Reichsgebiet zeitweise eingestellt. Der Rückschlag der amerikanischen Bomberwaffe hatte seinen Grund in dem Mangel an

Eine britische Stabbrandbombe im Erdboden, gefallen am 22. Juni 1940 bei Drohne Krs. Lübbecke.

Langstreckenjägern. Der Jagdschutz konnte seine Bomber nur etwa bis zum Rhein begleiten und mußte dann abdrehen. Nach einiger Zeit wendete sich aber das Bild, als die Typen „Thunderbolt" und „Lightning" mit Tragflächenzusatzbehältern ausgerüstet waren. Bei klarem Wetter sah man die in etwa 8000 Meter dahinziehenden Bomberpulks von kleineren glitzernden Punkten begleitet: Es war der Jagdschutz. Die „fliegenden Festungen", so benannt wegen ihrer starken Bewaffnung, flogen in Verbänden zu etwa 30 Flugzeugen, die man vom Boden mit bloßem Auge zählen konnte. Jedes Flugzeug bildete oftmals einen Kondenzstreifen. Und bei dem gleichmäßigen Brummen der 120 Flugzeugmotore wurde immer wieder gefragt: „Wo bleiben unsere Jäger?"

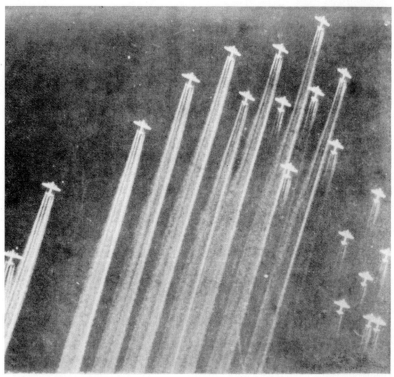

Für die Bevölkerung wurde dieses ein fast täglicher Anblick bei sonnenklarem Wetter. Amerikanische Bomberpulks zogen lange weiße Kondenzstreifen hinter sich her.

Amerikanische Bomber vom Typ B 17 (im Bild) flogen tagsüber das deutsche Reichsgebiet an. Britische Bomber erschienen nachts.

Wenn jedoch die deutschen Jagdflugzeuge erschienen, waren die Luftkämpfe vom Erdboden gut zu beobachten. Nach dem Geratter von Bordwaffen bildeten sich weiße Pünktchen in großer Höhe, es waren die Fallschirme der Besatzungsmitglieder. Oft kilometerweit voneinander entfernt erreichten die einzelnen Flieger den Erdboden.
Ein ehemaliger US-Flieger (Weaver) suchte durch die deutsche Presse im Jahre 1961 seine deutsche Retterin. Weaver gehörte einer amerikanischen Flugzeugbesatzung an, die am 26. Juli 1943 Hannover bombardiert hatte. Der Bomber wurde damals von Focke-Wulf-Jägern angegriffen, der Pilot war tödlich getroffen worden. Weaver selbst verlor den linken Arm. Da keine Aussicht bestand, daß er den Rückflug lebend überstehen würde, wagte der Schwerverletzte den Absprung. Er landete in einem Weizenfeld und wurde dort von einem 10 jährigen Mädchen aufgefunden. Dieses löste den Fallschirm, den Helm und die Sauerstoffmaske, tränkte ihr Taschentuch in Wasser und kühlte das Gesicht. Der Arzt, der damals die erste Hilfe leistete, konnte auf Grund

Viele Osnabrücker Volksgenossen.

Osnabrück, den 7. Oktober 1942.

An das Reichsluftfahrtministerium,

B E R L I N .

Viele Osnabrücker Volksgenossen, die gute Deutsche und treue Gefolgsglieder unseres grossen Führers sind, protestieren bei dem Reichsluftfahrtministerium energisch gegen den vollkommen ungenügenden Schutz, den unsere alte schöne Niedersachsenstadt gegen die andauernden terrorangriffe der englischen Verbrecher geniesst. Das hat auch der Angriff der Verbrecherluftwaffe in der vergangenen Nacht wieder bewiesen, wo die Banditen hier in Osnabrück nach Herzenslust schalten und walten konnten, und ihre tod-und verderbenbringende Lasten in beliebigen Mengen auf unsere Stadt abwerfen konnten, ohne hieran von der Flak oder dergl. genügend gehindert worden zu sein.

Fest steht jedenfalls, dass unsere hart an der Westgrenze des Reiches gelegenen Stadt im Vergleich zu anderen Städten, die längst nicht so gefahrvoll liegen, längst nicht den Schutz geniess wie diese Städte ihn in viel ausreichenderem Masse haben, und bitten die Bewohner Osnabrücks daher dringend, und zwar im Interesse unserer Frauen, Kinder und älteren Menschen, sowie im Interesse der noch erhaltenen wenigen schönen alten Kunstbauten, die bis jetzt noch kein Opfer der englischen Angriffe geworden sind, unserer dringenden Bitte umgehend Gehör schenken und dafür sorgen zu wollen, dass Osnabrück, als jüngste Grossstadt des grossdeutschen Reiches, nicht ganz dem Erdboden gleich gemacht wird.

Es ist die Stimme des " V O L K E S " die hier spricht.

Heil Hitler !

Viele Osnabrücker Volksgenossen.

Anonymer Hilferuf der Osnabrücker Bevölkerung an das Reichsluftfahrtministerium.

Der Osnabrücker Regierungspräsident unterstützte mit Fernschreiben vom 7. Oktober 1942 das Anliegen der Bevölkerung.

Osnabrück, den 7. Oktober 1942.

Fernschreiben!

1) An den Herrn Reichsminister des Innern in Berlin.
2) An den Herrn Oberpräsidenten in Hannover.

In der Nacht zum 7.10.1942 von 22,16-23,31 Uhr Grossangriff auf Osnabrück-Stadt und -Land. 40-50 Feindmaschinen. Abgeworfen wurden auf Osnabrück-Stadt 6-8 Minenbomben, 300-400 Sprengbomben, 15 000 Brandbomben, davon etwa 1/3 Phosphorbrandbomben. Bisher 28 Tote, 46 Verschüttete, 19 Schwer-, 40 Leichtverletzte, ~~1530~~ 1530 Obdachlose. Städt. Gaswerk beschädigt. Reichsbahnstrecken nach Bremen und Hannover am Hauptbahnhof Osnabrück unterbrochen. 8 Industriewerke beschädigt. 40 Grossbrände, 115 Häuser total zerstört, 140 schwer beschädigt, 835 leicht beschädigt. Das Schloss ist schwer beschädigt, das Landgericht ausgebrannt, die Dienstwohnung des Regierungspräsidenten schwer beschädigt.

Oberbürgermeister und Bevölkerung sind gleich mir der Meinung, dass Flakschutz absolut ungenügend. Eine Stadt mit so starker Industrie, die so oft Angriffen ausgesetzt ist, muss an Stelle der Heimatflak mit stärkerer ordnungsmässiger Flakartillerie, besonders mit schwereren Geschützen, ausgerüstet werden.

Im Landkreis Osnabrück in 26 Gemeinden durch Spreng- oder Brandbomben teilweise starke Häuserschäden, zahlreiche Bauernhäuser abgebrannt. Eine Kirche total zerstört. Papierfabrik Schoeller in Gretesch Teilschäden. Vereinzelte Bombenabwürfe in 5 weiteren Landkreisen.

Je 1 Flugzeugabschuss über Osnabrück-Stadt, Kreis Bentheim und Kreis Meppen.

Rodenberg,
Regierungspräsident.

Beglaubigt

des jetzigen Zeitungsartikels weiterhelfen. Weaver war damals nach 15 monatiger Gefangenschaft während des Krieges im Austausch in die USA entlassen worden.

Bei dem schweren Luftangriff am 26. Juli 1943 wurden in Hannover auch die Continental-Gummiwerke getroffen. Eine Bombe fiel zufällig in den Luftschacht und tötete dadurch allein etwa 100 Menschen. Vernichtet waren 3000 Flugzeug- und 16000 LKW-Reifen. Auch das Leineschloß war getroffen, damit hatte Hannover sein kulturhistorisch und architektonisch bedeutsamstes Bauwerk verloren.

Den schwersten Luftangriff erlebte die Hannoversche Bevölkerung in der Nacht vom 8. zum 9. Oktober 1943. Phosphorbomben setzten in dieser Nacht ganze Straßenzüge in Brand. Frauen mit Kindern auf den Armen rannten ins Freie, gerieten aber oft noch in größere Gefahren. Menschen, denen die Kleidung am Leibe brannte, liefen wie Fackeln umher, warfen sich zu Boden und erstickten, sich wälzend, die Flammen. Viele Menschen fand man am nächsten Tag zur Unkenntlichkeit verbrannt, viele starben in Kellern einen entsetzlichen Rauchtod. Etwa 700 britische Bomber hatten am 9. Oktober 1943 (1.05 bis 1.45 Uhr) in nur 40 Minuten 3000 Sprengbomben, 28000 Phosphorbomben, 230000 Stabbrandbomben und 80 Minenbomben über Hannover abgeworfen. Dadurch waren 1139 Personen getötet und 6319 verwundet worden. Wohnhäuser waren 3932 total zerstört, 13832 schwer beschädigt und 5829 leicht beschädigt. Es wurden außerdem 81 total zerstörte öffentliche Gebäude gezählt. Zu diesen Verlusten waren noch 250000 Menschen obdachlos geworden, die in umliegenden Städten und Dörfern eine neue Unterkunft suchen mußten. Auf den Bahnhöfen sah man die Evakuierten mit ihrem Luftschutzgepäck, ihr gesamtes gerettetes Hab und Gut. Vor ihre Augen, die noch vom Rauch am nächsten Tag entzündet waren, hielten sie Tücher.

Aber noch größere Opfer forderte der britische Angriff am 22. 10. 1943 auf Kassel. Dort befanden sich Panzer- und Lastwagenwerke sowie die Firma Fieseler, die Jagdflugzeuge vom Typ „Focke-Wulf 190" herstellte. Um 20.45 Uhr sollte dieser Stadt der Todesstoß versetzt werden. Neben Sprengbomben wurden hier besonders zahlreich Brandbomben geworfen, denn innerhalb von 15 Minuten stand die Innenstadt in hellen Flammen. Die Brandbomben fielen in so hoher Anzahl, daß jedes Gebäude mehrere Brandbomben (Stab) und mindestens zwei Flüssigkeitsbrandbomben mit Phosphorzündern erreichten. Und nach 45 Minuten bildete sich ein Feuersturm, der vielen Kasselern zur

Stadtmitte von Hannover 1944/45. Das Anzeiger-Hochhaus im Hintergrund ist erhalten geblieben. (Steintor)

Am „Kröpcke" in Hannover 1945. Im Hintergrund zerstörtes Opernhaus.

Todesfalle wurde. Im Altstadtgebiet – in engen Straßen – werden Menschen vom Feuersturm angezogen und spurlos verbrannt sein. Die genaue Anzahl der Toten ist nie festgestellt worden, es sollen über 9000 gewesen sein, darunter 1881 Kinder unter 16 Jahren. Bei etwa 70% der Leichen war als Todesursache „Tod durch Ersticken" festgestellt worden. Noch vier Tage nach dem Angriff fand man Lebende in Trümmerkellern. Auf den sechs Kasseler Friedhöfen reichte der Raum nicht mehr aus. Die Toten wurden in Massengräbern beerdigt, eine so hohe Anzahl Särge war nicht zu beschaffen.

Hauptbahnhof Hannover (Außenansicht) 1945.

Innenansicht des zerstörten Hauptbahnhofs 1945.

Im Umkreis von über 100 km von Kassel hatte die Bevölkerung den Angriff wahrgenommen, sie hörte das ferne Grummeln der Flak, die aufeinanderfolgenden Detonationen aus den Bombenteppichen und sah nach einiger Zeit auch in dieser Entfernung einen roten Feuerschein am Himmel. Wer das erlebt und gesehen hat, wird das nie vergessen.
Die Alliierten nannten ihre Tag- und Nachtangriffe „round the clock bombing". Es kam ihnen auch darauf an, durch Alarme die deutsche Rüstungswirtschaft zu stören. Die schnellen „Mosquitos" wurden zu diesem Zweck eingesetzt.

Wehrmachtsberichte in Rundfunk und Zeitungen machten nur kurzgefaßte Angaben über Luftangriffe und Abschußzahlen. Eigene Verluste wurden nie angegeben. In der größten nächtlichen Luftschlacht sollen 81 feindliche Flugzeuge abgeschossen worden sein, und zwar am 21. Februar 1944. Bei Tagesangriffen waren höhere Abschußzahlen zu erreichen: 11. 1. 1944 gleich 136 Flugzeuge, 29. 4. 1944 gleich 129 Flugzeuge, davon 121 Viermotorige.

Hameln, Ecke Kreuzstraße nach dem Angriff vom 14. März 1945.

Die Stadt Hameln, bisher verschont geblieben, mußte noch am 14. März 1945 einen schweren Luftangriff erleben: Der Bahnhof, die Kreuzstraße, Hastenbecker Weg und Stüvestraße wurden getroffen. Es waren 177 Tote, 93 Verletzte und 700 Obdachlose zu beklagen.
Auch in der alten Stadt Hildesheim wurde die Kultur eines Jahrtausend vernichtet, als am 22. März 1945 ein Bomberverband die tödliche Last abwarf. Nur 13 Minuten dauerte der Angriff. Die Menschen erstickten, verbrannten oder wurden zerrissen. Von manchen hat man nie er-

Hamelner Bahnhofsgelände.

fahren, wie sie hießen. Nach langer Zeit erst hatte man die Zahl von 1736 Toten ermittelt, obdachlos geworden waren 34000 Menschen. Hildesheim hatte sein einzigartiges Gesicht, ein altes Kulturzentrum aus Bau- und Kunstdenkmälern, verloren. Es waren völlig zerstört:
 89% aller Fachwerkhäuser,
 85% aller Geschäftshäuser,
 85% aller öffentlichen Gebäude.
Mit diesen Zahlenwerten stand Hildesheim unter den zerstörten deutschen Städten auf dem sechsten Platz.
Zu erwähnen ist noch Paderborn, das drei Tage vor der Besetzung die schwerste Katastrophe seiner langen Geschichte erlebte. Mit Handwagen, Fahrrädern und anderen Fahrzeugen hatten die meisten Einwohner ihre Stadt verlassen. Es sollen nur noch etwa 6000 Menschen in ihren Wohnungen gewesen sein, als am 27. März 1945 um 17.27 Uhr die amerikanischen Bomberverbände erschienen. Eine halbe Stunde lang prasselten etwa 3000 Spreng- und 65000 Brandbomben und etwa 50 Luftminen in alle Stadtteile. 80% dieser alten Stadt waren zerstört worden.

Hildesheim, das alte Rathaus nach dem Angriff vom 22. März 1945.

Das Ausmaß eines Bombenangriffs wird hier am besten deutlich: Die Innenstadt von Hildesheim. Nur zwei Wochen vor der Besetzung wurde die militärisch bedeutungslose Stadt Hildesheim in Schutt und Asche gelegt (22. März 1945).

Die Bevölkerung atmete auf, als sie nach der Besetzung mit Luftalarm nicht mehr zu rechnen hatte. Das beruhigende Gefühl war plötzlich ungewohnt, so sehr hatten sich die Menschen an die regelmäßigen Alarme und an die Bedrohung aus der Luft gewöhnt.
Ein friedliches Zusammentreffen zweier Gegner fand 1975 in Aerzen (Kreis Hameln-Pyrmont) an der Absturzstelle einer „Lancaster" statt. Geoff Taylor, der aus diesem brennenden Flugzeug in der Nacht vom 10. Oktober 1943 ausgestiegen war, traf hier mit seinem damaligen Gegner Felix Müller zusammen, als restliche Teile der Maschine geborgen wurden. An der Absturzstelle versuchten beide aus der Erinnerung heraus, den Luftkampf zu rekonstruieren. Taylor hatte sich im Oktober 1943 noch eine oder zwei Nächte im Wald zwischen Aerzen und Gut Schwöbber aufgehalten und wurde dann am Waldrand sitzend von Fremdarbeitern entdeckt. Zunächst brachte man ihn nach Hameln, um dann in die Nähe von Frankfurt weitergeleitet zu werden. Auf dem Bahnhof in Kreiensen wollte es das Schicksal, daß er hier seinen Opfern, den Ausgebombten aus Hannover, Koffer und Gepäck tragen mußte. In seiner Begleitung waren weitere gefangene Flieger.

Tiefangriffe auf Verkehrsanlagen.

Im Herbst 1944 nahmen die Tiefangriffe durch alliierte Jabos (Jagdbomber) im Reichsgebiet besonders zu. Um die Westfront in der Versorgung mit Nachschubgütern zu schwächen, waren Verkehrsanlagen das Ziel der Angriffe. Eisenbahnstrecken, Autobahnen, Schiffahrtswege und der Verkehr auf den Reichsstraßen wurden beobachtet und beschossen. Besonders gern erschienen die Jabos bei klarem Wetter. Sie konnten dann aus weiterer Entfernung den Dampf der Lokomotiven erkennen.
Ein Tiefangriff auf die Strecke Hameln–Lemgo forderte bei Aerzen am 15. 4. 1944 sieben Tote. Am gleichen Tage wurde der Bahnhof Karlshafen beschossen, hier gab es einen Schwerverletzten, der starb. Fast täglich erschienen die Jabos und brachten mindestens Unruhe in die

Der Schrecken der Zivilbevölkerung: Eine „Spitfire" im Tiefflug.

Bevölkerung, besonders im zweiten Halbjahr 1944, als die Alliierten in Frankreich Flugplätze belegt hatten. Zwei Tiefflieger hatten am 12. 10. 1944 bei Bad Nenndorf einen mit einem Roten Kreuz gekennzeichneten Zug beschossen und suchten anschließend im Nachbarort Apelern Angriffsmöglichkeiten. Sie fanden an einem Milchwagen einige Frauen, die einkaufen wollten. Die Schüsse der Jabos gingen glücklicherweise vorbei.
Zwölf Lightnings suchten am 18. 10. 1944 gegen 14. 30 Uhr im Oberwesergebiet die Bahnanlagen ab. Am Wahmbecker Tunnel hielt Lokführer Dohmann und rannte mit Heizer und Zugführer Löneke in den Tunnel. Sogleich detonierte eine Bombe in zehn Meter Entfernung. Blutüberströmt und mit zerfetzten Kleidern wurden die drei in das Beverunger Krankenhaus eingeliefert. Erst nach Monaten waren sie wieder arbeitsfähig. Diese Jabos griffen auch einen bei Wehrden stehenden Militär-Transportzug an, der durch Flak gesichert war. Mehrere Bomben fielen, teilweise auch in den Wald. Kinder, die sich in der Nähe aufhielten, wurden verletzt, zwei Mädchen starben im Krankenhaus.
Mehrere Orte zwischen Hameln und Minden spürten am 21. 11. 1944 Luftangriffe: Im Tiefangriff sollte die Autobahnbrücke bei Schermbeck zerstört werden. Aber sämtliche 22 Bomben verfehlten ihr Ziel.

Bad Oeynhausen dagegen wurde von 39 Sprengbomben getroffen. Die Stadt war danach 16 Stunden ohne Wasser. Bahngelände und zwei Lazarette wurden schwer beschädigt.

Ein voll belegter Lazarettzug, der Soldaten von der Ostfront transportierte – und auch mit Roten Kreuzen versehen war –, wurde am 23. Januar 1945 zwischen Voldagsen und Osterwald von Tiefffliegern angegriffen. Sechs bereits verwundete Soldaten wurden im Zug getötet.

Güter- und Militär-Transportzüge wurden im letzten Kriegsjahr durch leichte Flakgeschütze (2-cm-Vierling) geschützt, die am Schluß des Zuges angehängt waren. Auch gefährdete Eisenbahnanlagen erhielten Flakschutz. Im März 1945 waren u.a. die Bahnhöfe Hameln und sogar Voldagsen von 2-cm und 3,7-cm-Flak umgeben. Die Hamelner Flak konnte auch noch Treffer erzielen. Ein viermotoriger Bomber mußte am 25. 3. 45 bei Hastenbeck (Kreuzung Richtung Voremberg) notlanden. Eine tieffliegende Lightning wurde ebenfalls getroffen und stürzte hinter dem Grundstück des Sägewerksbesitzers Müller in Hastenbeck ab. Der Pilot wurde am Erdboden von der Bevölkerung in Empfang

Verkehrsknotenpunkte waren in den letzten Kriegsmonaten immer wieder Ziele alliierter Flugzeuge, um den Nachschub zu stören.

Die teilweise zerstörte Eisenbahn-Weserbrücke bei Vlotho. Vier Angriffe galten dieser Brücke: 21. Februar, 14. März, 24. März und 28. März 1945. Eine Spur der zweigleisigen Strecke war zerstört worden, ebenso 19 Häuser in der Nähe.

genommen und bedroht. Müller, der zur Zeit in Urlaub war, hatte Mühe, den Amerikaner zu schützen, so aufgebracht waren einige Männer, die jetzt den Feind vor sich hatten, der ihre Städte und Dörfer angriff. Besonders einige Bombengeschädigte und Evakuierte sollen sich hervorgetan haben. Um den Amerikaner vor tätlichen Angriffen zu bewahren, sperrte ihn Müller in seinen Keller, bis er von Wehrmachtsangehörigen aus Hameln abgeholt wurde.

Die schwersten Tiefangriffe erfolgten jeweils bis zu 100 km vor der Frontlinie. In diesem Bereich sollte der gesamte Verkehr lahmgelegt werden. Wahrscheinlich hatten Aufklärer in Barntrup regen Militärverkehr festgestellt. Denn am 31. März 1945 wurde diese Kleinstadt besonders angegriffen. Es sollen 12 Lightnings gewesen sein, die mit Bordwaffen auf Wehrmachtsfahrzeuge schossen und dann noch vierundzwanzig 500-kg-Bomben sowie Brandbomben warfen. Insgesamt hatten 249 Häuser Gebäudeschäden. Elf Personen waren getötet worden. Sieben Häuser brannten bis auf die Grundmauern nieder (Frische, Brakemeier, Kampe, Brand, Trappe, Müller und Vehmeier). Der Angriff dauerte eine halbe Stunde. Deutsche Gegenwehr fand nicht statt. Der Arzt Dr. Macherey wurde von Haus zu Haus gerufen, um die Verletzten zu behandeln. Als am Abend noch immer eine schwarze Rauchwolke über der Stadt stand, kamen nochmals Flugzeuge und warfen vier Bomben. Trümmer und Telefonmasten lagen auf und an den Straßen, und am Stadtausgang deuteten noch zwei tote Pferde auf die ganze Härte dieses Luftangriffs hin.

Auch die umliegenden Dörfer wurden an diesem Ostersonnabend (31. 3.) mehr oder weniger angegriffen. In Bega war der Bauernhof Ehlert durch Bomben zerstört. Drei Kühe und zwei Sauen lagen in den Trümmern begraben. Drei Zivilpersonen und ein unbekannter Soldat starben im Nachbarhaus. Alles, was sich auf den Straßen regte, wurde unter Feuer genommen. In Wendlinghausen und in Humfeld waren aus Essen evakuierte Feuerwehrleute stationiert. Als sie an diesem Nachmittag zum Löscheinsatz wollten, wurden ihre Fahrzeuge auf den Straßen zwischen Betzen, Farmbeck und Humfeld zerschossen. Etwa zehn dieser Fahrzeuge standen noch monatelang teilweise ausgebrannt an den Straßenrändern.

Die freiwilligen Feuerwehren waren während des Krieges der Polizei angegliedert. (Feuerlöschgesetz vom 23. 11. 1939) Diese technische Hilfspolizeitruppe nannte sich „Feuerlöschpolizei" und unterstand in letzter Instanz dem Reichsführer SS Heinrich Himmler. Sofern bei Luftangriffen Brände entstanden, wurden Feuerwehrleute oft Nacht für Nacht eingesetzt.

Wie gefahrvoll der Dienst in der Feuerwehr auch bei Tagesangriffen war, zeigt folgende Begebenheit: Am 28. März 1945 überflogen wieder starke Feindverbände den Solling. Diesmal fielen Bomben auf das Dorf Fredelsloh (bei Alfeld). 13 Häuser wurden zerstört und 47 teilweise schwer und leicht beschädigt. Auch 17 Tote waren zu beklagen. Als vormittags 10.10 Uhr die Northeimer Feuerwehr nach Fredelsloh unterwegs war, wurde sie bei Kilometerstein 1,8 von Tiefffliegern angegriffen. Acht Feuerwehrmänner waren tödlich getroffen. Anschließend beschossen die Jabos noch auf der Lutterbecker Straße ein Pferdegespann, das Holz geladen hatte. Der Gespannführer konnte unter dem Wagen Schutz suchen, die zwei Pferde wurden getötet.

26. November 1944:
Schwerste Luftkämpfe zwischen Weser und Deister.

An diesem Sonntagmorgen waren über Nordwestdeutschland an dem leichtbewölkten Himmel wieder zahlreiche Pulks feindlicher Flugzeuge zu sehen. Etwa 1000 „fliegende Festungen" und Jagdmaschinen hatten die Aufgabe, Bielefeld, Herford und die Hydrierwerke in Misburg bei Hannover anzugreifen. Für den Empfang über dem Festland sollte das I. Jagdkorps einsatzbereite Jagdmaschinen stellen. Von etwa 550 deutschen Jagdmaschinen wurden etwa 400 in Luftkämpfe verwickelt. Die Amerikaner konnten ihre Ziele dennoch gut erreichen: Bielefeld, das zwischen 12.13 bis 12.52 Uhr angegriffen wurde, erlitt Gebäudeschäden durch 495 Sprengbomben. Durch weitere Flugzeuge wurde Gütersloh fast gleichzeitig zwischen 12.17 und 12.20 Uhr bombardiert. 80 Tote und 52 Verletzte waren hier zu beklagen, nachdem 212 Sprengbomben auch die Miele-Werke stark beschädigt hatten. Über Herford wurden von einem weiteren Pulk innerhalb zwei Minuten (12.46 bis 12.48 Uhr) 158 Sprengbomben ausgeklinkt. Es gab 19 Tote und 13 Verletzte. Zwei amerikanische Verbände erschienen um 12.41 Uhr über Bad Lippspringe. Von 350 Sprengbomben gingen 276 in der Feldmark und 74 im Stadtgebiet nieder. Um den Eisenbahnknotenpunkt Altenbeken fielen an diesem Tag 257 Sprengbomben. Schließlich entstand in der Gauhauptstadt Hannover der größte Schaden: 862 Tonnen Bomben fallen im Stadtgebiet und 43 Personen werden getötet.
Auf dem Hin- und Rückflug wurden die Verbände immer wieder von den Messerschmitts und Focke-Wulfs angegriffen, diese wiederum gerieten dann in das Feuer ihrer Begleitjäger, der „Mustangs". Das 301. Jagdgeschwader, das gerade zwischen Weser und Deister mit den Mustangs zusammentraf, hatte an diesem Tag besonders schwere Verluste. Die Bevölkerung in diesem Raum konnte das an fast klarem Himmel in der Mittagszeit beobachten. Plötzlich war überall MG-Geknatter am Himmel. Motoren heulten auf, wenn die Maschinen sich im Tiefflug aus der Schußlinie bringen wollten. Aber immer wieder griffen die Deutschen die Bomber-Pulks an und konnten sogar Treffer anbringen. Eine „Liberator" stürzte im Wald bei Deckbergen ab, sechs Mann der Besatzung konnten sich durch Fallschirme retten. Ein über Fischbeck in Brand geschossener Bomber hinterließ am Boden weit

Deutsches Jagdflugzeug „Focke-Wulf 190". Diese Maschinen der Baureihe A 9 mußten sich am 26. November 1944 über dem Deister mit den amerikanischen „Mustangs" Luftkämpfe liefern.

verstreute Wrackteile. Inzwischen hatte aber eine Mustang wieder einen unserer Focke-Wulf-Jäger zerstört: Die FW 190 A 8 des Unteroffiziers Anton Schmidt wurde über Weibeck in Brand geschossen. Er konnte nicht mehr aussteigen und mußte später tot geborgen werden. Inzwischen war bereits über dem Auetal ein Viermot-Bomber in Brand geschossen worden, der bei Rehren A. O. niederging. Daraus hatten sich nur zwei Amerikaner lebend retten können, die anderen sind in Nachbardörfern tot aufgefunden worden. Indessen gingen die Luftkämpfe mit den Mustangs weiter: Bei Eimbeckhausen (Bad Münder) stürzten Oberfeldwebel Löffler und Fähnrich Raygrotzky ab. Beide fanden dabei den Tod. Immer griffen die Mustangs an, wenn sich die Deutschen einen Viermot-Bomber vorgenommen hatten. So auch im nördlichen Raum des Kampfgebietes. Bei Minden brannten bereits die Motore einer B 17, als der deutsche Verfolger getroffen wurde. Die FW 190 A 9 ging bei Tallensen (Kreis Schaumburg-Lippe) nieder, der Bomber stürzte bei Dankersen ab. Die Besatzungsmitglieder wurden in der zertrümmerten Maschine tot geborgen. Fünf Insassen konnten namentlich identifiziert werden, die weiteren waren so unkenntlich und durch Explosionen in Stücke gerissen, daß nicht festzustellen war, ob es zwei oder drei Menschen waren. Sie wurden auf dem Friedhof Dankersen beigesetzt.

Ganz im östlichen Luftraum über dem Osterwald mußte sich eine FW 190 gleich zwei Mustangs vom Leibe halten. Trotz wilder Kurbelei gab es kein Entkommen. Über dem Dorf Holtensen bei Eldagsen erhielt die deutsche Maschine die tödlichen Schüsse; sie stürzte auf einen Acker am Ortsrand.

Von der Heftigkeit der Luftkämpfe gerade über Süntel und Deister zeugen die zahlreichen Flugzeugabstürze. Im Raum Eimbeckhausen/Bad Münder stürzten drei weitere deutsche Jagdmaschinen ab. Es sind die Focke-Wulfs 190 A-9/R 11 von Leutnant Brinkmann, Unteroffizier Werner Meyer und Feldwebel Helmut Thiemann. Während Werner Meyer tot in den Trümmern seiner Maschine auf dem Grundstück einer Möbelfabrik aufgefunden wurde, fehlte zunächst von Helmut Thiemann jede Spur. Man fand ihn erst am 18. 12. 1944 in einer Tannenschonung im Rittergutsforst Stölting.

Absturzstelle eines Jägers. Sehr oft befand sich in den Trümmern noch der Pilot, der zur Unkenntlichkeit verbrannte.

Diese FW 190 des Jagdgeschwaders 301 zerbrach am 26. November 1944 mittags brennend über dem Osterwald. Das Leitwerk stürzte in die Revierförsterei Salzburg, der Rumpf auf eine Wiese bei Dörpe.

Nach den Luftkämpfen über dem Deister stürzten bei Gehrden (zwischen Weetzenerstraße und Franzburg) ein Viermot-Bomber und bei Bredenbeck eine Focke-Wulf ab. Der Pilot, Unteroffizier Schäper, konnte sich mit dem Fallschirm retten.

Trotz Fliegeralarm standen in den Dörfern zwischen Weser und Deister an diesem schönen Sonntagmittag zahlreiche Menschen vor ihren Häusern und beobachten die sich immer wieder neu entwickelten Luftkämpfe. Ohne zu wissen, ob es sich um ein deutsches oder ein feindliches Flugzeug handelte, eilten die Bewohner zur Absturzstelle. An dem vermuteten feindlichen Flugzeug fanden sie zu ihrer Enttäuschung zu oft die deutschen Hoheitsabzeichen. So war es auch, als über dem Osterwald die Maschine des Gefreiten Hennig brennend auseinanderbrach und der Rumpf mit den Tragflächen beim Gehöft „Pulvermühle" bei Dörpe in den Erdboden stieß. Das Leitwerk lag etwa 1 km östlich im Osterwald. Im Kreise Springe stürzten anschließend noch die Unteroffiziere Gabler und Kirchheis tödlich ab. Bei der hohen Anzahl der in Luftkämpfe verwickelten Flugzeuge war das Gesamtgeschehen nur schwer zu verfolgen, zumal wegen des Bordwaffenbeschusses Gefahren lauerten.

Zwischenzeitlich gingen auch die Maschinen des Unteroffiziers Willi Huke bei Pötzen und des Oberfeldwebels Erich Meyer bei Pohle (Nähe Lauenau) in die Tiefe. Beide sind tot geborgen worden. Unbekannt sind bis heute die Namen von zwei weiteren Piloten. Sie waren in ihren Flugzeugtrümmern zur Unkenntlichkeit verbrannt; ihre Maschinen sind bei Krückeberg und bei Wahrendahl (Hemeringen) abgestürzt. Ein Bomber aus diesen Kämpfen konnte sich noch einige Zeit in der Luft halten, um linksseitig der Weser bei Kalldorf/Lippe niederzukommen. Vier Besatzungsmitglieder daraus kamen bei Hausberge/Porta in Gefangenschaft. Mit einem weiteren bei Reinsdorf (Auetal) beobachteten brennenden Bomber, der im Kreise Stadthagen abstürzte, waren in diesen Luftkämpfen etwa 30 Flugzeuge (amerikanische und deut-

In den Trümmern ihrer Focke-Wulf-Jagdflugzeuge verbrannten bis zur Unkenntlichkeit am 26. November 1944 zwei Piloten, und zwar bei Wahrendahl (Hemeringen) und bei Krückeberg (Hess. Oldendorf). Sie ruhen in Wunstorf als unbekannte Jagdflieger.

sche) in einem verhältnismäßig kleinen Luftraum als brennende Fackel zu Boden gefallen. Es waren im Weserbergland die härtesten Luftkämpfe während des ganzen Krieges. Das hier eingesetzte Jagdgeschwader 301 hatte an diesem Tage im Raum Braunschweig 16 Maschinen und im Raum Weser/Deister 23 Focke-Wulf-Maschinen verloren. Von den 23 Verlusten waren zehn Piloten verwundet und dreizehn tot geborgen oder vermißt.

Die in diesem Raum gefallenen Flugzeugführer wurden durch Soldaten des Fliegerhorstes Wunstorf auf dem Stadtfriedhof beigesetzt. Um Vermißte jedoch hat man sich zu wenig gekümmert. Die Absturzstelle zwischen Holtensen und Eldagsen wurde durch einen Landsturmmann zwei Wochen bewacht, damit niemand Flugzeugteile entwenden konnte. Die Teile sind dann abgeholt worden, ohne daß Ermittlungen nach dem Piloten angestellt wurden. Erst am 26. 9. 1945 fand der Sohn des Grundeigentümers in dem Erdtrichter Haare und einen Körper, den Piloten. Es war der Unteroffizier Siegfried Baer, geb. 29. 5. 1923, aus Frankfurt/Oder stammend. Er wurde dann auf dem Friedhof in Holtensen beigesetzt, wo er noch heute ruht.

Luftabwehr durch Flak und Flugzeuge.

Zunehmende Luftangriffe alliierter Flieger erforderten während des Krieges verstärkten Einsatz von Flakbatterien und Jagdflugzeugen. Durch Flakgeschütze waren zunächst nur Großstädte und Rüstungsbetriebe gesichert, später setzte man auch leichte Flakbatterien an Eisenbahnknotenpunkten ein. Gegen die in Höhen von über 8000 Metern nahenden „fliegenden Festungen" waren nur Geschütze ab 8,8 cm Kaliber wirksam. Die Flakstellungen lagen etwa 5 bis 10 km vom Stadtrand entfernt, für Hannover z.B. bei Wettbergen, Ronnenberg, Steinkrug. Auch in diesem Umkreis waren Scheinwerferbatterien eingesetzt.

Aus der Presse war nicht viel über Flugzeugabschüsse zu erfahren. Bei besonderen Anlässen brach sie ihr Schweigen, z.B. als der Luftgau XI

Suchscheinwerfer am Nachthimmel. Aus dem Raum Hameln/Rinteln waren bei klarem Wetter die Scheinwerfer am Himmel in Richtung Hannover zu verfolgen.

mit seinen Flakgeschützen den 500. Abschuß erzielt hatte. Das war am 18. Dezember 1942. Drei Flugzeuge waren vernichtet worden, über einen Abschuß wird erwähnt:
„ Der ganze, etwa 300 Meter lange Weg, den die Maschine von der ersten Bodenberührung bis zum letzten Aufschlag zurücklegte, ist besät mit einzelnen Teilen des Flugzeugs, zersplittert ist das Fahrgestell, zerrissen sind die Flügel, und in den Bäumen, die das Flugzeug streifte, hängen Kabel und andere Teile. Wie unsere Jäger ihre Abschüsse am Leitwerk markieren, so halten auch die Briten ihre nächtlichen Flüge durch Aufzeichnung ihrer Ziele fest, und an dem Leitwerk der „Short-Stirling" kann man ablesen, daß sie schon manchen Terrorangriff gegen Wohnviertel deutscher Städte flog. (Düsseldorf, Duisburg, Mainz, Kassel, Lübeck, Bremen, Aachen, Osnabrück, München.) Daß unsere Flak einen solchen auf vielen Flügen gegen Deutschland eingesetzt gewesenen Briten das Lebenslicht ausblies, darf als besonderer Erfolg gewertet werden."

Erst mit der Zunahme der Luftangriffe im Jahre 1943 wurde die
„Reichsverteidigung" ausgebaut. Nachtjagdgeschwader kamen verstärkt in Einsatz. Die Bevölkerung konnte am wolkenlosen Himmel die Leuchtspurmunition der Bordwaffen funkensprühend erkennen. Beängstigend erschien danach der Absturz des brennenden Flugzeugs in der Nacht. Vom 30. zum 31. 8. 1943 sahen die Einwohner von Dörentrup (fr. Krs. Lemgo) eine derartige brennende Fackel auf sich zukommen. Es war ein Viermot-Bomber und stürzte in ein Haus in Hillentrup. Der 20jährige Sohn verbrannte dabei. Die toten Engländer wurden auf dem Friedhof in Hillentrup beigesetzt. In der gleichen Nacht wird über Höxter ein britischer Bomber in Brand geschossen, er stürzt bei Derental ab. Das Nachtjagdgeschwader 5 lag zu dieser Zeit auf dem Flughafen Wunstorf. Als dort eine seiner Maschinen um Mitternacht zum 23. 9. 43 landen wollte, wurde sie von feindlichen Jägern angegriffen. Sie stürzte auf den Hof des Bauern Battermann in Blyinghausen (Krs. Stadthagen) und wurde zerstört. Die Besatzung hatte sich mit dem

Nach einem Luftkampf mit deutschen Jägern im Weserbergland:
Britischer Bomber, abgestürzt 1942.

Fallschirm retten können (Me 110 Dora 5). Die Erfolge der deutschen Nachtjäger waren im Jahre 1943 noch bedeutend: Am 27. 9. werden bei Bückeburg (Gemeinde Stemmen) und bei Hattendorf nachts je ein britischer Bomber abgeschossen. Sternklares Wetter herrscht auch am 27. September 1943, so daß die Nachtjäger zum Einsatz kommen. Feindliche Flugzeuge stürzen in dieser Nacht ab: 1 bei Wulfhagen (bei Stadthagen), 1 bei Eilverse, 1 Feldmark Eldagsen, 1 Halvestorf/Haverbeck Krs. Hameln, 1 Eberholzen Krs. Alfeld, 2 in Mahlerten (bei Nordstemmen).

Wie gefahrvoll der Nachteinsatz auch auf deutscher Seite war, zeigt die Nachricht vom Tode eines erfahrenen Fliegers: „Der Kommandeur der I./NJG 1, Hauptmann Hans-Dieter Frank aus Kiel, stieß bei Hannover am 27. 9. 43 mit einem eigenen Nachtjäger zusammen und fand beim Fallschirmabsprung den Tod. Nach 55 Nachtabschüssen wurde ihm das Eichenlaub nach dem Tode verliehen."

Die Erfolge der Nachtjäger gingen weiter: Am 3. 10. 43 stürzte gegen 23 Uhr eine Halifax (4 mot) in das Steinhuder Meer. Zwei tote Kanadier wurden aus dem Wasser gefischt.

Aber immer wieder treten Unglücksfälle auf. Im Tiefstflug rasen Nachtjäger gegen einen Kirchturm oder einen Berg. Eine Nachricht über den Fliegerhorst Paderborn besagt: „Am 13. 9. 44 (1.18 Uhr) kreiste einige Zeit über Paderborn ein Feindflugzeug. Es hat sich bei Aufhellung des Rollfeldes und nach Abschuß von Signalpatronen für landende deutsche Nachtjäger diesen angeschlossen und dann im Tiefflug eine Sprengbombe auf ein Munitionsgebäude und eine Sprengbombe auf das Rollfeld geworfen." Auf diesem Flughafen ist wenige Wochen später einer der bekanntesten Nachtjäger, Oberst Helmut Lent, bei einer Taglandung verunglückt, als ein Motor aussetzte. Er war mit 110 Abschüssen (102 Nacht, 8 Tag) Kommandeur der II./NJG 2 und Träger des Ritterkreuzes mit Eichenlaub, Schwertern und Brillanten. Die Unglücksserie reißt auch im Jahre 1944 nicht ab. Nur um einen Fall im hiesigen Gebiet zu erwähnen: Schon am 2. Januar wird ein 24 jähriger Hauptmann von der I./NJG 3 durch Abwehrfeuer eines englischen Bombers schwer verwundet. Bei der versuchten Notlandung überschlägt sich die Maschine in einer Tannenschonung bei Bückeburg, wobei er den Tod fand. Das Ritterkreuz war ihm nach 29 Luftsiegen verliehen worden.

Das gesamte Jahr 1944 brachte eine Steigerung der Lufttätigkeit. Ein Bomberverband traf am 11. Januar 1944 über dem Weserbergland auf

Hauptmann Paul Szameitat (I./NJG 3). Bei Notlandung in einer Tannenschonung bei Bückeburg tödlich verletzt am 2. Januar 1944.

mehrere Maschinen des JG 11. Bereits nach einigen Feuerstößen der deutschen Jäger scherten Bomber aus ihrem Verband aus. Diese wurden dann einzeln angegriffen. Nach erneutem Beschuß brannten schon Motore. Getroffene Maschinen warfen Bomben im Notabwurf (u.a. 11 Sprengbomben bei Salzhemmendorf), um schneller zu entkommen. Es war aber zu spät. Der erste Bomber ging bei Ockensen am Ith in die Tiefe, ein weiterer stürzte bei Egge (Krs. Hameln) ab. Der Erfolg schien noch auf deutscher Seite: Weitere Bomber wurden abgeschossen bei Dohnsen, Merzhausen (Krs. Holzminden), bei Heyersum vor Hildesheim und bei Mardorf. Inzwischen aber waren die Me 109 in Luftkämpfe mit herbeigeeilten feindlichen Jagdfliegern verwickelt. Gefreiter Burmeister (JG 11) ging bei Nordstemmen nieder und wurde tot geborgen. Auch bei Heinsen/Weser stürzte eine Me 109 ab, der Pilot

Über seiner Heimatstadt Hameln schoß Hauptmann Heinz Knoke einen Viermot-Bomber in Brand. (Insgesamt 33 Luftsiege.)

war tot. Bei Sottrum wurde eine Maschine vom NJG 3 abgeschossen, die Insassen starben.

Zu erwähnen ist noch der Absturz bei Duingen am 19. 2. 1944: Feldwebel Raimann, zur 7./JG 54 gehörig, hatte im Luftkampf mit seiner Bf. 109 G 6 „weiße 3" Treffer hinnehmen müssen und hatte sie nicht mehr in der Gewalt. Bei Duingen konnte er noch mit Mühe eine Hochspannungsleitung überfliegen und stieß dann aber, anstatt auf der Wiese notzulanden, in eine feuchte Uferböschung. Von dem Piloten war nichts mehr zu sehen, die Maschine hatte sich tief ins Erdreich gebohrt. Deutsche Räumtrupps haben in der Folgezeit nur über der Erde liegende Teile fortgeschafft. Erst um die Jahreswende 1973/74 wurden die Reste auf privater Initiative geborgen. Der Pilot, Feldwebel Raimann, wurde auf Grund seiner Erkennungsmarke identifiziert. Die Beisetzung erfolgte auf dem Soldatenfriedhof in Salzderhelden in Anwesenheit einer Bundeswehrabordnung.

Im Rahmen der Schilderungen um die Verteidigung des Weserberglandes kann auch von einem aus Hameln stammenden Jagdflieger berichtet werden. Heinz Knoke, im September 1939 in Hameln das Abitur gemacht, wurde nach dem Besuch von Fliegerschulen Jagdflieger. Im Oktober 1943 hat er seinen 18. Luftsieg errungen. Während des Einsatzes im JG 11 trifft er mit einem Bomberpulk über seiner Heimatstadt Hameln zusammen. Darüber berichtet er persönlich folgendes (22. Februar 1944):
„Alarmstart 12.54 Uhr.
Mehr als 1000 Feindmaschinen sind gemeldet. Der Amerikaner fliegt längst nicht mehr in großen Pulks, sondern nur noch in Gruppen zu 20 bis 30 Maschinen. Diese kleinen Verbände sind beweglicher. Seine Flugwege nennen wir Bomberstraßen. Diese Bomberstraße läßt er laufend durch seine Begleitjäger überwachen.
Heute liegt die Straße genau über meiner Heimatstadt. Es ist ein seltsamer Zufall, daß ich gerade über den Bergen und Hügeln westlich Hamelns zum Angriff komme. Zusammen mit dem Obergefreiten Kreuger, der erst vor zwei Tagen zur Staffel versetzt wurde, greife ich eine Boeing in einem Verband von etwa 30 Viermots an.
Ich schieße seit zwei Wochen mit einer Kamera, die mit den Waffen gekoppelt ist. Die aufgenommenen Filme sollen u.a. für Lehrzwecke an den Jagdfliegerschulen verwendet werden. Meine erste Garbe setze ich der Boeing von vorn in die Kanzel. Bis auf Rammnähe gehe ich ein zweites Mal von hinten an meine Beute heran. Die Boeing versucht, aus meiner Garbe herauszukommen, und zieht eine scharfe Linkskurve. Doch meine Treffer hageln in ihre linke Fläche und ihre linke Rumpfseite. Ich muß an meine Kamera denken. Das gibt eine mustergültige Aufnahme in Großformat!
Flammen schlagen aus dem Rumpfende. Bis dicht unter den Rumpf ziehe ich und schieße, was das Zeug hält.
Der junge Obergefreite hat sich eine Boeing links neben der meinen vorgenommen. Der Junge hat Schneid! Bis auf wenige Meter ist er ihr auf den Leib gerückt. Er selbst muß schwere Treffer einstecken, geht aber nicht vom Fleck!
Da steigt die Besatzung meiner Boeing aus! Ihr Rumpf ist in Flammen gehüllt. In einer weiten Rechtskurve stürzt sie jetzt, eine lange, schwarze Rauchfahne nachziehend. Unter uns liegt Hameln!
Immer steiler wird der Sturz der brennenden Boeing. Senkrecht dreht sie sich um ihre Längsachse und schlägt in den Flußwiesen am Süd-

rande meiner Heimatstadt auf. Steil schießt eine mächtige Stichflamme empor. Von den Wiesen am gegenüberliegenden Ufer der Weser startete ich damals als Junge zum ersten Flug meines Lebens! Fast gleichzeitig mit meinem Abschuß fällt ein zweites Flugzeug vom Himmel und schlägt in einem Fabrikgelände am Südrand der Stadt auf. Es ist der junge Obergefreite, mein Rottenflieger! Es war sein erster Feindflug! Ich stoße auf den Aufschlagbrand seiner Maschine herab. Er muß sofort tot gewesen sein. Eine weite Kurve fliege ich dicht über den Dächern meiner alten Rattenfängerstadt. Die Straßen sind menschenleer. Sie werden in den Kellern hocken, die Bürger von Hameln. Nach eineinhalb Stunden Flugzeit lande ich mit dem letzten Tropfen Sprit."
Die Boeing, von der Hauptmann Knoke hier berichtet, ist bei Hajen Krs. Hameln abgestürzt. Drei Mann wurden darin tot geborgen, und in der Nähe der Absturzstelle sollen sieben Bomben gefallen sein. Dies geht aus früheren Geheimberichten der Wehrmachtsdienststellen hervor. Weiter wird darin ein Absturz einer Boeing um 13.43 Uhr in der Gemeinde Sandebeck (Krs. Höxter) erwähnt.
Täglich überfliegen in der Folgezeit feindliche Flugzeuge das hiesige Gebiet. Sämtliche Luftkämpfe hier anzuführen, würde zu weit führen. Bezeichnend ist noch der 29. April 1944: „Fliegerarlarm von 9.07 bis 14.45 Uhr. Bedeckt. Wolkenuntergrenze 800 m, Obergrenze 2000 m, Sicht 10 bis 20 km." In der Mittagszeit wurden die Bewohner von Lauenstein und Umgebung Zeugen eines harten Luftkampfes über dem Ith. Drei Jagdflugzeuge kurvten, zwischendurch mit Bordwaffen schießend, zwischen Ith und Osterwald. Man sah eine Maschine steil hochziehen, um dann nach einem Knall in die Tiefe zu stürzen. Auf einer Klippe des Ithgebirges westlich Lauenstein zerschellte sie. Der Pilot war noch abgesprungen, der Fallschirm öffnete sich aber nicht mehr. Man fand die Leiche später auf einem Acker. Es war der aus Wuppertal stammende Oberfeldwebel Seibel von der vierten Staffel des Jagdgeschwaders 11.
Etwa zehn Minuten später fand über dem Osterwald ein Luftkampf statt. Haumeister Hennecke aus Brünnighausen, der in der Nähe der Absturzstelle mit russischen Kriegsgefangenen arbeitete, erzählt: „Meiner Erinnerung nach haben drei amerikanische Flugzeuge auf das einzelne deutsche Flugzeug geschossen, bevor es abstürzte. Hohe Flammen loderten aus den in einer Tannenschonung liegenden Trümmern. Nachdem wir uns genähert hatten, konnten wir erkennen, daß es sich um ein deutsches Flugzeug handelte. Die Brünnighäuser Einwoh-

Neben einmotorigen Jagdflugzeugen waren auch diese „Zerstörer" vom Typ Me 110 gegen die eindringenden fliegenden Festungen eingesetzt. Teilweise mit 21-cm-Raketen ausgerüstet, sprengten sie feindliche Verbände auseinander. Die einzeln fliegenden Viermots waren dann leichter anzugreifen. 1943 befand sich die III. Gruppe des ZG „Horst Wessel" Nr. 26 in Wunstorf und verteidigte auch den Luftraum des Weserberglandes.

ner erschienen bald mit ihrem Bürgermeister Siever. Dieser sperrte die Absturzstelle ab und erklärte, es handele sich um ein feindliches Flugzeug. Am nächsten Tag (Sonntag, 30. April 1944) wurde der Pilot am Fallschirm hängend in einer Buche gefunden. Es war Leutnant Trockels, der mit seiner Me 109 G-6 vom Fliegerhorst Wunstorf gestartet war (6. Staffel des JG 11).

Wie verlustreich die laufenden Einsätze gegen die immer stärker werdenden Luftangriffe sein konnten, zeigt der Opfergang der III. Gruppe des Zerstörergeschwaders „Horst Wessel" Nr. 26. Dieses Geschwader flog ebenfalls Jagdeinsätze und war mit zweimotorigen „Zerstörern" vom Typ Me 110 ausgestattet. Im August 1943 lag die III. Gruppe auf dem Fliegerhorst Quakenbrück und wurde dort auf die neue Bewaffnung mit 21-cm-Werfern umgerüstet. Diese Geschosse sollten geschlossene feindliche Verbände auseinandersprengen, um danach die einzeln fliegenden Viermots besser angreifen zu können. Mit dieser neuen Waffe wurde die Gruppe von Wunstorf aus eingesetzt. Sicher war der Einsatz der Werfer zunächst erfolgreich, zahlreiche Abschüsse von Viermots wurden erzielt. Inzwischen verstärkte sich jedoch der feindliche Jagdschutz, der beweglicher als die Me 110 war.

Gute Angriffsposition hatte die Gruppe am 26. 11. 1943, als sie mit 24 Me 110 um 11.30 Uhr von Wunstorf aus startete. Sie konnte zwar sieben gegnerische „Fortress" abschießen, verlor aber durch den feindlichen Jagdschutz zwölf Me 110–Zerstörer. Neun Besatzungsmitglieder fanden den Tod, sieben wurden verwundet und die übrigen waren unversehrt mit dem Fallschirm zu Boden gekommen. Feldwebel Willert wurde am Fallschirm in 5000 m Höhe von einer Thunderbolt beschossen und verwundet. Auch am 11. Dezember 1943 startete die Gruppe mit 23 Me 110, um über dem Dümmersee einige Pulks „Fortress" anzugreifen. Nachdem sie die Wurfgranaten abgeschossen hatten, konnten sie nicht mehr angreifen, da der feindliche Jagdschutz sie abdrängte. Feldwebel Scherkenbeck konnte aber dennoch zwei „Fortress" abschießen, Feldwebel Röder sandte eine Spitfire, Unteroffizier Schubert eine Thunderbolt in die Tiefe. Die III. Gruppe mußte drei Gefallene und neun Verwundete melden.

Eine notgelandete amerikanische „fliegende Festung" vom Typ B 17. Die Bewaffnung war unterschiedlich, die stärkste Bewaffnung bestand aus 13 MGs vom Kaliber 50 (= 12,7 mm) mit verschiedensten Munitionssorten.

Auch der 20. Februar 1944 war ein verlustreicher Tag: Um 12.12 Uhr starten 13 Me 110 in Wunstorf. In 4000 m Höhe wurden sie plötzlich von feindlichen Jägern angegriffen. Dabei wurden elf Maschinen abgeschossen, so daß nur zwei Me 110 in Wunstorf zurückkehren. Auch der Platz Wunstorf wurde während dieser Zeit von zwei Tieffliegern angegriffen. Dort befanden sich noch neun Flugzeuge, an denen Flugzeugmechaniker arbeiten. Durch den Beschuß wurden die Unteroffiziere Huber und Dörenkamp verwundet, den Waffenwart, Obergefreiter Werner Hanning, trafen Kopf- und Rückenschüsse sofort tödlich. Er wurde in seinen Heimatort Heiden bei Detmold überführt, wo am 29. Februar 1944 die Beerdigung in Anwesenheit einiger Kameraden stattfand. Die Mutter, die vier Söhne hatte, verlor drei davon im Jahre 1944 als Soldaten.

Obergefr. Werner Hanning aus Heiden bei Detmold trafen tödliche Schüsse eines Tieffliegers, als er auf dem Fliegerhorst Wunstorf Me 110 – Zerstörer startklar machte. (20. Februar 1944)

Kameraden beerdigten Werner Hanning am 29. Februar 1944 auf dem Friedhof seines Heimatortes Heiden.

Die letzten zehn Maschinen der III. Gruppe starteten am 21. Februar 1944, um im Raum Rotenburg/Hann. auf den Gegner zu stoßen. Es gelang aber keine günstige Angriffsposition. Wegen Beschädigungen mußten bei Hildesheim zwei Me 110 bauchlanden, die restlichen acht kehrten nach Wunstorf zurück.

Als am nächsten Tag um 12.22 Uhr Startbefehl eintrifft, sind noch ganze acht Flugzeuge einsatzbereit. Sie treffen über dem Steinhuder Meer mit der I. Gruppe des ZG 26 zusammen, um gemeinsam Feindberührung zu suchen. Über Bielefeld schossen Oberleutnant Bley und Uffz. Teske je eine „Fortress" ab. Es entwickelten sich erbitterte Luftkämpfe, in deren Verlauf aber sechs Me 110 abstürzten. Es verblieben somit nur zwei Flugzeuge der gesamten Gruppe. Zwei weitere Maschinen konnten in den nächsten Tagen noch klargemacht werden, so daß vier Me 110 am 24. Februar 1944 aufstiegen. Allein konnten sie nichts ausrichten, sie trafen sich daher mit der I./ZG 26. Diesmal griffen sie über Holzminden Liberators an. Es waren zehn Pulks mit je 10 bis 15 Maschinen. Drei der vier eingesetzten Flugzeuge konnten je einen Abschuß eines Viermots erzielen. Leutnant Gern mußte aber seine Me 110 über Gießen verlassen und mit dem Fallschirm abspringen.

Leutnant Leopold Münster rammte bei Hildesheim einen Viermot-Bomber. (gef. 8. Mai 1944)

Als guter Schütze in der Reichsverteidigung galt der 23jährige Leutnant Leopold Münster. In Rußland hatte er bereits das Ritterkreuz erhalten, im Westen inzwischen 25 Abschüsse erzielt, insgesamt also 95 Luftsiege errungen. Am 8. Mai 1944 flogen wieder viermotorige Verbände über das Weserbergland, und Münster war wieder im harten Einsatz. Mehrere Versuche, einem Bomber nahe zu kommen, schlugen wegen der hohen Abwehrkraft fehl. Im Verlauf der weiteren Kurbelei rammte Münster einen Bomber; er fand dabei den Tod. Bei Hildesheim stürzten beide Maschinen ab. Nach dem Tode wurde L. Münster das Eichenlaub verliehen.

Ekkehard Tichy, Hauptmann, rammte bei Hann.-Münden einen Viermot-Bomber. (gef. 16. August 1944)

Ähnlich erging es dem Hauptmann Ekkehard Tichy. Auch er hatte sich als Rammjäger eingesetzt. Bei einem günstigen Schlag mit seiner Tragfläche war in vielen Fällen ein Abschlagen der gegnerischen Tragfläche möglich; er konnte danach noch seinen Fliegerhorst anfliegen. Tichy war bereits im März 1944 abgeschossen worden und hatte ein Auge verloren. Seit Juli 1944 flog er wieder im Jagdgeschwader 3. In seinen 25 Luftsiegen hatte er elf Viermotorige im Westen abgeschossen. Am 16. August 1944 kämpfte er wieder gegen Bomberpulks und rammte einen Viermot-Bomber. Dieses Mal konnte er nicht mehr aus seiner Maschine heraus. Bei Hann.-Münden, im bewaldeten Oberwesergebiet, schlugen beide Flugzeuge auf. Tichy lag tot in dem Wrack. Nach dem Tode wurde ihm das Ritterkreuz verliehen.

Die letzten erbitterten Luftkämpfe im nördlichen Weserbergland und über dem Steinhuder Meer waren am 7. April 1945 zu beobachten. Die feindlichen Bodentruppen waren zu diesem Zeitpunkt bereits bis Hildesheim und Wunstorf vorgestoßen. Es waren 1304 alliierte Bomber unterwegs, als über dem Steinhuder Meer und der weiteren Umgebung 183 deutsche Jagdflugzeuge (Me 109 und FW 190) auftauchten. Todesverachtend stürzten sich die deutschen Jäger in die gegnerischen Verbände. Mehrere Viermots stürzten brennend in die Tiefe. Der alliierte Jagdschutz, der insgesamt aus 792 Flugzeugen bestanden haben soll, verhinderte größere Erfolge. Und auch die eingesetzten Düsenjäger vom Typ Me 262 konnten gegen diese Übermacht nicht durchgreifen.

Der Luftkrieg war verloren. Von noch nicht besetzten Fliegerhorsten des Reichsgebietes starteten jetzt unsere Jagdflieger gegen die alliierten Bodentruppen. Als Tiefflieger beschossen sie vordringende Einheiten und konnten sich dadurch noch geringen Respekt verschaffen.

Am späten Nachmittag des 9. Februar 1945 zerschellte im Nebel ein deutsches Kampfflugzeug am Ith-Höhenzug. Die Besatzung wurde auf dem nahegelegenen Gemeindefriedhof in Harderode beigesetzt. Foto: H. Meyer

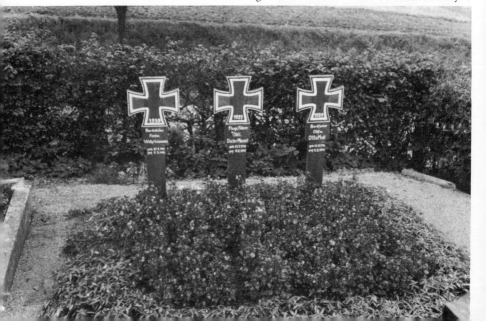

Marine- und Luftwaffenhelfer.

Wie groß der Personalbedarf im Kriege war, zeigt der Einsatz von Marine- und Luftwaffenhelfern. Nach den „Richtlinien für Luftwaffenhelfer" vom 26. Januar 1943 sollten die Schüler der siebten und sechsten Klasse der höheren und der sechsten Klasse der mittleren Schulen der Geburtsjahrgänge 1926 und 1927 zum „Kriegshilfseinsatz als Luftwaffenhelfer" (LW-Helfer) eingesetzt werden, sofern sie an ihrem Schulort verbleiben konnten oder als Heimschüler einer Internatschule angehörten. Sie hatten auch während des Kriegshilfseinsatzes als Schüler zu gelten. Es heißt in den Richtlinien u.a.: „Die jungen Menschen sind stolz darauf, daß sie bereits in noch nicht wehrpflichtigem Alter für den Sieg Deutschlands im Rahmen der Wehrmacht aktiv eingesetzt werden". Diese Formulierung traf sicher nicht auf alle Schüler zu. Da die im Weserbergland liegenden kleineren Städte nicht durch Flakartillerie geschützt waren und sich hier keine Einsatzmöglichkeit befand, wurden die Schüler in andere Einsatzorte verschickt. So kamen z.B. zum Flugplatz Achmer (bei Osnabrück) zur leichten Flakbatterie (2-cm, 3,7-cm-Geschütze) aus Holzminden 24 Mittelschüler und 51 Oberschüler. Sie wurden in Notunterkünften untergebracht und an Ort und Stelle unterrichtet. Die Lehrer kamen von der Mittelschule in Bramsche und von der Oberschule in Osnabrück. Außerdem war ein (Oberstudienrat) Feldwebel Wille bei der dortigen Flakgruppe in Mathematik und Naturwissenschaften eingesetzt. Daß während dieser Zeit schon im Hinblick auf den Lehrermangel der Unterricht nicht im erforderlichen Maße erteilt wurde, versteht sich von selbst.
Die Dienstverhältnisse der Luftwaffen-Helfer waren in Richtlinien festgelegt. Vorgesetzte der LW-Helfer im Sinne des Militär-Strafgesetzbuches waren nur die militärischen Disziplinarvorgesetzten. Daneben bestanden die Vorgesetztenverhältnisse des Lehrers und der Hitler-Jugend im Rahmen ihres Dienstes weiter. Im übrigen besagen die Richtlinien: „Bei der dienstlichen Beanspruchung ist auf die leichtere Ermüdung der Jugendlichen im Entwicklungsalter Rücksicht zu nehmen. Der Jugendliche braucht durchschnittlich zehn Stunden Schlaf. Bei Nachtdienst ist ausreichend Bettruhe bei Tage anzuordnen. Die LW-Helfer sind entsprechend ihrer körperlichen und geistigen Eignung beispielsweise zu verwenden im Fernsprechdienst, Flugmeldedienst, Auswertungs- und Umwertungsdienst, Dienst am Funkmeßgerät, Geschäftszimmerdienst.

LW-Helfer können auch nach Ausbildung in einer ihrer Entwicklungsstufe angemessenen Tätigkeit an der Flakwaffe Verwendung finden."
Schüler im gleichen Alter, die der Marine unterstellt waren, nannten sich „Marinehelfer". Zum Abschluß der Dienstzeit wurde dem Helfer ein „Luftwaffenhelferzeugnis" oder das „Marinehelferabgangszeugnis" erteilt. Die Beurteilung bezog sich auf die Fächer: Deutsch, Geschichte, Erdkunde, Biologie, Mathematik, Physik, Chemie und Latein.
Im Februar 1944 wurden Pyrmonter Oberschüler des Jahrgangs 1926, die als Marinehelfer eingesetzt waren, entlassen, um „für den Jahrgang 1928 Platz zu schaffen". Sie mußten nunmehr die Stammschule in Bad Pyrmont weiter besuchen, soweit sie nicht zum Arbeitsdienst einberufen wurden.
Zweifellos war der Dienst an Flakgeschützen für körperlich Schwache anstrengend. Sie mußten in erster Linie Granaten in die Stellungen tragen. Danach waren die Hausaufgaben zu machen. Für die Hamelner Oberschüler setzt sich der Hauptbannführer Sierk der Hitler-Jugend (Gebiet 8) aus Hannover (K.-Führer des Gebietes) ein und schreibt am 15. Januar 1944 an den Oberpräsidenten in Hannover:

„Lieber Parteigenosse Dr. Mainzer!
Die Schüler der Oberschule in Hameln, die als Marinehelfer bei der Einheit Feldpost-Nr. Sch. 1844 in Wilhelmshaven tätig sind, klagen darüber, daß sie die Schularbeiten, die sie außerhalb ihres Schulunterrichtes aufbekommen, nicht bewältigen können. Meine eigenen Erfahrungen zeigen, daß die Marinehelfer sowohl als auch die Luftwaffenhelfer der HJ den ganzen Tag über sehr stark im Dienst eingespannt sind. Ich wäre Ihnen dankbar, wenn Sie die zuständigen Schulbehörden in Wilhelmshaven anweisen könnten, mit der Aufgabe von Schularbeiten etwas mehr Maß zu halten. Da ich dem Vater eines Jungen versprochen habe, mich persönlich darum zu bemühen, wäre ich Ihnen dankbar, wenn Sie mir über das Veranlaßte kurz Mitteilung zukommen lassen könnten.   Heil Hitler!   gez. Sierk, Hauptbannführer."

Herr Dr. Mainzer hat darauf dieses Schreiben dem Herrn Sonderbeauftragten des R.E.M. *) für Marinehelfer, Herrn Oberstudiendirektor Lohse, in Wilhelmshaven zur Kenntnis- und Stellungnahme weiterge-

---

*) Reichserziehungsminister

leitet. Die Stellungnahme des „Sonderbeauftragten des Reichserziehungsministers für den Einsatz von Marinehelfern beim Marineoberkommando d. Nordsee" in Wilhelmshaven vom 2. Februar 1944 lautet:

> „Die Schüler der Oberschule für Jungen in Hameln, die als Marinehelfer eingesetzt sind, haben bei einer Besichtigung der Einsatzstelle durch Ministerialrat Freysoldt vom Reichserziehungsministerium kurz vor Weihnachten einen vorzüglichen Eindruck gemacht. Es hat sich gezeigt, daß tüchtige und pflichtbewußte Lehrer auch unter den erschwerten Umständen des Marinehelferdienstes in der Lage sind, gute unterrichtliche Leistungen mit ihren Schülern zu erzielen. Auf die Innehaltung von Arbeitsstunden, die als militärischer Dienst angesetzt werden, legen sowohl die militärischen Dienststellen wie auch das Reichserziehungsministerium besonderen Wert.
> Die von der Oberschule in Hameln abgeordneten Betreuungslehrer fassen ihre Aufgabe ernst auf und geben ihren Schülern ein gerütteltes Maß an Arbeit auf. Die Marinehelfer haben es nicht leicht, um diese Doppelaufgabe als Soldaten und Schüler zu erfüllen. Es handelt sich aber um Jungen, die einst die geistigen Führer des Volkes werden sollen und denen daher im 5. Kriegsjahr mehr zugemutet werden muß als sonst. Ich muß es daher ablehnen, irgendeinen Druck auszuüben, um das Maß der häuslichen Arbeiten der Marinehelfer einzuschränken, und weiß mich in dieser Frage mit den maßgebenden Stellen des REM durchaus einig."

Der Direktor der Oberschule für Jungen in Hameln teilte in einem Schreiben vom Februar 1944 dem Oberpräsidenten in Hannover mit, daß ihm eine ganz anders geartete Klage von einem Vater vorgetragen sei. „Sein Sohn fände nicht die Ruhe und Konzentration zur Arbeit, da in der Arbeitsstunde immer Marinehelfer seien, die Unfug machten". Weiter heißt es in dem Schreiben: „Daß die Jungen keinen Schaden erlitten haben, sah ich schon im Dezember, als die Urlauber strahlend vor Gesundheit, mit durchschnittlich acht bis zehn Pfund Gewichtszunahme und merklichem Längenwachstum hier antraten. Auch daß sieben von ihnen mit dem Kriegsverdienstkreuz II. Klasse mit Schwertern kürzlich ausgezeichnet wurden, betrachte ich als gutes Zeichen in dieser Hinsicht."

Die ärztliche Betreuung der Luftwaffenhelfer erfolgte durch Truppenärzte der Luftwaffe. Sie erhielten freie Verpflegung, Bekleidung und Unterkunft sowie eine tägliche Abfindung von 0,50 RM. Beim Ausscheiden wurden jedem LW-Helfer für jeden angefangenen Monat der Dienstleistung nach Vollendung des 16. Lebensjahres 15,00 RM ausgezahlt. Die Dauer der Dienstzeit war nicht festgelegt. Es hieß lediglich in den Bestimmungen, daß der Einsatz spätestens mit der Einberufung zum Arbeitsdienst oder zum Wehrdienst ende.
Ein Teil hannoverscher Ober- und Mittelschüler war an den Talsperren im Harz an 2-cm und 3,7-cm-Flakgeschützen eingesetzt. Zahlreiche LW-Helfer haben bei Luftangriffen ihr junges Leben lassen müssen. Der Flugplatz Achmer bei Osnabrück erfuhr am 21. März 1945 einen Angriff von eineinhalb Stunden. Viermot. Bomber warfen Rollfeld, Liegeplätze und Flakstellungen in ein Trümmerfeld. Die IV. Gruppe des JG 27, die dort zu dieser Zeit ihren Einsatzhafen hatte, behielt nur eine einzige Maschine von insgesamt 38 Bf. 109. Bei derartigen Angriffen haben die Flakbedienungen und ihre LW-Helfer Deckung gesucht, um zu überleben.

Luftwaffenhelfer am 3,7-cm-Geschütz in Brünte bei Bergkamen. Diese Sechzehnjährigen stammten aus dem Raum Stadthagen und sollten ein Hydrierwerk beschützen, das aus Kohle Benzin herstellte (1944). Erster von rechts: Albes, vierter von rechts: Butterbrodt.   (Foto: privat)

Deutscher Fliegerhorst nach einem Luftangriff. In den letzten Kriegsmonaten häuften sich die Tiefangriffe auf Flughäfen im Reichsgebiet. Die Jabos erschienen so zahlreich, daß eingesetzte Luftwaffenhelfer an leichten Flakgeschützen lieber Deckung suchten und somit selten Abschüsse erzielten.

An dieser Stelle müssen auch Tausende deutscher Wehrmachtshelferinnen erwähnt werden. In schicke Uniformen gekleidet, versahen sie ihren Dienst beim Heer, in der Luftwaffe und bei der Marine als Schreibstubenkräfte und Nachrichtenhelferinnen. Wenn auch in rückwärtigen Diensten eingesetzt, bestanden für sie ebenso große Gefahren. Dennoch verloren die Helferinnen kaum mehr die Nerven als ihre „starken" Kollegen, die Männer. An Geschützen und Maschinenwaffen fanden sie keine Verwendung, wohl aber an Scheinwerfern der ortsfesten Heimatflak-Batterien. Eine LW-Helferin hatte einmal bei nächtlichem Störangriffen von Mosquitos eines dieser schnellen Flugzeuge im Scheinwerferstrahl und bediente ihr Gerät dermaßen geschickt, daß der Feindpilot trotz verzweifelter Ausbruchsversuche nicht mehr dem Blendstrahl entkam. Und nun setzte die bewundernswerte Leistung dieses Mädchens ein, als es feststellen mußte, wie die Mosquito unmittelbar auf seinen Scheinwerfer zustieß, immer näher kam und größer wurde – und trotzdem wich es nicht vom Gerät, hielt den Piloten unerbittlich im Blendstrahl, bis dieser, völlig geblendet und ohne Orientierungsvermögen, mit seinem Flugzeug 30 Meter neben dem Scheinwerfer auf dem Boden explodierte. Das geschah Anfang Oktober 1944 südlich des Flugplatzes Oldenburg.

Zahlreiche Mädchen sind auch bei Luftangriffen gefallen. Sogar als unbekannte Helferinnen (Hann. Münden) sind viele bestattet, und Vermißte sind noch heute registriert, in einem Fall mit dem Vermerk: „Letzte Nachricht aus Bisperode".

Bei Kriegsende mußten sich Tausende dieser Wehrmachtshelferinnen in Zivilkleidung verstecken, um sich in ihre Heimat durchschlagen zu können. Oft lebten sie einige Zeit bei Bauern als Dienstmagd getarnt.

In „Wehrertüchtigungslagern" wurden Hitlerjungen auch an der Waffe ausgebildet, um bei der Einberufung zur Wehrmacht auf den Kriegseinsatz vorbereitet zu sein. Die HJler in Winteruniform von links nach rechts: F. Dieck, J. K. Grimm, H. Knost, Brünninghausen Krs. Hameln.

Heimatkriegsgebiet

Der Deutsche Volkssturm.

Die ungünstige Kriegslage hatten die Vergeltungswaffen V1 und V2 im Jahre 1944 nicht verändern können. Der Druck feindlicher Truppen auf das Deutsche Reich verstärkte sich zunehmend. Im Süden (Italien) und im Westen (Frankreich) näherten sich die Amerikaner und Engländer; die Sowjets standen bereits in Polen.
Die Wehrmacht war stark ausgeblutet. Es standen nur noch Jugendliche und Greise zur Verfügung.
Nach einem Erlaß über die Bildung des Deutschen Volkssturms vom 25. September 1944 wurden nunmehr die Männer zwischen dem 16. und 60. Lebensjahr im gesamten Reichsgebiet zur Verteidigungsbereitschaft aufgerufen. Die Aufstellung und Führung des „Deutschen Volkssturm" übernahmen befehlsgemäß die zuständigen Gauleiter. Der Volkssturm wurde von den Hoheitsträgern kreis- und ortsgruppenweise aufgestellt, also von Kreis- und Ortsgruppenleitern.
Die Ausführungsbestimmungen vom 26. September 1944 zum Führerbefehl über die Bildung des Deutschen Volkssturms besagen:
„Die Hoheitsträger übertragen die Führung und Ausbildung fronterfahrenen Politischen Leitern, Gliederungsangehörigen, Polizeioffizieren oder sonstigen geeigneten Volksgenossen. Die Auswahl ist nach folgenden Gesichtspunkten zu treffen: Treue zum Führer, Standhaftigkeit und soldatisches Können."

Nach der II. Ausführungsbestimmung hatte sich der Volkssturm in Einheiten zu gliedern: Gruppe (bis neun Mann), Zug (drei bis vier Gruppen), Kompanie (drei bis vier Züge) und Bataillion (vier Kompanien). Dazu wurden folgende Dienstgrade eingeführt: Volkssturmmann, Gruppenführer, Zugführer, Kompanieführer, Bataillonsführer. Die Kompanieführer wurden vom Kreisleiter, die Bataillonsführer vom Gauleiter ernannt. Als Bekleidung waren „alle Uniformen sowie wetterfeste Sport- und Arbeitsanzüge geeignet". Die Uniformen der Partei sollten auf feldverwendungsfähige Farbe umgefärbt werden. Als Dienstgradabzeichen wurden silberfarbene Sterne eingeführt. Ferner war eine herausgegebene Armbinde mit der Aufschrift „Deutscher Volkssturm-Wehrmacht" zu tragen.
In den Kreisen und Ortsgruppen des Weserberglandes waren die Volkssturmeinheiten zu Übungen an Sonntagvormittagen herangezogen.

Der Gau ist zur Stelle!

Freitag, den 20. Oktober 1944

Der Gauleiter meldet dem Führer: „Volkssturm aufgeboten!"

Nie wurde ein Befehl fanatischer erfüllt

NSG. Hannover, 20. Oktober.

Als in einer geschichtlichen Stunde die Volksgemeinschaft unseres Niedersachsengaues Südhannover-Braunschweig am Abend des 18. Oktober über den Rundfunk aus dem Munde des Reichsführers ⚡⚡ und Befehlshabers des Ersatzheeres davon Kenntnis nehmen konnte, daß der Führer den Deutschen Volkssturm aufgerufen hat, da gab es in unser aller Herzen nur die leidenschaftliche und fanatische Antwort: Führer befiehl — wir folgen in bedingungsloser Treue! Jeder Mann und jede Frau, jeder Junge und jedes Mädchen wußten in diesem Augenblick: In kriegsentscheidenden Stunden unseres Volkes hat der Führer diesen dokumentarischen Befehl erlassen. In diesem Befehl verkörpert sich zutiefst das, was wir alle auf den Wehrappellen unseres Gaues ausgesprochen und gelobt hatten, nämlich der entschlossene und heilige Wille zum Volkskrieg und damit zum Sieg und zum nationalsozialistischen Leben.

Schon 24 Stunden später wurde das Wort, welches bereits einmal in der Geschichte unseres Volkes eine schicksalhafte Bedeutung bekommen hat, bis in die letzte Stadt und bis in das letzte Dorf unseres weiten niedersächsischen Landes lebendigste Wirklichkeit: Das Volk steht auf, der Sturm bricht los! Ungezählt waren die vielen Zehntausende, die sich spontan in wirklichen Aufmärschen und Kundgebungen des Volkes zum Befehl des Führers und damit zu einem Volkskrieg bekannten, wie ihn die Geschichte bisher nicht kennengelernt hat. Es lag jener Geist über den Kundgebungen, der uns Nationalsozialisten in der Kampfzeit so stark gemacht hat und der heute ein ganzes Volk unüberwindbar machen wird. Inmitten der verschworenen Gemeinschaft unseres Volkes spürten wir mit allen Fasern unseres Herzens, warum wir so fest und zuversichtlich an den Sieg glauben dürfen. Wenn es noch eines besonderen Beweises bedurft hätte, daß wir nicht bereit sind, im Zuge des Vernichtungswillens unserer Gegner von der Welt abzutreten, sondern daß wir Deutschland für die ewige Generationen erhalten wollen, dann dürften wir diesen Beweis in dem Bekenntnis sehen, das unser Gau in den gestrigen Abendstunden ablegte. Diese Stunden werden mit ehernem Griffel eingeschrieben sein in das Buch der stolzen Geschichte unseres Gaues. Hier werden noch spätere Generationen nachlesen können: Der Führer kann sich in Deutschlands schwerster und größter Zeit auf den Gau Südhannover-Braunschweig verlassen. Nie wurde ein Befehl mit solcher Entschlossenheit und mit solchem Fanatismus durchgeführt wie dieser.

Wenn der Gauleiter in den letzten Monaten Sonntag für Sonntag in den Wehrappellen

Dazu wurden ihnen vereinzelt Gewehre 98 oder Karabiner 98 K zur Verfügung gestellt. Erklärung der Panzerfaust war ebenfalls Gegenstand der Übungsstunden. Irgendwo im Wald oder im sonstigen Gelände wurde Volkssturmmännern durch einen Kriegsteilnehmer die Situation der Verteidigung erklärt. Zum großen Teil übten die meist ergrauten Volkssturmmänner interessenlos. Während an den deutschen Grenzen Volkssturmbataillone dem Feind noch teilweise Widerstand entgegenbrachten, hat sich im Wesergebiet der Einsatz etwa folgendermaßen einheitlich in fast allen Orten abgewickelt: Vor der Annäherung der feindlichen Truppen wurde der Volkssturm aufgerufen. Die Männer versammelten sich – soweit sie überhaupt dem Aufrufe folgten – im Ort oder im bestimmten Stadtteil, um dort vorhandene Waffen in Empfang zu nehmen. Zum Teil waren nur Beutegewehre aus dem Jahre 1940 (Holland, Belgien, Frankreich), einige

Im September 1944 wurde die Aufstellung des „Deutschen Volkssturm" angeordnet. In der Heimat verbliebene 16- bis 60jährige Männer waren damit zum Endkampf aufgerufen worden. Eine Armbinde mit der Aufschrift „Deutscher Volkssturm – Wehrmacht –" sollte die Zugehörigkeit kennzeichnen, da nicht genügend Uniformen zur Verfügung standen.

Panzerfäuste und zu wenig Gewehre 98 vorhanden. Längst nicht jeder Volkssturmmann konnte bewaffnet werden. In der Fertigung befindliche „Volkssturmkarabiner" und „Volkssturm-Maschinen-Pistolen" waren noch nicht vorhanden. Die Volkssturmmänner errichteten an Ortseingängen „Panzersperren", die zumeist aus gefällten Bäumen bestanden. Wagengestelle, ausgediente Dreschmaschinen und sonstige Geräte wurden hinzugestellt. Bei Annäherung des Feindes hatten die Volkssturmmänner längst ihre „Sperre" verlasssen und waren nach Hause geeilt. Ihre Waffen warfen sie in Bäche und Flüsse. Es gab natürlich auch Ausnahmen: Einige Parteiangehörige, die den Untergang nicht verwinden konnten, gaben nicht auf. Sie fielen im Feuer der Panzer-MGs.

Das Standgericht in Lügde.

Zur gleichen Zeit, als die zweite US-Panzer-Division ihr Tagesziel Groß Berkel erreicht hatte, nämlich am 4. April 1945 um 18 Uhr, sammelten sich in Lügde bei Bad Pyrmont mehrere deutsche Offiziere, um ein Standgericht zu bilden. Einige Ortsgruppenleiter waren als Zuhörer hinzugezogen worden. Als Zeuge erschien Hauptmann Heckmann, der letzte Stadtkommandant von Lemgo. Dieser hatte den Angeklagten persönlich von Barntrup aus in seinem Wagen mitgebracht, ein weiterer Angeklagter war nämlich entkommen. Als Standgerichtsvorsitzender trat Generalmajor Paul Goerbig auf, er war gleichzeitig Ankläger. Zu verantworten hatte sich der Bürgermeister von Lemgo, Wilhelm Gräfer, wegen Landesverrats. Man hatte es eilig, der Angeklagte bekam keinen Verteidiger, auch ein Protokoll wurde nicht geführt. Das Urteil lautete: „ . . . wird erschossen und erhängt".
Am Morgen des 4. April 1945 war Bürgermeister Gräfer im Auto in Begleitung eines Dolmetschers durch die dünnen deutschen Linien nach Hörstmar gefahren, einem Dorf an Lemgos Stadtgrenze. Hier standen bereits die ersten Panzer der 2. US-Panzer-Division. Auf Lüttmans Hofe trafen die beiden Deutschen verhandlungsbereite

amerikanische Offiziere. Sie sagten: „Wir wollen die Stadt nicht kaputt machen, aber die ‚boys' müssen da weg!" Gemeint waren einige Flakstellungen am Stadtrand von Lemgo. Colonel Hugh R. O'Farrel, der Kommandeur, sicherte eine halbstündige Feuerpause zu. In dieser Zeit solle der Bürgermeister zurückfahren, die Übergabe in die Wege leiten und einen deutschen Offizier mitbringen. Hoffnungsvoll fuhr der Bürgermeister mit dem Dolmetscher zurück, um den Stadtkommandanten aufzusuchen. Dieser schrie die beiden nur an: „Sie haben mit den Feinden verhandelt, das kostet ihren Kopf!" Stadtkommandant Heckmann übergab die beiden einem Offizier, der für die Bewachung der Festgenommenen mit seinem Kopf hafte, so wurde ihm eingeschärft. Nach kurzer Zeit ordnete Heckmann an, daß beide nach Barntrup zu bringen seien. Er würde nachkommen. Bei diesem Transport wurde vor dem Rieper Berg das Fahrzeug gewechselt. Es wurde auf einen Holzgas-LKW umgestiegen. Alsbald mußte an der Steigung nach Dörentrup der LKW halten. Ein zu diesem Fahrzeug gehörender Soldat gab ein Zeichen, er würde ein Auge zudrücken. Diese Gelegenheit benutzten die Festgenommenen, um in den Wald zu flüchten. Ein anderer Soldat jedoch nahm die Verfolgung auf, als er die Flucht bemerkte. Lütge konnte

Bürgermeister Gräfer hatte in Hörstmar mit amerikanischen Truppen wegen Übergabe der Stadt Lemgo verhandelt. Nach seiner Rückkehr wurde er verhaftet und vor einem Standgericht in Lügde zum Tode verurteilt.

entkommen, Bürgermeister Gräfer wurde wieder eingefangen. Der LKW fuhr zunächst bis Barntrup, hier mußte Gräfer unter Bewachung auf dem Schloßhof auf Hauptmann Heckmann warten. Ein guter Bekannter Gräfers, der über die Verhaftung verwundert war und mit ihm reden wollte, wurde abgewiesen mit dem Bemerken, daß ein Gespräch verboten sei. Einen Pfarrer aus Barntrup jedoch gelang es, mit Gräfer ein Gespräch in einem Zimmer unter Bewachung zu führen. Der Pfarrer betete mit Gräfer, während dem jungen bewaffneten Waffen-SS-Mann die Tränen in den Augen standen. In der Mittagszeit erschien Hauptmann Heckmann und nahm Gräfer persönlich mit. Die Einberufung des Standgerichts in Lügde war telefonisch erfolgt. Nach dort war auch gleichzeitig der Gefechtsstand der Kampfgruppe Goerbig verlegt worden. Bis zum Beginn der Verhandlung wurde Gräfer in einen Schuppen eingesperrt.

Der Verlauf der Verhandlung ist nur aus einem Bericht bekannt, den der frühere Hauptmann Heckmann gab, als er selbst unter Anklage vor Gericht stand. Danach habe sich der Bürgermeister darauf berufen, daß er nach einem Erlaß des Innenministers das Recht habe, mit Besatzungsmächten zu verhandeln. General Goerbig als Gerichtsherr habe erwidert, das habe er erst nach dem Einrücken der Amerikaner tun dürfen. Sein vorzeitiges Handeln sei Landesverrat. Er habe als Zivilist in eine militärische Operation eingegriffen und die Schwäche der deutschen Verteidigung verraten.

Nach dem ausgesprochenen Todesurteil verblieb Gräfer im Gewahrsam des Generalmajors Becher, der Führer der Kampfgruppe war, die den Raum Lemgo zu verteidigen hatte. Becher verlegte seinen Gefechtsstand an diesem Abend (4. April 1945) nach Hehlen/Weser. Dort mußte auch Gräfer die Nacht unter Bewachung verbringen, während nur 18 km östlich in Groß-Berkel die 2. US-Panzer-Division verweilte.

Die Vollstreckung des Todesurteils erfolgte in aller Frühe in der Dunkelheit in unmenschlicher Weise. Der Fahrer eines Majors gab bereits zwei Monate nach dem Ereignis zu Protokoll:

„Auf dem Marktplatz in Bodenwerder sah ich mehrere Soldaten und auch einige Zivilisten ziemlich nahe beisammenstehen. Plötzlich sah ich einige Gewehrkolben durch die Luft fahren. Anscheinend wurde mit dem Kolben geschlagen. Und gleich darauf hörte ich einen Schuß. Ich vermeinte ein Stöhnen zu hören. Dann bückten sich einige Soldaten und hoben einen Körper auf.

Bis dahin saß ich mit Major Kreuter in dem haltenden Wagen. Nun gab mir Major Kreuter den Befehl, die Fahrt fortzusetzen. Als ich nach fünf Minuten an den Tatort zurückkehrte, sah ich die Leiche des Bürgermeisters Gräfer, den Kopf zur Unkenntlichkeit zerstümmelt, an einem Baum hängen. Soweit ich beobachten konnte, haben an der Tat drei SS-Männer und noch einige Soldaten teilgenommen. Ich kannte keinen davon. Gräfer hat noch zwei Tage an dem Baum gehangen; seine Hände waren auf dem Rücken gefesselt. Kurz vor dem Einrücken der Amerikaner ist die Leiche dann entfernt worden."

Zehn Tage nach der Tat wurde die Leiche des Bürgermeisters von Lemgoer Einwohnern abgeholt, nachdem die Todesnachricht von durchziehenden holländischen Fremdarbeitern übermittelt worden war.

In den Nachkriegsjahren sind mehrere Ermittlungsverfahren gegen beteiligte Offiziere eingeleitet worden, zu einer Verurteilung ist es aber nie gekommen. Durch Beschluß des Landgerichts Detmold ist im Jahre 1970 das Todesurteil aufgehoben und der Verurteilte rehabilitiert worden.

An der Kirche in Bodenwerder erinnert eine Gedenktafel an die Hinrichtung des Bürgermeisters Gräfer aus Lemgo. Unter der Tafel sind noch drei Einschüsse zu erkennen.

Kampfhandlungen im Raum Teutoburger Wald Weser und Leine

Britischer Verstoß am Mittelland-Kanal
über Minden
und Petershagen zur Leine.

Das 8. britische Corps hatte beim Vorstoß vom Rhein zum hier behandelten Weserraum (Minden – Petershagen – Schlüsselburg) den geringsten Widerstand. In nördlicher Richtung dagegen verteidigten sich deutsche Fallschirmjäger so hartnäckig, daß die norddeutsche Tiefebene erst bis Ende April 1945 vollständig besetzt werden konnte. Als die Engländer sich am 2. und 3. April um Osnabrück zum Angriff vorbereiteten, stieß die 6. britische Luftlande-Division zur Reichsstraße 65 vor und damit in eine unverteidigte Lücke. Schon am 4. April gelang es dieser Einheit, über Preußisch Oldendorf und Lübbecke bis Minden vorzustoßen. Osnabrück hätte längst besetzt sein können, denn an den Stadtausgängen war nur schwache Verteidigung eingerichtet. Auch die Engländer wollten unnötige Verluste vermeiden. Der Volkssturmführer besuchte seine Männer nur selten. Kein Wunder,

Britische Truppen sind in Osnabrück eingedrungen.

Am 5. April 1945 in den Ruinen von Osnabrück. Die Briten suchen nach möglichen Verstecken.

daß diese alsbald mutlos zu ihren Familien zurückkehrten. Die etwa 2000 Volkssturmmänner dieser Stadt waren außerdem so schlecht ausgerüstet, daß sie geschlossen gar nicht hätten eingesetzt werden können. Kampffähige Wehrmachtseinheiten waren bereits abgezogen worden.

In der Frühe des 4. April 1945 – noch in der Dunkelheit – befuhren britische Truppen die Einfallstraßen von Osnabrück. Erst in der Stadtmitte kam es zu einem Gefecht mit Wehrmachts- und Polizeiangehörigen. Das Geplänkel zog sich bis in die Mittagszeit hin; sicherlich kam es auch stellenweise zum Häuserkampf. Letztlich waren die Briten in der Überzahl und entschieden den Kampf für sich. Etwa 50 gefallene Deutsche und zahlreiche Verwundete blieben zurück, als Ruhe eintrat. Die Briten hatten nach ihrer Mitteilung vier Tote und 29 Verwundete.

Vor der Besetzung der Stadt hatte sich der Gauinspektor und kommissarische Kreisleiter von Osnabrück, Fritz Wehmeier, mit seinem Wagen entfernt. Hinter ihm fuhr Oberbürgermeister Dr. Gaertner. In der

Nähe von Ostercappeln erhielt der erste Wagen plötzlich MG-Feuer von britischen Fahrzeugen. Wehmeier wurde durch Bauchschuß schwer verletzt, er starb nach einigen Tagen im Krankenhaus von Ostercappeln. Sein Adjutant Deeke erhielt einen Kopfschuß, Kreisleiter Münzer wurde leicht verwundet. Oberbürgermeister Dr. Gaertner konnte mit seinem Wagen unversehrt entkommen.

In Lübbecke waren in der Bohlenstraße und auf „Horsts Höhe" Panzersperren vorbereitet worden. Diese wurden aber nicht verteidigt, als am 3. April britische Panzer von Preußisch Oldendorf aus hier einrückten. Bereits am 30. März 1945 hatten einige Ratsherren die kampflose Übergabe beschlossen. Die Kanalbrücke wurde durch Wehrmachtsangehörige doch noch gesprengt. Nach einem Halt in der Osnabrücker Straße bewegte sich die britische Kolonne auf Minden zu. Lübbecke wurde am nächsten Tag (4. April) durch eine ordentliche Kommandantur besetzt. Der bisherige Beigeordnete Gerlach wurde zum vorläufigen Bürgermeister bestellt. Mit seiner Unterstützung wurde eine Hilfspolizei von 36 Mann aufgestellt. (Am 11. April 1945 wurde Gerlach durch Rechtsanwalt Meyrahn als Bürgermeister abgelöst.)

In Minden war im Laufe des 3. April ein Lautsprecherwagen durch die Stadt gefahren. Er hatte die Bevölkerung zum Verlassen der Stadt aufgefordert, da Kämpfe zu erwarten seien. Diese Anordnung kam vom Kreisleiter Weber. Am Nachmittag hatte Oberleutnant Strache mit einem Offizier der US-Army in Bad Oeynhausen telefoniert. Dieser hatte die Übergabe verlangt. Sie war abgelehnt worden.
Zur Sprengung der Weserbrücken weilte Oberst Wiese in Minden. Ihm oblag die Sprengung sämtlicher Weserbrücken zwischen Nienburg und Höxter. Bürgermeister Dr. Holle setzte sich für den Mindener Raum ein, um die Brücken zu retten. Aber Wiese ließ nicht nach, er verwies auf den Fall „Remagen", in dem standrechtliche Erschießungen stattgefunden haben. Die Bemühungen von Minden gingen so weit, daß über das OKH bei Adolf Hitler um Genehmigung nachgesucht wurde. Die Sprengung der Brücke geschah um 21.14 Uhr (4. April), da die Briten bereits in Minden eingetroffen waren. Erst einige Zeit danach traf die Meldung ein, daß die Brücke nicht zu sprengen sei. Vom Wehrmachtsführungsstab West lautet die Meldung wörtlich:
„Führer stimmt zu, Kanalbrücke Minden nicht zu sprengen. Sicherung gegen Panzervorstoß."

Der gesprengte Teil des Mittellandkanals in Minden ist hier zu erkennen.
Foto: Kommunalarchiv Minden.

Britische Truppen standen vor Minden, als die Sprengung dieser Schleuse durchgeführt wurde. (4. April 1945)
Foto: Kommunalarchiv Minden.

Gefangennahme junger Soldaten im Heisterholz (bei Petershagen). Mit Fahrrädern und Panzerfäusten waren sie zum Einsatzort unterwegs.

An diesem Abend waren die Kanadier von der Lübbecker Straße aus in Minden eingedrungen. In der König- und Rodenbecker Straße kam es noch zu Gefechten. Die nur mit leichten Waffen versehenen deutschen Landser gaben alsbald auf. Die kanadische Einheit drang bis zur Stadtmitte auf den Marktplatz vor.

Am 5. April trieb diese Einheit (6. Luftlande-Division) einen Stoßkeil über Friedewalde nach Petershagen vor, um dort einen Weserübergang zu errichten. Widerstand leisteten nur einige Soldaten bei Südfelde (zwei Gefallene). Waffen-SS-Angehörige schossen einen britischen Panzer ab, wobei sieben Engländer den Tod fanden. Gegen Mittag überwältigten bei Todtenhausen sechs Deutsche einen Spähwagen. Ein fliehender Brite wurde durch MP-Beschuß der Deutschen getötet. In der Mittagszeit des 5. April hatten die Briten Petershagen erreicht. Weserabwärts stießen um diese Zeit 15 Panzer auf Schlüsselburg vor. Zunächst verlief dort alles ruhig. In Schlauchbooten überquerten die Briten die Weser und besetzten das Gut Schlüsselburg. Erst später machte sich Widerstand bemerkbar. Das Gut Neuhof wurde am ganzen Nachmittag verteidigt. Auch um Ovenstädt wurde gekämpft.

Auch der Weserübergang war hier noch ziemlich einfach: Britische Cromwell-Panzer überqueren bei Petershagen die Weser (6. April 1945). Erst in den nächsten zwei Tagen entwickelten sich erbitterte Kämpfe im Raum Lahde – Frille – Cammer.

Zwischen Nienburg und Hann. Münden lagen sämtliche Weserbrücken in den Fluten. Wenige Stunden vor Annäherung der alliierten Truppen hatten deutsche Pioniere die Sprengung ausgelöst. Hier handelt es sich um eine am 5. April 1945 im Raum Minden gesprengte Brücke.

Auch an Nachschub mangelte es bei den Briten nicht. Oder befanden sich in den drei Anhängern auch „organisierte" Waren?

Rechtsseitig der Weser konnten die Briten erst am 6. April ihre Position ausbauen, nachdem in Petershagen eine Brücke geschlagen war. Aber in sämtlichen Dörfern wehrten sich deutsche Stoßtrupps; überall wurden LKW und britische Panzerspähwagen in Brand geschossen. In Wietersheim „Auf dem Sande" und in Frille standen deutsche Flakbatterien. Nachdem sie stark beschossen wurden, setzten sich die jungen Flakhelfer mit ihrem Kommandeur ab. Das Schloß Wietersheim wurde länger verteidigt. Hier gab es auf beiden Seiten Verluste, Hilfeschreie von Schwerverwundeten waren zu hören. Schließlich wurde das Schloß in Brand geschossen. Dann gingen Kanadier in Segeltuchbooten über die Weser. Sie konnten noch am gleichen Abend bis Frille vorstoßen. Dort gab es in der Dunkelheit gegen 20 Uhr noch einen Nahkampf, in dem ein Kanadier und zwei Deutsche fielen.

Auch bei Lahde wurde in den Morgenstunden des 6. April gekämpft. Landwirt Fritz Meier Nr. 28 fand schon um 8.00 Uhr in der Nähe seiner Besitzung drei gefallene deutsche Soldaten. Sie wurden später auf dem Friedhof in Lahde beerdigt. Im Ortsbereich Lahde fielen acht Engländer, davon ein unbekannter. Sie gehörten sämtlich dem 12. Davon-Re-

Diese Mannschaft aus Newcastle setzte am 7. April 1945 über die Weser. Man beachte das veraltete MG.

giment (6. Airborne-Division) an. Auf dem Friedhof an der Straße von Lahde nach Bierde wurden sie bestattet. Der Unbekannte erhielt ein Feldgrab an der Straße nach Windheim. Die Beerdigung der Briten an Ort und Stelle geschah im Gegensatz zu amerikanischen Gepflogenheiten. Sämtliche amerikanische Einheiten sammelten ihre Toten sogleich auf und beförderten sie in das Hinterland.

In Bierde war zwar eine Panzersperre errichtet, sie war jedoch nicht geschlossen worden. Die Deutschen schossen aus anderen Verstecken. Ab 12 Uhr (6. April) zogen Kanadier in den Ort. In einer Diele brachten sie eine Pak in Stellung, um anrückende deutsche Panzer aus dem Hinterhalt treffen zu können. Tatsächlich erschienen alsbald zwei Tiger-Panzer und vier leichte Kampfwagen. Von allen Seiten setzte starker Beschuß ein. Ein „Tiger" blieb bewegungsunfähig liegen, der andere brannte sogleich lichterloh. Die Besatzung verschmorte bis zur Unkenntlichkeit. Aus einem Panzer IV konnte sich ein verwundeter Soldat nicht mehr befreien, er verbrannte auch. Die übrigen deutschen Fahrzeuge flüchteten in den Schaumburger Wald. In einem PKW fuhr ihr

Kommandeur, Leutnant von Schreter. Auch das Fahrzeug erhielt Beschuß; der Fahrer, Obergefreiter Werner Held, blieb tödlich getroffen am Wegrand liegen. Das gleiche Schicksal ereilte den Gefreiten Harry Bitter, der in einem Feldgrab an der Landstraße Lahde – Bierde beerdigt wurde.

Am Friller Brink schossen einige deutsche Soldaten am 7. April einen Jeep ab; zwei Briten waren getötet worden. Hierdurch wurde später Beschuß durch Artillerie ausgelöst. Mit Unterbrechungen wurde nunmehr der Schaumburger Wald bis Schloß Baum reichlich beharkt. Es war auch nicht verborgen geblieben, daß sich hier eine weitere deutsche Einheit eingerichtet hatte. Etwa 25 schwere Panzer sind mit Sicherheit gezählt worden.

Im gesamten Bereich zwischen Weser, Schaumburger Wald und dem Ort Wasserstraße haben sich die Verteidiger in Gefechte mit den Briten eingelassen. Fast in allen Orten gab es Gefallene und Verwundete auf beiden Seiten. Als in Ilvese am 7. April vier deutsche Soldaten gefallen

Die Panzersperre war vorbereitet, aber beim Vormarsch der brit. Panzer nicht mehr geschlossen worden. Die Volkssturmmänner waren nach Haus gegangen. (Raum Petershagen – Lahde)

waren, bestattete sie Wilhelm Schröder auf seinem Grundstück „Am Seeberg". Der Volksbund Deutsche Kriegsgräberfürsorge hat von ihm diesen Friedhof gekauft und aus der Umgebung sämtliche Gefallenen nach dort umgebettet.
Die deutsche Panzereinheit im Schaumburger Wald ist in der Nacht zum 8. April zurückgezogen worden. Zurückgeblieben sind drei oder vier nicht fahrbereite Panzer; sie standen nach drei Jahren noch dort.

Eine britische Abteilung stieß noch am 7. April bis Wunstorf vor. Dort war im Laufe des Tages bekanntgegeben worden, daß der Flugplatz gesprengt wird und sämtliche Fenster zu öffnen sind. Von der Hagenburger Straße aus zogen die Briten in Wunstorf ein. Die vorbereiteten Panzersperren, die bis jetzt besetzt gehalten waren, wurden jedoch auf Anweisung des Kampfkommandanten von Wunstorf, Rektor und Hauptmann d. R. Hermann Diepholz, nicht verteidigt. Er schickte seine Männer nach Hause. Die Stadt Wunstorf wurde somit kampflos besetzt. Eine Nebenkolonne hatte sich gleichzeitig in Richtung Flugplatz abgesondert. Sprengungen auf dem Flugplatz blieben aus. Dort befand sich die II. Gruppe des Nachtjagdgeschwaders 4 mit noch mehreren flugtüchtigen neuen Maschinen vom Typ Ju 88 – G 6.
Vor der Front waren die Straßen überfüllt mit Pferdewagen, die noch alle möglichen Güter in Sicherheit bringen wollten. Dazwischen befanden sich zurückflutende Kriegsgefangenen-Kolonnen. Aus einem aufgelösten Lager hatte ein Trupp Russen und die deutsche Bewachung Alkohol entnehmen können. Es waren schwankende Gestalten, die sich fortbewegten. Inmitten dieser Gefangenen-Kolonne schleppten die Russen ihren deutschen Wachmann auf den Schultern mit und trugen sein Gewehr.
Beim Vorstoß auf Neustadt/Rbge. gerieten die britischen Truppen nur an der Reichsstraße 6 bei Frielingen in erwähnenswerte Kampfhandlungen. Dort hatte sich eine Waffen-SS-Einheit eingerichtet. Nach Angaben von Ortsbewohnern waren es Angehörige der Division „Wiking". Ihre Aufgabe war, die gegnerischen Truppen beim Vorstoß zur Leinebrücke bei Bordenau aufzuhalten. Ortsbewohner hatten schon einige weiße Fahnen gehißt, die Soldaten holten sie aber wieder herunter. In Frielingen standen auch einige Panzer bereit; hinter Hausecken waren Soldaten mit Panzerfäusten in Stellung gegangen. Am Sonntag, dem 8. April, stieß die Gruppe aber nach Bordenau vor und traf unterwegs auf ihre Gegner. Es entwickelten sich schwere Kämpfe.

Der Kampflärm veranlaßte zahlreiche Frielinger, den Ort zu verlassen und im Wäldchen beim Frielinger Moor Schutz zu suchen. Im Laufe der Kampfhandlungen gerieten mehrere Häuser in Brand. Es sind etwa je 30 Soldaten auf beiden Seiten gefallen.
Kurz vor der Besetzung wurde auch in Neustadt/Rbge. noch die Leinebrücke gesprengt. Während eines kurzen Gefechtes fielen dort einige Engländer. Sie wurden zunächst am Stadteingang beerdigt. Über eine schnell errichtete Notbrücke rollte alsbald Fahrzeug auf Fahrzeug. Der Weg in das Heidegebiet war frei.

Teile der 6. britischen Luftlande-Division überqueren die Leinebrücke in Neustadt/Rbge. (10. April 1945)

Verteidigungsmaßnahmen am Teutoburger Wald.

Die Alliierten standen an der Westgrenze, als am 16. September 1944 der Reichsminister des Innern den „Grenzeinsatz der Hitlerjugend" anordnete. Die Bevölkerung hatte die linksrheinischen Gebiete geräumt und war nach Nordwestdeutschland evakuiert worden. Der Gauleiter Alfred Meyer der Gauleitung „Westfalen Nord" mit dem Amtssitz in Haltern bildete im November 1944 einen „Gausonderstab für den totalen Kriegseinsatz" und forderte die Gestellung von 10.000 Männern für den Ausbau des Westfalenwalles. Jeder Kreis hatte eine Anzahl Arbeitskräfte zu stellen (Kr. Höxter 240 Mann, Kr. Grafschaft Schaumburg 220, Kr. Minden 600 u.a.).
Ein gutes halbes Jahr brauchten die Alliierten, um von der Reichsgrenze bis zum Rhein vorzustoßen. Am 10. März 1945 befand sich das „Hauptquartier Oberbefehlshaber West" noch in Ziegenberg bei Frankfurt, am 10. April jedoch wurde schon Hannover besetzt. Der Gegner kämpfte sich mit 85 Divisionen auf den Rhein vor. Ihm standen zu diesem Zeitpunkt nur 55 deutsche schwache Verbände gegenüber. Die deutschen Infanterie-Divisionen waren anstatt 12.000 Mann nur noch 5.000 Mann stark. Hinzu kam die Luftüberlegenheit beim Gegner. Als dann noch am 7. März 1945 die Rheinbrücke bei Remagen den Amerikanern unversehrt in die Hände fiel, wurde dieser Brückenkopf besonders stark verteidigt. Die 9. und die 1. US-Armee stießen getrennt vor und trafen sich am 1. April 1945 bei Lippstadt, sie hatten damit die Heeresgruppe B eingekesselt. Der Befehlshaber, Feldmarschall Model, versuchte noch auszubrechen, es gelang aber nicht. Der Kessel hielt sich noch bis zum 15. April. Einige Divisionen kapitulierten einige Tage später. Feldmarschall Walther Model wollte das Ende nicht miterleben. Er erschoß sich am 21. April in den Wäldern von Duisburg.
Durch den Verlust der im Ruhrkessel befindlichen 20 deutschen Divisionen mit etwa 325.000 Soldaten war eine Lücke in der Verteidigung entstanden, die eine Breite von 300 km ausmachte. Es war hier eine schwierige Aufgabe, eine Verteidigungslinie aufzubauen. In dem bereits 5 Jahre andauernden Krieg standen in Garnisonstädten natürlich keine vollwertigen Einheiten mehr bereit. Es waren Alarmeinheiten zu bilden.

Bei Annäherung der Amerikaner in den letzten Märztagen 1945 war die Wewelsburg bei Paderborn durch die SS teilweise gesprengt worden. In der 1123 erstmals erwähnten Burg wurde 1934 eine Reichsführerschule eingerichtet. Reichsführer der SS Heinrich Himmler hielt sich in der Burg oft auf; er hatte dort auch seinen Begräbnisort gewählt („Walhall"). Längst ist die Wewelsburg wiederhergestellt, und in ihren Räumen befinden sich jetzt das Kreisheimatmuseum und eine Jugendherberge.

Inzwischen hatten die Engländer den Niederrhein bei Wesel überschritten. Auch dort wurden Verteidigungskräfte gebunden. Nach Schließung des Kessels bei Lippstadt stießen die 9. und 1. US-Armee weiter nach Osten vor. Die militärische Befehlsgewalt in diesem Raum lag in den Händen des Generalkommando VI. AK. Dieses gab am 30. März 1945 gegen 22 Uhr Befehl zur Besetzung und Verteidigung des Teutoburger Waldes an den Wehrmachtskommandanten von Bielefeld, Generalmajor Becher. Ihm war bereits vorher ein Sicherungsbezirk gegen alliierte Luftlandungen übertragen worden, der folgende Landkreise umfaßte: Minden, Lübbecke, Osnabrück, Melle, Halle, Bielefeld, Herford, Lemgo und Paderborn. Als Grenzen waren gegeben die Enge bei Hilter (rechts) und die Straße Bad Lippspringe Horn (links). Die Heeresgruppe Blaskowitz kämpfte im Norden, die Kampfgruppe Karst im Süden. Zur Verfügung standen im Verteidigungsbereich Becher etwa 6500 bis 7000 Mann.

Schon der erste geplante Einsatz an der Enge bei Halle – Werther ging fehl. Der nach dort beorderte Standortälteste von Gütersloh traf nicht ein. Am 31. März 1945 gegen 9.00 Uhr stießen durch diese Lücke amerikanische Panzer (9. US-Armee) und konnten sich kampflos in Richtung Herford bewegen. Mit den weiter nördlich befindlichen deutschen Gruppen konnte keine Verbindung mehr gehalten werden.

Im Süden traf die 1. US-Armee im Vorfeld des Teutoburger Waldes bei Paderborn auf kampfkräftige Einheiten. Über das Kampfgeschehen vom 30. März 1945 schreibt ein beteiligter Amerikaner: „Es war ein Tag, daran wird man sich sein Leben lang bis ins hohe Alter erinnern und die Geschichte erzählen." Die Rede ist von einem Ort, der sechs Meilen von Paderborn entfernt liegt. „Nach Überwindung eines kleinen Baches erreichten wir die ersten fünf Häuser. In diesem Augenblick wehrten sich die Deutschen mit Panzerfäusten und sonstigen Waffen. Der Ort war befestigt und verteidigt von mehr als 200 Hitler-Jungen und SS-Männern, welche aus allen denkbaren Fenstern und Löchern schossen." Die Amis hielten auch in der Dunkelheit ihre Stel-

Panzer der 3. US-Pz.Div. im Raum Paderborn.

lungen, wo sie gerade saßen. Zwei Panzer schossen die Deutschen in der Nacht ab. Am anderen Morgen kamen zwei „Panther", sie wurden aber durch 90-mm-Kanonen außer Gefecht gesetzt. In dem „harten gründlichen" Kampf wurde das Dorf allmählich besetzt. Keiner von den Amis wußte, wo er solange gekämpft hatte. Es war Kirchborchen. Die amerikanischen Landser hatten inzwischen ihre eigene Bezeichnung für diesen Ort: „Bazooka-town" (Panzerfaust-Dorf).
In Kirchborchen waren 45 der deutschen Verteidiger gefallen. In Nordborchen mußte der Ortsteil „Jammertal" sehr leiden, zahlreiche Bauernhöfe gingen in Flammen auf. Sechzig tote Deutsche wurden nach dem Kampf bestattet.
Die Verteidigung von Wever vor Paderborn dauerte vom 30. März bis 1. April 1945. Die Einwohner hatten drei Tage und zwei Nächte im Mühlenholz zugebracht. Als sie zurückkehrten, fanden sie überall Granattrichter, zerstörte Licht- und Telefonleitungen. Ein 44jähriger Landwirt (Friedrich Brand) und eine 9jährige Schülerin (Maria Meier) waren zu Tode gekommen. Fünf amerikanische Panzer standen ausgebrannt in und um Wever. Im Ortsbezirk lagen 27 Gefallene, davon acht deutsche Soldaten.
Die hier eingesetzten jungen Waffen-SS-Soldaten waren zu kurzfristig ausgebildet in den Kampf geworfen worden. Sie haben sich in den Dörfern um Paderborn verbissen zur Wehr gesetzt. Ohne Ablösung und ohne schwere Waffen bluteten die einzelnen Gruppen dort aus. Die Verteidigung der weitgehend durch Fliegerangriffe zerstörten Stadt Paderborn war wesentlich schwächer. Mehrere abgeschossene Sturmgeschütze blieben im Stadtgebiet zurück. Geringe Verluste sind während des Einmarsches in Paderborn entstanden.
Die Anzahl der im Umkreis von Paderborn gefallenen Deutschen zeigt nachstehende Aufstellung:
Henglarn 38, Etteln 35, Büren 13, Neuenbeken 13, Haaren 10, Altenbeken 9, Dörenhagen 8, Husen 8, Herbram 5, Steinhausen 5, Lichtenau 5, Harth 5, Kleinberg 5, Ebbinghausen 4, Atteln 3, Meerhof 3, Dalheim 2, Alfen 2.
Diese sind auf den Heldenfriedhof Bödekken umgebettet.
Eingesetzt war in dem Kampfraum vor Paderborn die 3. US-Panzer-Division. Kommandeur war General Maurice Rose. Er, Sohn eines Rabbiners, hatte sich durch aggressiven Fleiß zum General hochgearbeitet. An einem Abend, die Truppe legte nach dem Tagesmarsch im Raum Paderborn Pause ein, stand er mit zwei Offizieren im dunklen

US-General Courtney H. Hodges (links) und Generalmajor Maurice Rose (davor) bei einer Truppenbesichtigung. M. Rose, Kommandeur der 3. US-Panzer-Division, hier sechs Tage vor seinem Tode. Bei Paderborn schoß ihn ein deutscher Panzerkommandant im abendlichen Dämmerlicht mit einer MG-Garbe nieder.

Mondlicht an einem deutschen Panzer, den sie erbeutet oder abgeschossen hatten. Rose hielt sich oft bei seinen Landsern in vorderster Linie auf. Plötzlich sahen sie auf der dunklen Straße in einer Waldschneise einen weiteren Panzer und darauf soeben die Gestalt des Panzerkommandanten. Dieser drehte das MG und feuerte. Getroffen sank General Rose nach vorn. Die beiden Offiziere konnten entkommen. Der tote General wurde, wie alle gefallenen amerikanischen Soldaten, in ein weißes Tuch gehüllt ins rückwärtige Gebiet geschafft. In Ittenbach (bei Königswinter) wurde er zunächst beerdigt.
Deutsche Gottesdienstbesucher und Soldaten der 3. US-Panzer-Division hatten im Paderborner Raum eine besondere erste Begegnung. Es war ein einzigartiges Messerlebnis, über das der Vikar Hermann Bieker persönlich schreibt:

„Um den Einwohnern den Weg zur Kirche in den Nachbarort zu ersparen, wurde am 3. April 1945 in einer Scheune des Hofes Güllenstern Gottesdienst abgehalten. Die Einwohnerschaft war stark vertreten. Die Tennentüren waren wegen der Kälte geschlossen. Da geschah es, daß plötzlich das Opferungslied in den Kehlen verstummte. Instinktiv drängte alles zum Altar. Von der Straße hörte man das Motorengeräusch vorbeieilender Panzerspähwagen. – Nolite expavescere –. Frauen drängten zitternd nach vorn, klopften nervös auf den Altar: ‚Herr Vikar, sie kommen! Sie sind schon da!' Ich wandte mich um und sagte: ‚Wir machen weiter!' – ‚Sursum corda'. ‚Herbemus ad Dominum', antworteten die Jungen und Gemeinde.

Doch in die Präfation hinein drängte sich das überwältigende erschütternde Geräusch der anrückenden Panzer, von denen der erste sich knirschend und krachend auf der Straße vor dem Hause drehte und auf unsere Tenne zulief. Schon drang das Kanonenrohr durch die Öffnung der Tür herein. Die Ketten des Panzers krachten gegen die Tür. – Nolite expavescere –. Das war ein eigenartiges Sanktus. Kommandostimmen wurden hörbar. Der Panzer setzte zurück. Die Tür wurde geöffnet. Zur Wandlung war alles still. Nur die vorbeiziehenden Panzer kündeten vom Ernst der Lage. Als ich mich zum ‚Ecce Agnus Dei' umwenden konnte, sah ich folgendes Bild: Der Panzer mächtig im Scheuneneingang stehend, das Rohr auf den Altar gerichtet, die kniende Gemeinde und unter ihnen mit entblößtem Haupt die Besatzung des amerikanischen Panzers, kniend vor dem Gott der Sieger und Besiegten."

Die Begegnung mit den ersten einrückenden Truppen war natürlich sonst ganz anders: Man schaute in die Mündungen von Gewehren und Maschinenpistolen, und nicht selten ist ein harmloser Einwohner, der sich nur auf der Straße aufhielt, bei der Besetzung eines Ortes erschossen worden.

Im Norden, im Anschluß an die 9. US-Armee hatten sich die Engländer und Kanadier vorgearbeitet. Als sie am 3. April bei Bevergern auftauchten, schlug ihnen von den Hängen des Teutoburger Waldes heftiges Flakfeuer entgegen. Sieben englische Panzer waren vernichtet worden. Darauf brachten die Briten ebenfalls Geschütze in Stellung. Am nächsten Tag begann konzentriertes Feuer zu den Hängen des Birgter Berges, zum Lager Berg und nach Gravenhorst. An der Reichsstraße 219 und in den Orten entstanden heftige Kämpfe. Fahnenjunker des

Wehrkreises XI (Hannover), Lehrgänge der Kraftfahrtruppenschule Hannover, der Unteroffizier Schule in Celle und Reste der 490. Infanterie-Division leisteten hier harten Widerstand. Ein englischer Kriegsberichter schreibt darüber: „Aber sie kämpften todesmutig, obwohl sie fast ausschließlich noch leichte Waffen besaßen. Es wurde soviel Explosionsstoff in jene Wälder geworfen, daß niemand mehr dort weiterkämpfen konnte." Auf diesem Schlachtfeld blieben auch sehr hohe Verluste: 408 Deutsche, etwa die gleiche Zahl Engländer waren gefallen. Und etwa 600 verwundete deutsche Soldaten konnten sich noch zurückziehen oder gerieten bald in Gefangenschaft. Vierzig ausgebrannte britische Panzer standen herum.

Nachdem Bielefeld bei Halle nördlich umgangen war, versuchte die 2. US-Panzer-Division auch südlich auf der Autobahn den Teutoburger Wald zu überwinden. Dabei gerieten sie in und um Ubbedissen in Abwehrkämpfe. General Becher hatte in diesem Raum noch Ersatztruppenteile aus Herford eingesetzt. Der Gegner wurde abgewiesen und konnte hier zunächst keinen Boden gewinnen.

Auf Oerlinghausen bewegte sich eine andere Einheit und traf dort am 1. April gegen 10 Uhr ein. Verteidigungsvorbereitungen waren getroffen, auch einige Volkssturmmänner waren im Einsatz. Den ersten Angriff wehrten sie ab. Die 2. US-Panzer-Division verlegte starke Schützengruppen an die südlichen Berghänge und brachte Artillerie in Stellung. Gegen 18 Uhr begann die Beschießung. Einige Häuser gerieten in Brand. Auch in der Osternacht (1./2. April) dauerte das Geplänkel an. Am nächsten Morgen entwickelten sich die Kämpfe südlich Bielefeld bis Oerlinghausen. Das hier eingesetzte Ausbildungs-Bataillon 64 schoß an diesem Tag drei amerikanische Panzer ab. Bis zum nächsten Tag dauerten die Häuserkämpfe an. Erst gegen 16 Uhr (3. April) flaute das Kampfgeschehen ab, und die deutschen Soldaten zogen sich in Richtung Helpup zurück. Die amerikanischen Verluste wurden mit 300 Toten beziffert, die deutschen mit 71.

Im Raum Ubbedissen ließ der deutsche Widerstand an diesem Nachmittag auch nach. Hillegossen und Ubbedissen waren am Abend in Feindeshand.

In Bielefeld war Oberst Sommer als Stadtkommandant eingesetzt. Die ihm zugewiesenen Truppen hatten sich an ihre Stellungen gehalten und waren in Kämpfe um Bielefeld bisher nicht verwickelt worden. Am Morgen des 4. April setzte sich eine amerikanische Panzerkolonne am Stadtrand von Bielefeld in Bewegung. Einige Gruppen leisteten

Widerstand in unterschiedlicher Härte. Die Stadtmitte erreichten die Amerikaner erst gegen 17 Uhr, da sie immer wieder aufgehalten waren.

Ein weiterer Teutoburger-Wald-Übergang mußte von Augustdorf aus erkämpft werden. Von dort überquert eine Straße nach Pivitsheide den Gebirgszug. An dieser Paßstraße, der sog. „Dörenschlucht", verteidigte die Kampfgruppe Reinhold. Augustdorf wurde noch vor der Verteidigung am 1. April durch Artillerie beschossen. Insgesamt wurden dabei 51 Häuser beschädigt. Gegen 18 Uhr waren zwei Frauen auf dem Weg, um ihr Vieh zu versorgen. In ihre Nähe schlug eine Granate. Frau Minna Heistermann, die einen Kinderwagen mit sich führte, war auf der Stelle tot. Die Kissen im Kinderwagen wurden völlig zerfetzt. Wie durch ein Wunder blieb aber das darin liegende Kind unverletzt.

In der Nacht zum 2. April stießen amerikanische Panzer bis zum Sägewerk Büker vor, am Morgen fuhren sie in Richtung Dörenschlucht. Im Gebiet des Mergelweges (jetzt Gärtnerei Sannert) hatten sich Waffen-SS-Männer eingegraben. Im Verlauf des mit ihnen geführten Kampfes wurden auch die Häuser in Brand geschossen. Sechs Panzer waren inzwischen im Kirchweg aufgefahren und beschossen deutsche Stellungen in der Dörenschlucht. Von weitem waren die Erdfontänen zu sehen. Es war nicht zu glauben, daß dort jemand überleben könnte. Aber die Deutschen feuerten noch, als amerikanische Infanterie nachrückte. Bereits am ersten Vormittag hatte die Kampfgruppe sieben Panzer abgeschossen. Die Kämpfe wurden auch noch am 3. April fortgesetzt. An diesem Tag war auch der Kampfkommandant von Detmold, Major Höhle, dort erschienen. Er hatte einen ROB-Lehrgang zugeführt. Danach wurden sechs weitere Panzer erledigt. Der Kampfgruppe Reinhold waren hier auch Teile der panzerlosen Besatzungen der dritten SS-Panzer-Division „Totenkopf" unterstellt, die als IV. Abteilung in das SS-Pz. A.u.E.-Regiment Holzer eingegliedert waren.

Erst am Mittwochmittag (4. April) endete der Kampf, nachdem die Soldaten zurückgezogen waren. Das umkämpfte Gelände, ein Kalkwerk, trug deutliche Spuren. Es starben dort 35 Deutsche und eine unbekannte Zahl von Amerikanern. Ein kleiner Ehrenfriedhof in der Schlucht erinnert an das harte Ringen an dieser Paßstraße.

Eine Einheit, die die „Kampfgruppe Goerbig" darstellte, war auf dem Truppenübungsplatz Senne inzwischen eingeschlossen worden. Generalmajor Goerbig konnte aber mit seinen Soldaten ausbrechen. Im

Wenige Tage nach dem Ende der Kämpfe: Ein Feldgrab in der Dörenschlucht.

Raum Detmold wurde die Gruppe in die Rückzugs-Gefechte eingegliedert.
Von Paderborn stießen amerikanische Verbände auf der Reichsstraße 1 vor. In Richtung Horn sollte der Teutoburger Wald überwunden werden.
Wie war die Lage in Bad Lippspringe? Eine aus Richtung Benhausen eingetroffene kleinere deutsche Einheit hatte sich am 2. April 1945 morgens gegen 8.00 Uhr in der Detmolder Straße zur Verteidigung eingerichtet. In der Mittagszeit waren folgende weitere Truppenteile vorhanden:
a) Am sogen. „Pfingststuhl" zwei 8,8 cm-Flakgeschütze mit 30 Mann unter Führung eines Leutnants,
b) vor Marienloh vier deutsche Panzer.

Die jetzige Friedhofsanlage in der Dörenschlucht.
Das Kreuz ist beschriftet:
Wanderer, verweile und sieh unsere Gräber
und laß Dich mahnen!
Tue das Deine zur Wahrung des Friedens!

Diese Lage veranlaßte den Kaufmann Franz Rudolphi, sich bei den deutschen Kommandeuren dafür einzusetzen, daß sie von einer Verteidigung absehen. Auch Bürgermeister Lange bemühte sich und erreichte tatsächlich, daß die Panzer und auch die Geschütze abgezogen wurden. Rudolphi plante mit Dr. Siepmann, Gutsbesitzer Zünddorf und Fabrikant Grüber noch weiter, um alle Möglichkeiten auszuschöpfen. Diese vier Herren traten um 18.50 Uhr mit einem Auto und weißer Fahne eine Fahrt zu den amerikanischen Truppen an. Bürgermeister Lange lehnte eine Beteiligung ab und erteilte auch keine schriftliche Vollmacht. Die Parlamentäre erreichten die Spitze der Panzer östlich von Paderborn. Der Empfang soll „eisern" gewesen sein. Herr Grüber verlangte den General zu sprechen mit dem Hinweis, sie seien Bevollmächtigte des Bürgermeisters von Bad Lippspringe. Es kam statt des Generals ein junger Offizier und stellte sich als Bürgermeister von Paderborn vor. Als Herr Grüber nochmals nach dem General ver-

langte, wurde der Offizier böse und sagte, daß die Herren hier stehen zu bleiben hätten, bis er erlaube, daß sie gehen könnten. Herr Grüber wies auf die Genfer Konvention hin. Nach einiger Überlegung ordnete der Offizier die Sicherstellung des deutschen Autos an. Mit den Parlamentären fuhr man jetzt durch Paderborn zum Büro der Militär-Polizei. Hier wurden ihre Papiere überprüft. Darauf erklärte der MP-Mann: „Meine Herren, Sie sind Agenten der Gestapo!" Dr. Siepmann entgegnete darauf sehr ernst und wies den Vorwurf zurück.
Gegen 23 Uhr wurde den vier Herren aus Lippspringe ein Zimmer ohne Betten zugewiesen. Am nächsten Morgen (3. April) gegen 8.00 Uhr wurden sie verpflegt und zum Divisionsgefechtsstand nach Nordborchen befördert. Hier teilte man ihnen nach kurzer Unterredung mit, daß zwei alliierten Kampfgruppen Befehl erteilt sei, Lippspringe von Norden und von Süden zu besetzen. Die Parlamentäre blieben noch im Pastorat in Nordborchen unter Bewachung von Militär-Polizisten. Am Mittag gab es wieder Verpflegung. Gegen 16.40 Uhr teilte endlich ein Offizier den vier Herren mit, daß Bad Lippspringe kampflos besetzt sei. Darauf wurden sie bis Marienloh zurückgebracht.

Vordringende amerikanische Truppen schossen dieses deutsche Fahrzeug im Raum Teutoburger Wald in Brand. Kameraleute filmten den Trümmerhaufen. Derartige Wracks erinnerten monate-, evtl. jahrelang an die Kämpfe im April 1945.

In Schlangen teilten sich die amerikanischen Verbände, eine Einheit stieß über die „Gauseköke" durch den Teutoburger Wald, eine andere benutzte die Reichsstraße 1 nach Horn. Südlich hatte die 83. US-Infanterie-Division die Aufgabe, den Gebirgszug zu überschreiten. Der Weg führte über Veldrom nach Leopoldstal. Sie nahm hier zunächst nur Gefangene auf. Widerstand gab es nicht. Hinter dem Gebirge stieß die Einheit in „Kreuzen" auf ein großes Lazarett mit 700 Verwundeten und 29 Ärzten.

Am späten Abend des 4. April 1945 hatten amerikanische Verbände den Teutoburger Wald in der gesamten Länge überwunden. Sie mußten nun zur „Weserfront", wie sie vom Oberkommando des Heeres benannt wurde, vordringen.

Die 5. US-Panzer-Division auf der Reichsautobahn zwischen Bielefeld, Herford, Bad Oeynhausen und Weser.

Das Operationsgebiet der 5. US-Panzer-Division lag Ostern 1945 im Raum Münster-Warendorf und Bielefeld-Versmold. Sie folgte hier der 2. US-Panzer-Division, die den Übergang am Teutoburger Wald nach Bielefeld freikämpfen mußte. Nach Überwindung dieses Passes stieß die 2. Pz.-Div. in Richtung Lage/Lemgo vor, die 5. Pz.-Div. hatte Befehl, auf der Autobahn entlang bis zur Weser vorzustoßen. Diese Einheit hatte den Vorteil, daß sie unmittelbar durch Lastensegler auf der Autobahn versorgt werden konnte. Bereits in der Nähe von Bielefeld landeten am 2. und 3. April Segler mit Nachschubgütern.

Aus dem Raum Bielefeld in nordöstlicher Richtung spürte die 5. US-Panzer-Division zunächst keinen Widerstand. Die Stadt Herford hatte sie am 2. April noch nicht besetzt, die Truppen verblieben noch westlich und südlich der Stadt. Wegen vermuteter Verteidigungsmaßnahmen und um Verluste zu vermeiden, setzte sich die Kolonne am Morgen des 3. April in nordöstlicher Richtung in Bewegung. Auf der Autobahn trat keine Behinderung ein. Erst hinter Exter, auf der „Steinegge",

Unaufhaltsam vorwärts stießen die Panzer in Richtung Bad Oeynhausen. Hier wird ein brennendes Hindernis, ein deutsches Transportfahrzeug, umfahren. (Sherman-Panzer der 5. US-Pz.-Div.)

standen elf Flakgeschütze vom Kaliber 8,8 cm. Diese empfingen die amerikanischen Panzer unvermutet. In dem sich entwickelnden Feuergefecht fielen drei Deutsche, die anderen gaben nach kurzer Zeit auf. Auf dem weiteren Vormarsch fielen der Angriffsspitze an diesem Vormittag fünf gepanzerte Fahrzeuge und einige gezogene leichte Flakgeschütze in die Hände. Vereinzelt wurden Gefangene gemacht, um 11.05 Uhr wurde ein leichter deutscher Panzer abgeschossen. Französische Kriegsgefangene erklärten dort ihren Befreiern, daß sie nur Volkssturmleute gesehen haben, keine Soldaten. Durch ihre Luftaufklärung erhielt die Division die Nachricht: „Brücken in Rinteln und Hess. Oldendorf noch in Ordnung."
Vor Bad Oeynhausen gingen den Amerikanern zwei Bedienstete der Stadtverwaltung entgegen. Sie wiesen sich als solche aus und erklärten, daß Bad Oeynhausen als Lazarettstadt nicht verteidigt werde. Die

Deutschen wurden in Fahrzeuge gesetzt, um den Weg zum Rathaus zu zeigen. Die Stadt hatte den Krieg gut überstanden, auch jetzt fiel kein Schuß mehr. Nach den Formalitäten der Stadtübergabe wurde noch eine Telefonverbindung mit der Stadtverwaltung Minden hergestellt. Die Amerikaner forderten telefonisch die Übergabe von Minden. Aus dem Gespräch ergab sich auch, daß die Brücken in Minden noch unzerstört waren. Die Mindener erklärten, daß sie erst in Hannover Rückfrage halten müßten. Nach Unterbrechung sagten die Mindener, daß das zuständige Generalkommando XI in Hannover abgelehnt habe. Es handelte sich um Offiziere der Einheit CC „R", die die Verbindung mit Minden verlangt hatten.

In Lohe bei Bad Oeynhausen ergaben sich die Mannschaften von drei 8,8-cm-Geschützen. Als einziger fiel dort Oberleutnant Heinrich Müller.

Bad Salzuflen wurde ebenfalls am 3. April besetzt. Es gerieten dort 1500 deutsche Verwundete in Lazaretten in Gefangenschaft.

An diesem 3. April erreichte bei Rehme (nahe Bad Oeynhausen) diese Einheit der 5. US-Panzer-Division als erste den Weserstrom. Autobahn- und Eisenbahnbrücken waren hier gesprengt. Die Kampfgruppe CC „B" rückte am Abend noch bis Bergkirchen (westlich Minden) vor, um dort die Stellung zu halten.

Nachmittags (3. April) waren im nahegelegenen Vlotho vom Amtsvorsteher vorhandene Bestände an Lebensmitteln und anderen Gebrauchsgütern freigegeben worden. Es handelte sich um große Mengen Schmalz, Spirituosen und Stoffe. Allein für Schmalz wurde eine halbe Million Reichsmark erzielt. Mitglieder der Parteileitung von Bielefeld und Herford waren am Nachmittag mit ihren Autos über die Weserbrücke gefahren. Sie setzten sich ab. Nachdem gegen 17 Uhr die Vlothoer Brücke gesprengt worden war, näherten sich drei amerikanische Spähwagen aus Richtung Rehme. Ohne jeglichen Widerstand fuhren sie in die Stadt Vlotho bis zur Herforder Straße und kehrten dann nach Rehme zurück.

Als Erfolgsmeldung für den 3. April funkt die 5. US-Panzer-Division um 23.50 Uhr:

„1144 Gefangene, 95 Getötete, 105 Verwundete, 45 Fahrzeuge, 4 Panzer, 45 Geschütze und viel Material erbeutet oder zerstört. Verschiedene Widerstände mit Geschützen, Straßensperren und Infanterie. Mehrere Soldaten in Zivilkleidung. Gefangene sagten, ihr Hauptquartier – 471. I.D. – sei in Hildesheim."

Bad Salzuflen am 5. April 1945. Auf dem Grundstück Werlerstraße 1 (August Klei) wird an die Landser der 84. Inf.Div. nach zwei Tagen wieder warmes Essen ausgegeben.

In der Nacht zum 4. April waren einige amerikanische Spähwagen zur Erkundung der Lage unterwegs. Sie berichteten von 30 Geschützen (gezogenen) vor und in Minden. Aufgestellte Panzer schossen in die deutschen Kolonnen. Die Verluste waren geringfügig.

Eine Kampfgruppe, die am Morgen des 3. April Exter passierte und über Wehrendorf, Linnenbeeke abgezweigt war, stieß am 4. April über Hohenhausen nach Rinteln vor. Gegen 15 Uhr waren die Vorhuten dort.

Das bisher unbeachtet gelassene Herford sollte am 4. April genommen werden. Ein früherer russischer Offizier hatte den Amerikanern berichtet, daß in Häusern und in Wäldern bei Herford SS-Gruppen gesehen wurden, vermutlich von der „Wiking"-Division. In der Nacht 0.30 Uhr meldete eine US-Kampfgruppe ihren Standort „östlich Herford". Im Laufe des Vormittags überflog der amerikanische Aufklärer vom Typ „Piper" mehrfach das Stadtgebiet, um Verteidigungsmaßnahmen fest-

Im Gegensatz zu 1945 herrscht auf dem Grundstück Klei jetzt reger Geschäftsbetrieb. Am Gebäude geringfügige Veränderungen.

zustellen. Ein leichtes Flakgeschütz schoß vom Boden, so daß der Aufklärer abdrehte. Seine Maschine hatte leichte Beschädigungen davongetragen. Dabei befanden sich keine feststellbaren kampffähigen Einheiten in der Stadt. Die dort aufgestellte Volkssturmkompanie I/V.38 war Ende März 1945 bei Millingen am Niederrhein eingesetzt gewesen und hatte sich bis Ostern nach Herford zurückgezogen. (Einige Herforder Volkssturmmänner kämpften am 10. April in Rinteln.) Schließlich fuhren in der Mittagszeit – nach 12 Uhr – Leutnant O., Colonel Burton und Captain Georgi in die Stadt Herford. Sie wurden nicht angegriffen. Ihre dortige Tätigkeit meldeten sie sogleich: „Sind in Herford in Verhandlung mit Bürgermeister. Kein Widerstand. Wir organisierten Hilfspolizei und ordneten Straßenverbot für 13 Uhr an. Polizisten sind gekennzeichnet durch weiße Armbinden."
Vlotho wurde heute (4. April) offiziell besetzt. Mit Hilfe von Polizeioberwachtmeister Sunderbrink wurde eine Hilfspolizei von 15 Mann gebildet.
In der Mittagszeit trat den Amerikanern in diesem Raum ein deutscher Soldat entgegen, der behauptete, zugleich britischer Agent zu sein. Er gab seinen Namen mit Heinrich Wellings an und sagte, daß er am 8.

Aus dem Operationsgebiet der 84. US-Division wurden in Herford 2100 deutsche Kriegsgefangene am 7. April 1945 gesammelt.

Oktober 1944 bereits in britische Gefangenschaft gekommen sei. In England sei er ausgebildet worden, um deutsche Eisenbahnanlagen zu sabotieren. Nach Mitteldeutschland sei er am 20. Februar 1945 gekommen. Bevor die Amerikaner diesen Agenten an ihr Hauptquartier weiterreichten, ließen sie sich berichten: „In der Stadt Hannover befinden sich keine Artilleriestellungen, aber in den Wäldern wurde eine unbekannte Anzahl schwerer Flakgeschütze gesehen. Entlang der Autobahn befindet sich leichte Flak." Dabei bezeichnete er den Amerikanern auf einer Karte die Stellungen. Minenfelder zwischen Hannover und der Front konnte er nicht angeben.

In Richtung Minden wurde noch nicht vorgestoßen. Eine Einheit hatte dort auf einem Feldweg linksseitig der Weser fünf deutsche Panzer ausgemacht. Gegen 15 Uhr griffen westlich Minden vier deutsche Jagdflugzeuge (Me 109) an, sie warfen auch Bomben. Durch Beschuß wurde eine Maschine beschädigt, sie stürzte vermutlich später ab. Am späten Abend (4. April) gab die Division als Frontlinie an: Ostufer

Die Firma Weserhütte fertigte bereits vor dem Kriege in Zusammenarbeit mit anderen Firmen gepanzerte Spähwagen. Kein Wunder, daß die Herstellung während des Krieges vorangetrieben wurde. Hier eine Fertigungshalle der Firma Weserhütte in Bad Oeynhausen, die Ende März 1945 durch Luftangriffe stark beschädigt wurde.

der Weser Raum Neesen, südlich entlang der Weser in den Raum Rinteln und südwestlich in den Raum Hohenhausen. Daran anschließend befand sich die 2. US-Panzer-Division, nördlich rückten jetzt die Briten in Minden ein. Große Geländegewinne machte die 5. Division heute nicht, konnte aber sonst einige Erfolge verbuchen:

Erbeutet: Acht 8,8-cm-Geschütze, 26 40-mm-Geschütze, drei 3,7-cm-Geschütze, 20 Güterwagen mit Artilleriemunition, eine Radarstation, 7 LKW, ein Flaktieflader und ein Volkswagen (Kübelwagen).

Zerstört: 1 Kommandowagen, 4 LKW, 3 Motorräder, 3 Halbkettenfahrzeuge, 2 Fabriken*), zwölf 8,8-cm-Geschütze. 77 deutsche Soldaten sind gefallen.

Zum Weserübergang, der bei Hausberge geplant war, wurde die 84. US-Infanterie-Division herangeführt. Die 5. Division säuberte das rückwärtige Gebiet. In dem versteckt liegenden Wennenkamp fanden sie 150 Verwundete in Lazaretten. Da diese Division heute (5. April) nur säuberte, waren in ihrem Bereich nur zehn deutsche Soldaten gefallen. Ansonsten gab es nur Feststellungen: „Vier Eisenbahngeschütze in Hess. Oldendorf, eine Kolonne von ca. 300 Zivilisten mit weißen Fahnen bei Hess. Oldendorf." Als eigene Verluste wurden an diesem Tage zwei Jeeps gemeldet, die auf Minen gefahren waren. Am 6. April, als sich die 5. Division immer noch im besetzten Gebiet aufhielt, waren keine deutschen Gefallenen mehr zu beklagen. Bei Hausberge setzte die 84. Infanterie-Division über.

Der Weserübergang bei Hausberge und die Kämpfe um Bückeburg und Eisbergen.

In der letzten Märzwoche 1945 richtete sich südlich von Minden (Raum Barkhausen und Hausberge) eine deutsche Artillerie-Abteilung ein. Vor dem Hotel „Kaiser Friedrich", im Garten des Hotels „Weserhof", auf dem vorderen Teil des Glockenbrinks und auf „Krügers Brink" standen einige 8,8- und 10,5-cm-Geschütze. Amerikanische

---

*) Es handelt sich u.a. um Werksgelände der Firma Weserhütte in Bad Oeynhausen. Dort wurden bis Kriegsende Halbkettenfahrzeuge für die Wehrmacht hergestellt.

Aufklärungsflugzeuge hatten diese Standorte ausgemacht und ihrer Einheit gemeldet. Aus weiterer Entfernung wurde deshalb zunächst amerikanische Artillerie gegen diese Stellungen eingesetzt. Ein Ausschalten der deutschen Artillerie wurde aber nicht erreicht. Sie konnte vielmehr den amerikanischen Vorstoß im Direktbeschuß zwischen Dehme und Wedigenstein stoppen, der am 3. und 5. April 1945 unternommen wurde. Mehrere amerikanische Panzer waren abgeschossen worden. Das Amt Hausberge wurde nunmehr durch die Amerikaner benachrichtigt, daß der Ort beschossen wird. Beamte und Angestellte der Verwaltung hatten die besondere Aufgabe, ihre Einwohner davon in Kenntnis zu setzen. Sie gaben unverzüglich die Aufforderung bekannt, daß sich die Bevölkerung in Sicherheit zu bringen habe. Ein Teil der Einwohner verließ den Ort, um sich zu Bekannten oder Verwandten in Nachbarorten zu begeben, der andere Teil verblieb in dieser Nacht zum 6. April im Keller.

In der Garnisonstadt Minden waren vor Tagen aus verschiedenen Einheiten Kampfgruppen zusammengestellt worden. Es waren zum Teil Genesene, die nach langer Zeit ihren ersten Einsatz erneut zu bestehen hatten. Auch einem Hauptmann S. war eine Gruppe von etwa 200 bis 300 Mann zugeteilt worden. Die Soldaten wurden noch vor ihrem Abmarsch mit modernen Waffen ausgerüstet, sie erhielten genügend Panzerfäuste und eine 2-cm-Flak. Aus Verpflegungslagern, die in Minden geöffnet waren, konnten die Soldaten auch genügend Lebensmittel mitnehmen. Zum Transport besorgten sie sich einen Pferdewagen. Über seinen Einsatz berichtet Hauptmann S. folgendes:

„In dem Ort Neesen an der Weser bei Minden sollte ich zuerst eingesetzt werden. Wir quartierten uns in dem Ort ein. Vor Mitternacht gingen wir noch einmal an die Weser. Dort hörten wir ein Rauschen im Wasser. Wir erkannten, daß Boote übersetzen wollten. Unsere MG und die 2-cm-Flak brachten wir sogleich in Stellung. Als die Boote sich dem Ufer näherten, schossen wir im günstigen Augenblick dazwischen. Wir vereitelten somit die Landung an diesem Abend an unserer Weserseite. Am anderen Morgen sahen wir die Sanitätswagen am anderen Ufer, als sie ihre Verwundeten einsammelten.

Meine Kampfgruppe hatte sich inzwischen auf 15 Mann verringert. Die anderen Landser hatten sich abgesetzt."

Am nächsten Morgen, am 6. April 1945, wagten Teile der 84. US-Infanterie-Division einen neuen Vorstoß in der Nähe der gesprengten Weserbrücke bei Hausberge. Diesmal gelang die Überquerung der We-

Beim „Großen Kurfürst" an der Porta Westfalica überquerten am 7. April 1945 Fahrzeuge der 84. US-Inf.-Div. und der 5. US-Panzer-Division die Weser.

ser. In der Dunkelheit um 5.00 Uhr setzten die ersten Boote (Kompanie A und C des 1. Btl.) nacheinander über, ohne daß auch nur ein Schuß abgegeben wurde. Erst um 5.30 Uhr schoß deutsche Flak (2 cm) ungezielt. Trotzdem überquerten ständig Sturmboote die Weser. Das gesamte 1. und 3. Bataillion hatte bis 6.30 Uhr das östliche Ufer erreicht. Deutsche Eisenbahnflak, 2-cm-Geschütze und Granatwerfer beschossen jetzt die Übergangsstelle. Der amerikanische Bericht dazu: „Die Eisenbahnflak hat den meisten Schaden angerichtet. Erst der 2. Zug der C-Kompanie konnte im nördlichen Brückenkopf vorstoßen und etwa 30 Schuß auf die deutsche Bahnflak abgeben. 15 Waggons Munition und Verpflegung gingen in die Luft sowie ein Benzinlager. Die Deutschen haben gut gekämpft, aber sie haben sich nach kurzer Zeit ergeben."

Beim weiteren Vorstoß in ihrem Brückenkopf kamen die Amerikaner nach Hausberge, wo eine Panzersperre verteidigt wurde. Auch bei Lerbeck entstanden kleinere Gefechte. Ein amerikanischer Kriegsteilnehmer berichtet darüber:

„Plötzlich rief ein deutscher Wachposten ‚Halt!' Ein amerikanischer Obergefreiter, der am dichtesten dran war, wollte nicht schießen, damit weitere Deutsche nicht wach würden. Stattdessen hat er sein Gewehr dem Deutschen über den Kopf geschlagen und dabei zerbrochen. Er bückte sich schnell, um das deutsche Gewehr zu ergreifen und damit einem zweiten deutschen Soldaten über den Schädel zu hauen. Es kam MG-Feuer, wir nahmen Deckung. Es rollte eine deutsche Handgranate über seine rechte Hand. Er ergriff sie und warf sie zurück, die Explosion abwartend. Sie kam sehr schnell, und man hörte einen lauten Schrei. Es muß ein Deutscher gewesen sein, der durch seine Handgranate starb."

Aus Holzhausen kam eine motorisierte Einheit. Den Jeeps schlug hier plötzlich starkes MG-Feuer entgegen. Tote und Verwundete fielen aus fahrenden Wagen. Amis, die sich in Sicherheit bringen konnten, eröffneten das Feuer. Bei diesem Gefecht fielen Leutnant Leimroth aus Kassel und Uffz. Randel aus Bochum. Die Verluste der Amerikaner sind nicht bekannt geworden. Bei ihnen wurden die Toten auf dem schnellsten Wege zurückgebracht.

Nach 35 Jahren: Der „Große Kurfürst" ist umgebaut, daneben verbindet eine moderne Brücke die Weserufer.

Auf der Straße Lerbeck – Nammen wurde in den frühen Morgenstunden das 1. Bataillion der 84. US-Infanterie-Division beschossen. Amerikanischen Berichten zufolge waren hier ca. 40 deutsche Infanteristen, ein fahrbares 8,8-cm-Geschütz und drei mittlere Panzer eingesetzt. Als die amerikanische A-Kompanie in Häusern Schutz gesucht hatte, schoß auch das 8,8-cm-Geschütz auf diese Häuser. Nach einiger Zeit fielen einige Deutsche, der Rest setzte sich langsam ab. Die A-Kompanie rückte in Nammen ein und legte hier nach zwei Tagen die erste Pause von zwei Stunden zum Schlafen ein.

Am Weserübergang hatten die Amis bis um 7.30 Uhr eine leichte Brücke für Fahrzeuge bis 2,5 t herstellen können. Als dort in den Vormittagsstunden die Pioniere die Brückenzufahrten befestigten, war dort wieder deutsches MG-Feuer zu vernehmen. Bis zum Abend hatten die Amerikaner ihren Brückkopf 3 Meilen breit und 6 Meilen tief ausbauen können. Das 1. Bataillion war nach Kleinenbremen vorgestoßen, daß 2. Bataillion erreichte die Straße Minden – Röcke, konnte aber den Ort Röcke noch nicht besetzen. Das 3. Bataillon war südlich der Autobahn geblieben. Damit war das gesamte 335. Regiment auf dem rechten Ufer. In der folgenden Nacht (6. zum 7. April 1945) überquerte das 334. Regiment auf der fertiggestellten Brücke die Weser. Schließlich setzte das 333. Regiment noch am Nachmittag des 7. April über.

In den Morgenstunden (6.45 Uhr) des 7. April brach im südlichen Bereich das 3. Bataillon auf, um zwischen Autobahn und Weser alles zu säubern. Zur Unterstützung waren einige Panzer des 771. Tank-Bataillions beigegeben. Gegen 9.00 Uhr erreichten die amerikanischen Truppen den Ort Eisbergen. Der führende Panzer feuerte mit MG in die Hauptstraße. Die erste Erwiderung waren nur Schüsse aus kleinen Waffen. Plötzlich aber schoß aus einem günstigen Versteck eine Pak. Der Panzer wurde zwar getroffen, konnte sich aber absetzen. Nunmehr begann intensives Feuer von beiden Seiten. Die Amis tauchten in Gräben und Häusern unter. Ein Zug der amerikanischen K-Kompanie versuchte von Norden anzugreifen. Ein Stück offenes Gelände konnte zunächst mühelos genommen werden, sogar neun Deutsche ergaben sich. Dann aber schossen die Deutschen aus allen Rohren. Die Verluste der Amis waren sehr schwer, so daß sie den Angriff aufgaben. „Obwohl unsere Artillerie befehligt wurde, konnten die deutschen Waffen nicht zum Schweigen gebracht werden", besagt ein amerikanischer Bericht. Nachmittags um 4.00 Uhr war auch das 1. Bataillon erschienen, um zu

unterstützen. Die Infanterie ging im Schutze einiger Panzer vor. Sie hat aber die Lage auch nicht meistern können. „Angesichts der deutschen Gegenwehr wurde nicht energisch angegriffen, sondern vielmehr der Nachmittag damit verbracht, die Lage zu beobachten, während die Kompanie K des 335. Regiments am anderen Ende des Ortes ausblutete. Der Kommandeur dieser Kompanie, Leutnant John J. Ennis, brachte sein Befremden zum Ausdruck."
Wo auch die Amerikaner zum Angriff antraten, schlug ihnen Feuer entgegen. An einem Ortsende standen zwei deutsche Panzerabwehrgeschütze, die auf Fahrzeuge des 1. amerikanischen Bataillions schossen. Im Nordwest-Teil des Ortes stand gut getarnt ein Gebilde, das wie ein Panzer aussah. Der Führer des 2. Zuges, der amerikanische Leutnant Robert L. Tingley, ergriff einen Zivilisten und sandte ihn zu dem Fahrzeug mit der Aufforderung, die Deutschen sollten sich ergeben. Nach einem Augenblick erschien ein deutscher Leutnant mit einer weißen Fahne. Leutnant Tingley sagte ihm nochmals, daß er sich ergeben möge. Der Deutsche erwiderte, daß er sechs Jahre Soldat und als solcher dazu erzogen sei, bis zum Ende zu kämpfen. Leutnant T. versprach, alle Gefangenen fair zu behandeln. Der Deutsche bat nun darum, mit dem kommandierenden Offizier sprechen zu dürfen. Nach fünf Minuten kam der Deutsche zurück und erbat 15 Minuten Zeit. Leutnant Tingley gewährte weitere fünf Minuten und sagte, daß dies endgültig sei. Als nach diesem Zeitraum nichts geschah, schossen die Amerikaner weiter auf mögliche Stellungen. Ein deutsches Geschütz schoß noch einen Panzer in Brand. Nach hin- und herwogenden Kämpfen erlahmte die deutsche Abwehr. Eisbergen war von einigen Bataillonen umgeben, und die Artillerie feuerte in den Ort. Das 1. amerikanische Bataillon konnte in der Dunkelheit einen Teil des Ortes besetzen. Am anderen Morgen (8. April 1945) hatte ein Teil der Deutschen Eisbergen verlassen, um sich in Wälder zurückzuziehen. Die Amerikaner besetzten nunmehr den Ort ganz und nahmen noch 136 Soldaten gefangen. Bei ihnen befanden sich einige gefangene Amerikaner, die nunmehr befreit waren. Der deutsche Leutnant, der verhandelt hatte, war gefallen. Ein Schlachtfeld blieb zurück: Gefallene auf beiden Seiten, viele Waffen lagen umher, abgeschossene Panzer standen an einigen Straßenecken. In der Gemeinde Eisbergen waren 110 Häuser beschädigt und 16 total ausgebrannt. Dreißig deutsche Soldaten ließen ihr Leben; sie ruhen auf dem Eisberger Friedhof. Die Amerikaner haben angeblich 240 Soldaten verloren.

Im Raum Röcke – Bückeburg wurde der härteste Widerstand geleistet. Das Bild zeigt das Vorgehen amerikanischer Infanteristen im Waldgebiet nördlich Röcke. Im Hintergrund sollen sich etwa zweihundert deutsche Soldaten mit Volkssturmmännern aufgehalten haben.

Kaum weniger hart wurden andere Kampfgruppen empfangen, die auf der Reichsstraße 65 vorstießen (7. April 7.00 Uhr). Außerhalb des Dorfes Röcke waren gute deutsche Stellungen eingerichtet. Das dritte Bataillon geriet in diese Falle. Aus günstiger Position schossen die Deutschen plötzlich auf alle Ziele. Die amerikanische Infanterie sprang von den Panzern und suchte in Häusern Schutz. Die Panzer rollten zur Straßensperre vor, die Infanterie schlich sich von Haus zu Haus weiter. Jetzt gab es einen neuen Überfall der Deutschen. Die Amis mußten sich nunmehr zurückziehen. Der Ort Röcke konnte erst nach Artilleriebeschuß genommen werden. Deutsche Einheiten zogen sich in das Waldgebiet nördlich Röcke zurück. Die Panzer folgten in den unwegsamen Buchenbestand. Ein amerikanischer Berichterstatter machte hier eine Aufnahme (s. Foto). Noch jetzt nach über 35 Jahren sind die tiefen Panzerspuren an Ort und Stelle zu erkennen. Am Nachmittag stießen Teile des 334. Inf.-Regiments weiter nach Bückeburg vor. Sie kamen aber nicht weit, denn Gewehr- und MG-Feuer, Granatwerfer

Das 334. US-Inf.-Reg. hat soeben Röcke besetzt (7. April 1945). Ein deutscher Parlamentär war mit weißer Fahne erschienen und erklärte dem amerikanischen Offizier, daß sich die Volkssturmmänner in Kompaniestärke ergeben wollten. Wesentlich härteres Abwehrfeuer kam den Amerikanern vor Bückeburg entgegen. Hier gab es hohe Verluste.

Amerikanische Infanterie in Röcke.

und Panzerfäuste hielten die Amerikaner auf. „Die Abwehr war so konzentriert, daß wir nicht unsere Köpfe aus den Schützenlöchern halten konnten", sagen beteiligte Amerikaner über diesen Kampf. Das Urteil des amerikanischen Kompaniechefs zu diesen Gefechten lautet: „Auf dem Vormarsch vom Rhein zur Elbe war hier der Widerstand am fanatischsten. Sie feuerten grimmig auf die ladenden Landser und weigerten sich, sich zu ergeben. Wenige Gefangene wurden gemacht."
Vor Bückeburg fielen sechs deutsche Soldaten, zwischen Röcke und Petzen 17; sie wurden zusammen auf dem Friedhof in Petzen beigesetzt.
Bückeburg fiel am 8. April 1945. Die Kräfte stießen von Röcke und von Kleinenbremen auf die Stadt vor. In der Stadt waren vier Straßensperren errichtet, die nach amerikanischer Mitteilung sämtlich in Einzelgefechten erobert werden mußten.
Hauptmann S., der zuerst die Übersetzversuche bei Neesen abgewehrt hatte, hatte sich mit seinen restlichen 15 Waffen-SS-Angehörigen nach Müsingen abgesetzt, zwei Kilometer östlich Bückeburg. Dort nahmen bereits die Fremdarbeiter eine drohende Haltung ein, wie die Bevölkerung berichtete. Die Gruppe zog dann aber nach Vehlen weiter, um sich dort einzurichten. Auf dem Ortsfriedhof verschanzten sich die Männer, die noch bestens ausgerüstet waren. Die Männer waren so eingesetzt, daß sie mehrere Fahrzeuge in Schach halten konnten. Als in der Nacht vollbeladene Mannschafts-Transportwagen die Reichsstraße 65 befuhren, wurden diese mit Panzerfäusten und MG bekämpft. Brennende Fahrzeuge blieben auf der Strecke, amerikanische Infanteristen suchten zunächst in der Dunkelheit Deckung. Die deutsche Gruppe setzte sich dann ohne Verluste allmählich ab, denn die Übermacht war schließlich doch zu groß.
Zu den Kämpfen in diesem Raum äußern sich die beteiligten amerikanischen Offiziere:
„Der Widerstand der Deutschen östlich der Weser in dem Rechteck, das durch die Orte Röcke, Nammen, Kleinenbremen und Bückeburg gebildet wurde, war der stärkste und standhafteste auf dem ganzen Vormarsch. Nachdem Bückeburg gefallen war, waren wir in der Lage, wieder in das offene Gelände vorzustoßen. Zurückschauend kann man sagen, daß wir in der glücklichen Lage waren, die Weser ohne Schwierigkeiten zu überqueren. Der Feind hatte genügend Streitkräfte hinter der Weser, nicht weit von unserem Überquerungspunkt. Er hätte uns größte Schwierigkeiten bereitet, wenn er am Weserufer einen aggres-

siven Angriff unternommen hätte. Anstelle dessen wurde er überrascht und gab den Fluß ohne weiteres auf. Als er die Gefahr erkannte, wurde er wieder in die Defensive gedrängt und versuchte lediglich in einer Anzahl von starken Gefechtsstellungen auszuhalten. Es war zu spät. Wir hatten genügend Streitkräfte übergesetzt."
Die drei Regimenter der 84. US-Infanterie-Division hatten als nächstes größeres Ziel die Stadt Hannover.

In Rinteln wurde der amerikanische Vorstoß gestoppt.

Für das lippische Bergland zwischen Kalletal (Hohenhausen), Extertal und der Weser waren vom Generalkommando keine Verteidigungsanstrengungen vorgesehen. Eine Verteidigung sollte erst an der Weser erfolgen. Zurückweichende Truppen, die im Gebiet von Bielefeld bis Paderborn unter Generalmajor Becher eingesetzt waren, trafen in der befohlenen Linie nicht ein. Alle Nachrichten über diese Truppen fehlten. Gen.-Major Becher nahm daher an, daß sie beim Zurückgehen vom Gegner zerschlagen und gefangengenommen wurden. Offiziere und Kradmelder, die den Verbleib dieser Truppen feststellen sollten, kamen nicht zurück. Die „Kampfgruppe Becher" war somit stark angeschlagen. Reserven, die diese Lücke ausfüllen konnten, waren nicht vorhanden und konnten auch von übergeordneten Stellen nicht zur Verfügung gestellt werden.
Das Kalletal, das Extertal und die dort befindlichen kleinen Orte wurden am 4. und 5. April 1945 nacheinander besetzt. Der Volkssturm, der an Panzerfäusten schlecht ausgebildet war, trat nicht an. Die Amerikaner setzten Hilfspolizisten ein, durchsuchten Häuser nach Waffen und versteckten Soldaten.
Am 4. April 1945 erreichten in den Mittagsstunden die amerik. Panzer Möllenbeck. Die in der Umgebung von Steinbergen jenseits der Weser befindliche deutsche Artillerie (Eisenbahnflak) beobachtete diesen Vormarsch und legte den „Kahlenberg", wo sich die Panzer befanden, unter Beschuß. Der Ort Möllenbeck wurde nicht verteidigt. Sogleich setzten die US-Truppen ihren Vormarsch nach Rinteln fort.

Nachdem im Raum Bielefeld in einigen Orten gekämpft wurde, konnte diese Einheit (5. US-Panzer-Division) anschließend zügig vorstoßen. Erst in Rinteln wurde sie am 4. April 1945 nachmittags gestoppt.

In der Altstadt von Rinteln befanden sich keine deutschen Truppen mehr. Am anderen Ufer hatte eine Kampfgruppe unter Major Picht Stellung bezogen, um den Weserübergang zu verteidigen. Gegen 15 Uhr fuhren Panzer am westlichen Stadteingang auf. Die Amerikaner erhielten von der Verteidigungsabsicht Kenntnis. Zwei amerik. Offiziere und ein deutscher Soldat schritten sogleich über die noch intakte Weserbrücke zur „Pomona", wo sich der deutsche Gefechtsstand befand. Die Amerikaner wollten dort wegen Übergabe der Stadt verhandeln. Entgegen sonstiger Gepflogenheit wurden sie mit unverbundenen Augen durch die Stellungen der Kampfgruppe geführt. Der deutsche Kampfgruppenkommandeur lehnte aber die Übergabe der Stadt ab und verweigerte den Amerikanern die Rückkehr, weil sie Kenntnis von den deutschen Stellungen hatten.
Gegen 16 Uhr, nach Sirenengeheul, wurde die Weserbrücke gesprengt. Sie brach in der Mitte auseinander. Häuser in nächster Nähe wurden

stark in Mitleidenschaft gezogen. Dies veranlaßte die amerik. Panzer, in die Stadt vorzurücken. Als gegen 18 Uhr die amerik. Offiziere nicht zurückgekehrt waren, erschien ein Panzer vor der Brückenauffahrt und forderte durch Lautsprecher die Freigabe der Parlamentäre. Es wurde dabei die Bombardierung der Stadt angedroht. Oberarzt Dr. Krukenberg und Stabsintendant Hedermann hatten inzwischen die Weser überquert, um die Freilassung der Parlamentäre zu erreichen. Der in Rinteln ansässige Hauptmann Ande versuchte auch auf Major Picht einzuwirken, daß die Amerikaner freigelassen würden. Auf Veranlassung des Chefarztes der Lazarette bemühte sich gegen 21 Uhr Hauptmann Ande ein zweites Mal über die Trümmer der gesprengten Weserbrücke, und zwar zusammen mit Stabsarzt Dr. Maas. Danach wurde die deutsche Kampfgruppe nochmals durch Lautsprecher zur Freigabe bis zum anderen Morgen 9 Uhr aufgefordert. In der Dunkelheit überquerten zwei Herren mit Oberstarzt Dr. Wittich die Weser im Schlauchboot und überreichten dem Major Picht eine Eingabe. Picht lehnte abermals energisch ab und berief sich auf seine Pflicht, die Stadt zu verteidigen.

Zur Erkundung der Lage erschienen gegen Mitternacht drei Beauftragte des Reichsverteidigungskommissars Gauleiter Lauterbacher in

Nachdem zwei amerikanische Parlamentäre die Rintelner Weserbrücke überschritten hatten, wurde sie gesprengt.

Am Stadteingang von Rinteln im April 1945.

einem Kübelwagen aus Hannover. Kampfgruppenkommandant Picht erstattete Bericht von allem, was sich inzwischen ereignet hatte. Bei der Abfahrt zwangen die drei politischen Führer in braunen Uniformen Hauptmann Ande, sich ihnen anzuschließen und in Hannover Bericht zu erstatten. Dr. Maas, der Böses ahnte und mit einsteigen wollte, wurde zurückgestoßen. Wenige Tage später fand man Hauptmann Ande im Moor bei Hannover erschossen auf. Seinen Einsatz für die Stadt Rinteln mußte er mit seinem Leben bezahlen.

Der Morgen des 5. April 1945 rückte heran. Die Frist bis 9 Uhr war abgelaufen, die Parlamentäre waren nicht zurückgekehrt. Die Altstadt Rinteln bis zur Weser befand sich seit dem Vortage in amerikanischer Hand. In diesem Teil, links der Weser, wurde die Bevölkerung in den Morgenstunden aufgefordert, die Stadt zu räumen, da ein Bombardement bevorstehe. Die Einwohner machten sich auf den Weg nach Exten, Hohenrode, Uchtdorf und weiteren Ortschaften. Auch die Kranken und Verwundeten aus der Altstadt wurden abtransportiert, zum Teil mit Kraftwagen, die die Amerikaner zur Verfügung stellten. An diesem Vormittag übergab ein amerikanischer Offizier ein Schreiben, an den Kampfgruppenkommandeur gerichtet, den Bediensteten im

Rathaus. Es wurde erneut mit der Vernichtung der Stadt gedroht. Zwei Herren begaben sich nochmals zum Gefechtsstand „Pomona", um das Schreiben zu übermitteln. Gegen 10 Uhr kamen dann tatsächlich die beiden Herren mit den Parlamentären zurück und wurden auf dem Markt von dem US-Offizier empfangen. Dieser versicherte nunmehr, daß die Stadt verschont bleibe. Diese Mitteilung sprach sich schnell herum. Bis in die späten Abendstunden kehrten darauf die meisten Rintelner Flüchtlinge in die Stadt zurück.
In der Nordstadt östlich der Weser war nun Ruhe eingekehrt. Vormittags verließen noch viele Bewohner der Nordstadt ihre Wohnungen, aber bereits nachmittags kehrten auch sie, da alles ziemlich ruhig war, zurück. Artilleriebeschuß war nur bei Eisbergen wahrzunehmen. Das Gebiet um die Bahnhofstraße wurde an diesem Tage noch mit einer weiteren Einheit aus versprengten Truppenteilen verstärkt. Die Gegner trennte praktisch nur der Weserfluß. Da die Verteidigungsanstrengungen bekannt waren, planten die Amerikaner zunächst keinen Weserübergang in diesem Raum. Man wollte den Deutschen nicht ins Feuer laufen. Am nächsten Tag, also am 6. April, wurde das Gebiet nördlich der Weser mit Artillerie beschossen. Die amerikanischen Geschütze standen an günstigen Stellen bei Stemmen-Möllenbeck, bei Hohenrode und vor Silixen. Vor allem die Orte Eisbergen, Todenmann, Steinbergen, Engern, Deckbergen, wo deutsche Soldaten erkannt worden waren, erhielten Artilleriebeschuß. Zwischenzeitlich erschienen auch Tiefflieger. Die Einwohner in diesem Raum lebten in ihren Kellern. In einigen Orten gab es dennoch Tote und Verletzte unter der Zivilbevölkerung. Zahlreiche Häuser erlitten starke Beschädigungen.
Auch am 7. und 8. April wichen die Rintelner Verteidiger noch nicht zurück. Am Sonntagmorgen (8. April) hatte das 335. Combat-Team nach zweitägigem harten Kampf den nordwestlich gelegenen Nachbarort Eisbergen nehmen können. Eine mit ihr kämpfende Panzereinheit fühlte auch nach Rinteln vor. In der Straßenkurve bei Gut Dankersen konnte eine Rintelner Abordnung einen Panzer abschießen. Die Amerikaner stoppten und zogen sich zurück. Einige Stunden war die schwarze Rauchwolke des brennenden Panzers zu sehen. Zur Bekämpfung der Kampfgruppe Picht war diese 335. amerikanische Kampfeinheit auch nicht beauftragt. Sie wurde vielmehr über Kleinenbremen in Richtung Bückeburg beordert, um den Anschluß an die weiteren zur 84. US-Infanterie-Division gehörigen Kampfgruppen

nicht zu verlieren. Um Rinteln-Nord wurde am 9. April ein nachfolgendes Regiment eingesetzt. Somit entwickelten sich wieder zwischen Gut Dankersen und dem Hüttenbezirk von Rinteln Infanteriegefechte. Die Nordstadt mußte auch heute Ari-Beschuß erleben: Die Gebäude der Mindener- und der Berliner Straße wurden besonders beschädigt. Im Kompanie-Gefechtsstand, Bahnhofstr. 25, hat sich ein Oberleutnant erschossen, angesichts des nahenden Zusammenbruchs hat er die Nerven verloren. Aber die deutschen Verteidiger, die auch von der Hitlerjugend unterstützt wurden, hielten den ganzen Tag aus. Erst in der Nacht zum 10. April zogen sie sich in die Weserberge zurück, eine Gruppe zum „Klippenturm", wenige Kilometer nördlich von Rinteln. Am frühen Morgen drangen die Amis über Breite Straße, Hafenstraße zur Bahnhofsstraße vor. Sie vermuteten immer noch Widerstand, sprangen von Haus zu Haus, schossen wild in die Gegend, obwohl die Deutschen alle fort waren. Sogar mit „Hurra"-Geschrei arbeiteten sie sich von Versteck zu Versteck vor. Hausdurchsuchungen nach Soldaten blieben ohne Erfolg. An diesem 10. April schrumpfte der Kessel zusammen. Während am gleichen Tage Hannover besetzt wurde, erhielten die Amerikaner nach der Einnahme von Rinteln-Nord noch am „Klippenturm" Abwehrfeuer. Bis hierher hatte sich auch der Bielefelder Kreisleiter Reineking zurückgezogen, der bereits seit dem 6. April in der Rintelner Nordstadt gekämpft hatte. Im Kompanie-Gefechtsstand Bahnhofstraße 25 vertauschte er seine Parteiuniform mit der Wehrmachtsuniform. Zu einem Bekannten sagte er noch: „Ich habe so fest geglaubt, aber in mir ist alles zerbrochen. Ich mache Schluß!" Er hatte sich mit einer MP bewaffnet und darauf hingewiesen, daß er sich der kämpfenden Truppe angeschlossen habe. Zwei Teilnehmer an diesen letzten Kämpfen (10. April) haben ihre Erlebnisse geschildert. Da die ganze Härte darin zum Ausdruck kommt, wird aus der Chronik wörtlich wiedergegeben: „Die kleine Einheit, die den Klippenberg besetzt hielt, wurde gegen 11 Uhr vormittags von den Amerikanern mit Artillerie- und Maschinengewehrfeuer angegriffen. Während des Kampfes brachte Sch. einen verwundeten Kameraden in den im Wirtschaftsraum des Klippenturmes eingerichteten Sanitätsstand. Dort lag schwerverwundet auch der ehemalige Rintelner Kreisleiter, Oberleutnant Reineking. Der Volkssturmmann Gerhard W. aus Herford berichtet, daß Reineking bis zuletzt feuerte und, nachdem er durch mehrere Schüsse, anscheinend auch durch einen Lungenschuß, schwer verwundet worden war, in den Sanitätsstand getragen wurde. Als Sch. ihn zu-

letzt sah, lag Reineking auf dem Fußboden des Wirtschaftsraumes mit schmerzverzerrtem Gesicht und vor dem Leib verkrampften Fäusten.
Von den inzwischen vor dem Klippenturm angelangten Amerikanern wurde W. nicht gestattet, sich um Reineking zu kümmern. Er mußte mit den anderen deutschen Soldaten, im ganzen etwa noch 20 bis 25 Mann, sich in einer Reihe vor dem Turm aufstellen. Die Männer mußten die Uniformröcke und z.T. auch die Hemden ausziehen und wurden bis auf Hosen und Stiefel ausgeplündert. Sch., der auch ohne Hemd in Gefangenschaft geriet, hatte den Eindruck, daß die wie wild mit ihren Maschinenpistolen vor den wehrlosen deutschen Gefangenen herumfuchtelnden Amerikaner sämtlich unter der Einwirkung von Alkohol standen.
Als Sch. mit den übrigen Gefangenen abtransportiert wurde, hörte er im Klippenturm einige Pistolenschüsse. Wie die neben ihm gehenden Kameraden war auch Sch. der Meinung, daß Reineking, der einzige Offizier, der ihnen in die Hände gefallen war, von den Amerikanern erschossen wurde. Sicher ist, daß ein Abtransport der Verwundeten nicht erfolgte. Ein zunächst zum Klippenturm beorderter Sanitätswagen wurde auf halbem Wege zurückgeschickt. Sch. nimmt an, und wohl zu Recht, daß die Amerikaner auch den Oberleutnant Reineking ausplünderten und ihn ohne Uniform liegen ließen, so daß bei der späteren Bestattung der Gefallenen in der Nähe des Lazaretts an der Waldkaterallee seine Persönlichkeit nicht festgestellt werden konnte.
Die Darstellung der beiden Herforder Volkssturmmänner deckt sich im wesentlichen mit den Schilderungen, die einige Jahre später in der Presse von anderen Kriegsteilnehmern veröffentlicht wurden. Bei dem zweiten Schwerverwundeten, der nach diesen Berichten, weil er ein braunes Hemd trug, von einem wütenden Amerikaner durch einen Bajonettstich verletzt wurde und beim Abtransport der Gehfähigen am Klippenturm liegenblieb und, wie seine Kameraden vermuten, ebenfalls erschossen wurde, kann es sich nicht um den Verwundeten handeln, der von dem Volkssturmmann Otto Sch. in den Klippenturm gebracht wurde, denn Sch. berichtet, daß dieser Verwundete eine schwere Arm- und Handverletzung hatte. Von dem Verbleib dieses Verwundeten ist nichts bekannt – vielleicht war er auch unter den Toten, die einige Tage später in der Nähe des Lazaretts an der Waldkaterallee bestattet wurden. Von den dort beigesetzten Soldaten sind mindestens zwei unter falschem Namen beerdigt worden."

Rinteln: Unterhalb der gesprengten Brücke waren zwei Übergänge für leichte Fahrzeuge hergestellt worden.

Inzwischen sind sämtliche Gefallenen auf den Rintelner Ehrenfriedhof umgebettet worden. Dort fanden nach Jahren zwei Teilnehmer der Kämpfe auf den Grabsteinen ihre eigenen Namen. Das ist nur so zu verstehen, daß den Toten am Klippenturm irgendwelche Uniformen oder Papiere beigegeben wurden, die von ausgeplünderten Soldaten stammten.
Das Rintelner Lazarett war, da Luftangriffe angekündigt wurden, nach Uchtdorf verlegt worden. In einigen Häusern und in der Gaststätte „Hupengrund" waren die Verwundeten untergekommen. Unter ihnen befanden sich zwei Verwundete, die am 4. oder 5. April eingeliefert waren. Dem Soldaten Schott war ein Bein und ein Arm amputiert worden, Bandleon hatte ein Bein verloren. Beide Soldaten starben am 6. April in Uchtdorf. Auf einer Leiter wurden die Toten zum Friedhof getragen. Amerikanische Soldaten, die sich am Wegrand aufhielten, nahmen ihren Helm ab. In Zeltplanen eingewickelt, ruhten beide einige Jahre auf dem Uchtdorfer Friedhof, bis sie in ihre Heimatorte umgebettet wurden.

Neben den Notübergängen wurde auch eine Fähre in Betrieb gehalten.

Der deutsche Widerstand im Wesergebirge und zwischen Steinbergen und Pötzen.

Die Verteidigung des rechtseitigen Stadtteils von Rinteln und eine – wenn auch schwache – Verteidigung der Stadt Hameln im Süden waren Ursache dafür, daß sich im Schutze des Wesergebirges ein Kessel bilden konnte. Vor Rinteln stand am 4. April 1945 die 5. US-Panzer-Division, vor Hameln am 5. April 1945 die 2. US-Panzer-Division. Andere Verbände stießen über Bückeburg – Stadthagen nach Hannover vor und umgingen den verteidigten Abschnitt. Vom Weserübergang Ohr aus waren längst Hildesheim und Braunschweig besetzt worden, als immer noch im Weserkessel Kämpfe tobten. Nach der Besetzung von Hameln (7. April) engten die Amerikaner den Kessel insoweit ein, als es nach den Divisionsbefehlen angeordnet war. Von Hameln aus waren das die Orte Fischbeck und Höfingen.

Eine Abteilung von zwei oder drei Panzerspähwagen und zahlreichen Jeeps war am Morgen des 7. April von Hameln aus in die Sünteldörfer abgeordnet worden. Ihr Auftrag führte sie gegen 12 Uhr nach Holtensen. Vor wenigen Stunden war hier noch eine Gruppe der Dessauer Fahnenjunkerschule erschienen. In einigen Häusern hingen schon weiße Fahnen. Die Soldaten waren entsetzt bei dem Anblick und riefen: „Wir kämpfen bis zum letzten Augenblick, und hier fällt uns ein Dorf in den Rücken." Sie suchten zunächst noch den Bürgermeister, konnten ihn aber nicht finden. Als die Spähwagen in Holtensen erschienen, waren die Fahnenjunker längst weitergezogen. Ohne Gefechte wie hier, durchfuhren die Amerikaner auch Unsen und Welliehausen.

In Höfingen war das anders. Dort waren soeben 37 Mann der Braunschweiger Junkerschule, die zunächst in Fischbeck einquartiert waren, eingetroffen und richteten sich zur Verteidigung ein. Der Leutnant hatte gerade Quartierzettel vom Bürgermeister Friedrich Sempf geholt, als seine Leute riefen: „Amis!" Alles bewaffnete sich, nahm Deckung und schoß. Der erste Spähwagen war getroffen, die Besatzung stieg aus und ging in Deckung. Der plötzliche Angriff hatte die Amerikaner so überrascht, daß sie ihre Fahrzeuge und Waffen im Stich ließen und sich zu Fuß in Richtung Hameln entfernten. Der zweite Spähwagen, der hier noch wenden konnte, wurde im Ortsteil Texas mit einer Panzerfaust abgeschossen. Die schwerverwundete Besatzung geriet in deutsche Gefangenschaft. Im Ort Höfingen waren sechs deutsche Soldaten verwundet worden.

In der Annahme, daß die Amerikaner einen Gegenangriff unternehmen, zogen fast sämtliche Höfinger in die Nachbardörfer. Tatsächlich fuhren am nächsten Morgen (8. April) gegen 5 Uhr 22 Panzer auf. Die Deutschen hatten insoweit Vorbereitungen getroffen, als sie Stellungen von Hägersmühle bis zum Ostrand des Dorfes bezogen hatten. Ihnen standen jedoch nur leichte Waffen zur Verfügung, die gegen Panzer nichts auszurichten vermochten. Für die Verwendung der Panzerfaust war die Entfernung zu groß. Die Amerikaner schossen jetzt in das Dorf Höfingen und zogen das Feuer systematisch von Norden nach Süden. Es wurden zeitweise bis 40 Granateinschläge gleichzeitig gezählt. Um 11 Uhr trat endlich Ruhe ein. Zu diesem Zeitpunkt brannten 24 Gebäude. Die durch Sprenggranaten verursachten Schäden wurden gar nicht mehr gezählt.

Die Fahnenjunker zogen sich aus Höfingen nach Bensen zurück. Sie hatten keine bemerkenswerten Gefechte mit amerikanischer Infanterie gehabt. Im Ort waren jedoch einmal ein Amerikaner und ein Deutscher aufeinander getroffen. Beide sahen zur gleichen Zeit um die Hausecke, feuerten gleichzeitig ihre Pistolen ab und töteten sich gleichzeitig.
Die Einwohner von Höfingen hatten sich vorsichtig bis 13 Uhr in den Ort zurückbegeben. Sie fanden schwelende Trümmerhaufen vor, darin verletzte Kühe und Schweine, die notgeschlachtet werden mußten. Die Amerikaner besetzten ein stark beschädigtes Dorf, in dem die Einwohner emsig um die Rettung ihres Hab und Gut bemüht waren.
Am frühen Nachmittag (8. April) – nach Beendigung der Besetzung von Höfingen – formierten sich neun Panzer zum Angriff auf Fischbeck. In der Nähe der Talsperre waren zwei deutsche Soldaten in Deckung gegangen. Noch bevor sie eine Panzerfaust abschießen konnten, waren sie erkannt worden. Eine MG-Garbe streckte sie nieder. Fischbeck wurde dann ohne Widerstand besetzt. Infanteristen begleiteten die Panzer im Ort, die einmal zwei großkalibrige Geschosse abfeuerten. Fünf deutsche Soldaten sind an diesem Tage im Ortsbereich Fischbeck tot aufgefunden, darunter befand sich ein Offizier, der sich selbst erschossen hatte.
Fischbeck und Höfingen blieben die südliche Grenze der sich bildenden Einkesselung. Von dieser Seite wurde kein Vorstoß mehr unternommen. Kampflinie dagegen wurde im Nordwesten die Autobahn bei Steinbergen. Vom 8. bis zum 10. April 1945 wurde hier verteidigt. Eingesetzt war hier u.a. die 7. Batterie des Nebelregiments 2. Sie besaß vier Opel-Blitz „Maultier" - Werfer mit aufmontierten 15-cm-Rohren (je 10 Stück). In einem Steinbruch nahe Steinbergen hatten die Werfer ihr Munitionslager. Von dort fuhren sie einige hundert Meter an ihr Ziel, um nach Abschuß einer Salve in ihr Versteck zurückzukehren. Heranbeorderte Jabos haben die Werfer nicht vernichten können. Den Infanterieeinsatz führte ein junger Ritterkreuzträger.
Ein deutscher Beobachtungsposten (ein Offizier, zwei Soldaten) war im Kirchturm von Steinbergen eingerichtet. Plötzlich erhielt er Artillerievolltreffer. Der Offizier war sogleich tödlich getroffen. Unter Lebensgefahr trugen ihn die beiden Soldaten in die Kirche, denn in der Folgezeit erhielt der Turm weitere sieben Treffer.
Der Arensburger Paß blieb noch weitere Tage uneinnehmbar. Die 84. US-Inf.Div. war nach Hannover weitergezogen. Einheiten der mit

Säuberungen des Hinterlandes beauftragten 102. US-Inf.-Div. sollten sich mit dieser „harten Nuß" weiterbeschäftigen. In der Nacht vom 10. zum 11. April wurde Artillerie eingesetzt. Salve auf Salve schlug in Steinbergen ein. Zahlreiche Gebäude gerieten in Brand. Auf den Gehöften brüllte das Vieh. Auch der Wald wurde mit Phosphorgranaten beschossen und brannte stellenweise. Damit sollte sicher die Infanterie bekämpft werden. Auf dem Schulgrundstück waren allein 18 Volltreffer festzustellen. In den frühen Morgenstunden (11. April) gab es unter den Einwohnern auch Tote und Verletzte. Angesichts dieser Übermacht zogen sich restliche deutsche Truppen, auch die Werfer, zurück. Im Laufe des Vormittags besetzten vom Westen und Süden kommend US-Truppen den Ort. Aus den Kämpfen in diesen Tagen ruhen 19 deutsche Soldaten auf dem Friedhof in Steinbergen. Am Arensburger Paß, an der Autobahnbrücke, standen mindestens drei abgeschossene amerikanische Panzer.

Einen Zwischenfall gab es am Ende dieser Kampfhandlungen: In einem Haus in Buchholz war eine Ärztin aus Obernkirchen im Einsatz. In dieser gefahrvollen Zeit hatte sie eine Bekannte mitgenommen, die im PKW wartete. Als die Ärztin zurückkehrte, war ihre Bekannte tödlich getroffen. Amis hatten von der Brücke den zivilen PKW beschossen.

An diesem Morgen (11. April) wurde Welsede ab 9 Uhr durch amerikanische Artillerie beschossen. Aufklärer flogen über das Wesertal und stellten sicher die vorhandenen Wehrmachtsfahrzeuge in einzelnen Dörfern fest. Einmal wurde in Welsede eine weiße Fahne gezeigt, dann aber wieder eingezogen. Nach längerer Unterbrechung setzte ab 14 Uhr erneut starker Beschuß auf Welsede ein. Jetzt gab es auch unter der Zivilbevölkerung mehrere Tote und Verwundete. Schließlich drang amerikanische Infanterie ein. Mehrere Angehörige der Waffen-SS wurden gefangengenommen. Drei Amis trieben einen Deutschen einen Feldweg hinauf. Die Einwohner Heinrich Bredemeier und Heinrich Bekedorf mußten mit einer Leiter folgen. An den Nußbüschen bei Wegeners Lande in der Talbreite krachten plötzlich Gewehrschüsse. Der Waffen-SS-Mann brach zusammen. Bredemeier und Bekedorf mußten den Schwerverwundeten nach Tischlermeister Fritz Steding (Rehre Nr. 47) tragen, wo sich ein amerikanischer Notverbandsplatz befand. Drei Lungenschüsse hatte der Soldat erhalten. Die Amerikaner verboten, den Verwundeten anzureden. Beide Träger mußten nun wieder verschwinden.

In Welsede wüteten die Besatzer besonders. Die Bevölkerung versuchte, die Amis mit weißen Tüchern zu beruhigen. Bei Wilhelm Bültemeier Nr. 61 wurde ein Befehlsstand eingerichtet, das gesamte Dorf durchkämmt. Schließlich wurden sämtliche männlichen Bewohner zusammengetrieben und mit erhobenen Händen zum Hause Wilhelm Görling geführt. Auf der großen Diele wurden die Männer gesammelt und bewacht. Belegte Brote von ihren Angehörigen durften die Männer in Empfang nehmen. Erst am Abend wurden alle freigelassen, ohne etwas über die Gründe der Festnahmen erfahren zu haben.

Deckbergen hatte zwischen dem 8. und 11. April starken Artilleriebeschuß erleiden müssen. Dort waren auch Truppenbewegungen durch Aufklärer festgestellt worden. Bei Annäherung der Amerikaner waren diese jedoch nicht mehr im Ort.

Auch hinter dem Wesergebirge wurde am 11. April (morgens) der Angriff auf den Kessel gestartet. Infanterie rückte im Schutz von Panzern von Bodenengern auf den Bergkamm zu. Eine kleine deutsche Kampfgruppe hatte sich nach dort zurückgezogen. In der Nähe der Paschenburg kam es zu einem Gefecht. Ein Verwundeter suchte in der Gaststätte Brunsmeier Schutz. Seine Wunden wurden notdürftig mit Servietten abgedeckt. Als die Amerikaner auch das Haus besetzten, nahmen sie ihn mit. Acht deutsche gefallene Soldaten wurden später in der Nähe der zur Gaststätte führenden Straße gefunden. Die Mehrzahl von ihnen hatte einen Kopfschuß erhalten. Sie ruhen noch heute in der Nähe der Kampfstätte unter hohen Fichten. Der Vater des gefallenen H. Giesecke hat auf einer Holztafel die Namen der Toten eingeschnitzt und ergreifende Zeilen des Heimatfreundes Carl-Julius Carlowitz hinzugefügt:

Gefr. Franz Jörg, 26. 10. 1925, Bad Ems,
Kan. Karl Müller, 26. 9. 1927, Lohhof b. München,
Obgefr. Rudolf Päschel, 4. 5. 1920, Berlin,
Kan. Hans-Georg Giebel, 22. 7. 1907, Malzmühle,
Kan. Wolfgang Weber, 25. 6. 1927 Hausneindorf,
Kan. Peter Brunshagen, 20. 12. 1927, Wismar,
Kan. Helmut Richter, 12. 4. 1927, Neulitschein,
Oberfeldwebel Heinrich Giesecke, 1. 4. 1917, Lemgo.

Gefallen für Volk und Vaterland am 11. April 1945 bei der Paschenburg.

Rauh war der Sturm, der diese Jugend brach,
Als schon der Lenz die ersten Blüten trieb.
Acht Mütter weinen ihren Söhnen nach,
die harter Kampf dem frühen Tod verschrieb.
Hier unter alten Fichten laß sie ruhn,
wohin sie hilfsbereite Hand gelegt,
wo sich des Wanders Herz in Trauer regt;
Denn unserm Leben galt all ihr Tun.

Aus dem Raum Paschenburg fuhren drei amer. Panzer den Ostersteg hinab in Richtung Gasthaus Scheffler (Schaumburg). Hier befand sich noch ein deutscher Befehlsstand. Ein Hauptmann äußerte dort, er wolle den Amerikanern entgegengehen, um die Stellung zu übergeben. Ihm trat aber ein Leutnant mit den Worten entgegen: „Herr Hauptmann, wir verteidigen uns bis zum letzten Mann!" Der Leutnant ging mit einigen Soldaten und Panzerfäusten in Stellung. Als ein Panzer in Schußnähe kam, gab es eine laute Detonation. Aus dem Panzer stieg eine Rauchwolke, er war vernichtet. Ein amer. Offizier konnte sich retten und kam in deutsche Gefangenschaft. Die beiden weiteren Panzer machten kehrt, schossen aber auf alles, was sich noch regte. Dabei wurde der deutsche Leutnant tödlich getroffen. Der Hauptmann machte nunmehr sein Vorhaben wahr: Er ging mit der weißen Fahne in Begleitung des gefangenen Amerikaners und einiger seiner Leute in Gefangenschaft.

Der Ort Rohden wurde abends ab 18.30 Uhr (11. April) mit Artilleriefeuer belegt. Fast sämtliche Fensterscheiben gingen dabei zu Bruch, und zahlreiche Häuser trugen Schäden davon. Zwei Einwohner starben am nächsten Tag an Verletzungen. Allein in den Gärten südlich der Häuser befanden sich über 200 Granattrichter. Gegen 20 Uhr drang amer. Infanterie am Hang östlich der Mühle vor. Deutsche Soldaten zogen sich zurück, zeitweise in Rückzugsgefechten. Mindestens zwei Amerikaner fielen. Da es inzwischen dunkel geworden war, richteten sich die Amis zur Übernachtung ein, um am anderen Morgen die unbesetzten Ortsteile Rohdeneck und Rohdental zu durchstreifen. Hier verlief aber alles friedlich. Nachdem einige Deutsche ihre Fahrzeuge angezündet und Waffen fortgeworfen hatten, versuchten sie ihre Heimatorte auf Schleichwegen zu erreichen.

Aus dem Raum Paschenburg – Welsede führten die Amerikaner am Abend etwa 150 Gefangene ab. Ihnen folgten frei herumlaufende

Bei der Paschenburg ruhen acht deutsche Soldaten, die in nächster Nähe am 11. April 1945 fielen. Darunter befindet sich der Oberfeldwebel Giesecke, der in Lemgo beheimatet war.

Pferde, die sich nicht davon abbringen ließen, ihren Herren zu folgen. Da verschiedene Häuser weiße Fahnen zeigten, riefen einige Soldaten: „Ihr Feiglinge!" Bei der Verladung auf LKW durften die Einwohner den Soldaten nur Wasser zum Trinken reichen, aber kein Wort mit ihnen reden.

An den Folgen eines Bauchschusses ist Wachtmeister Theo Schlimbach aus Köln in der Talbreite oberhalb Welsede gestorben. Man fand ihn am 12. April 1945. Er ruht auf dem Friedhof in Welsede.

Daß die Amerikaner den Raum Hess. Oldendorf zaghaft angriffen, ist aus dem Vorhandensein von zwei schweren Eisenbahnflak-Batterien (10,5 cm) zu erklären. Auf Eisenbahnwagen montiert war sie jedoch sehr unbeweglich. Sie hatte aus dem Raum Hess. Oldendorf auf gegnerische Fahrzeuge bei Haverbeck und Lachem geschossen. Am Waldrand oberhalb Segelhorst befand sich ein fahrbares 8,8-cm-Geschütz, und bei Barksen hatten sich mehrere Geschütze der leichten Flak-Abteilung 82 niedergelassen. Die Amerikaner waren ständig durch ihre Aufklärer über derartige Bewegungen unterrichtet. So kam es, daß allmählich diese Stellungen beschossen und ausgeschaltet wurden. Die Stadt Hess. Oldendorf hat einige Gebäudeschäden erlitten, u.a. auch die Zuckerfabrik und der Münchhausenhof. Eine Scheune des Rittergutes Stau wurde ebenfalls in Brand geschossen.

Am 7. April 1945 geschah in der Stadtverwaltung Hess. Oldendorf noch ein Zwischenfall: Bürgermeister Dr. Blancke sprach sich dafür aus, daß die Stadt nicht verteidigt werde. Die Auseinandersetzung gipfelte darin, daß Dr. Blancke verhaftet wurde. Er wurde abtransportiert. Auf der Fahrt nach Bad Eilsen mußte der Wagen wegen Granateinschläge halten. Dadurch konnte Dr. Blancke in der Dunkelheit entkommen.

Die am 11. April um Hess. Oldendorf noch in Stellung befindliche „Kampfgruppe Stamm", etwa in Kompaniestärke, sah jetzt den Zeitpunkt für gekommen, den Rückzug anzutreten. Sie löste sich im Süntel auf, da das Umland längst besetzt war. In Zivilkleidung versuchten die Männer, sich in ihre Heimatorte durchzuschlagen. In den letzten Schlupfwinkel des Weserkessels hatte sich auch die Werfer-Einheit zurückgezogen und hielt sich am Vormittag des 11. April noch in Hess. Oldendorf auf. Ein Entkommen gab es kaum. Gegen 11 Uhr setzte sie sich über Barksen und Zersen in Richtung Hohenstein ab. Im „Blutbachtal" oberhalb des Kreuzsteins wurden die Fahrzeuge in den Bach gestürzt.

Nach Schließung des Kessels im Waldgebiet Süntel verlassen: VW-Kübelwagen. Oberhalb Zersen stürzten Werfer-Einheiten ihre Fahrzeuge in den „Blutbach".

Über die Besetzung der Stadt Hess. Oldendorf berichtet die Chronik: " Gegen 13 Uhr erklärte sich Dr. Scheve bereit, den Amerikanern entgegenzufahren und ihnen mitzuteilen, daß die Stadt von deutschen Soldaten geräumt sei. Ein deutscher Soldat fuhr ihn mit seinem Motorrade über Großenwieden bis Kohlenstädt. Die Amerikaner nahmen den Soldaten gefangen, und Dr. Schweve mußte zu Fuß durch die Weserwiesen zurückkehren. Er brachte aber die Nachricht mit, daß die Amerikaner Hess. Oldendorf als offene Stadt ansehen wollten. Bald danach näherten sich von Großenwieden her die Panzer. Sie rollten an der Bahn entlang und hielten gegen 15 Uhr vor dem Westertore an. Es waren sechs Panzer und etwa 150 Schützen. Die aufgesessenen Schützen stiegen ab und bildeten zwei Reihen, die an den Häusern entlang sicherten und die Panzer begleiteten. Um 15.20 Uhr wurde der Marktplatz erreicht und die Stadt weiterhin bis zum Felsenkeller durchschritten. Um 15.30 Uhr war die Stadt kampflos besetzt. Damit hatten seit über 130 Jahren zum ersten Mal wieder Feindtruppen den Boden unserer Stadt betreten."
Der Weserkessel war am Abend des 11. April 1945 überrollt.

Rest der gesprengten Weserbrücke bei Hess. Oldendorf (Weserseite Fuhlen). Es handelte sich um eine 1929 nach hier verlegte „Kettenbrücke" aus Hameln.

Amerikanischer Vorstoß über Lemgo und auf der Reichsstraße 1 bis Groß-Berkel am 4. April 1945.

In der Bleidorn-Kaserne in Lemgo befand sich der Gefechtsstand des General Goerbig. Der ihm unterstellte Hauptmann Heckmann, Kampfkommandant von Lemgo, versuchte aus zurückflutenden und versprengten Truppenteilen Alarmeinheiten zu bilden. Als dem General Goerbig am Nachmittag des 3. April 1945 das Herannahen des Feindes auf Lage gemeldet wurde, verlegte dieser seinen Gefechtsstand am Abend nach Lüdenhausen, 3 km nordöstlich von Lemgo. Im Laufe des Tages (3. April 1945) waren an den Ausfallstraßen von Lemgo Panzersperren vorbereitet worden, und zwar am Rieper Berge (Richtung Hameln) bei der dort befindlichen Gaststätte, eine weitere am „Liemer Turm", und eine Sperre im Westen am Ort Hörstmar (2 km vor Lemgo). Die Stadt Lage wurde noch in den Abendstunden des 3.

April 1945 besetzt. Ein Offizier erhielt den Auftrag, mit dem örtlichen Volkssturm und einem Flakgeschütz 8,8 cm nebst Bedienung die Panzersperre in Hörstmar zu verteidigen. Die zusammengerufenen Volkssturmmänner hatten sich aber wieder nach Hause begeben. Somit wurde das vorhandene Flakgeschütz zu einem anderen Standort dirigiert (nahe Krankenanstalt Eben-Ezer). Gegen 24 Uhr ließ General Goerbig dem Hauptmann Heckmann in Lemgo die Nachricht zukommen, daß Lemgo bis zum letzten Mann zu verteidigen sei. Als Unterstützung wurden ihm zwei weitere Flakgeschütze 8,8 cm und drei Königstiger zugesagt.

Bei der Panzersperre am Liemer Turm saßen die Lemgoer Volkssturmmänner in der kühlen Nacht. Unter ihnen machte sich in den frühen Morgenstunden gegen 4 Uhr die Unlust breit. Sie wollten nach Haus gehen. Ein Verteidiger benachrichtigte davon aber den Kampfkommandanten Heckmann. Dieser erteilte einem Offizier und sechs Soldaten Befehl, zur dortigen Sperre zu fahren und die etwa 30 Volkssturmmänner festzunehmen, damit sie vor das Kriegsgericht gestellt werden könnten. Der Volkssturmführer erreichte aber durch Verhandlungen, indem er sich für seine Männer verbürgte, daß der Befehl zurückgenommen wurde. Ein Volkssturmführer redete auf die Männer ein, damit sie an ihrem Platz blieben. Sie wurden dann später ohne Gegenwehr von den Amerikanern gefangengenommen.

Frühmorgens um 4 Uhr fragte auch der Bürgermeister Gräfer telefonisch bei dem Kampfkommandanten an, ob er die Stadt verteidigen werde. Er erhielt die Antwort: „Ja, ich habe Befehl, ich muß!"

Fabrikant Lüpke erhielt die Aufforderung, sein Telefon für einen Kampfstand zur Verfügung zu stellen. In Anbetracht dieser Situation fuhr Lüpke mit einem Fahrrad den Amerikanern entgegen, um mit ihnen zu verhandeln. Diese waren bereits nach Hörstmar vorgedrungen. Eine Chronik berichtet darüber:

„Er traf die Amerikaner auf Lüttmanns Hof. Sie waren dort recht überraschend erschienen. Der Knecht war im Begriff, in aller Ruhe den Mistwagen aufs Feld zu fahren. Und Frau Lüttmann ging den Ankommenden ärgerlich entgegen mit dem Zuruf, das sei hier ein Privatweg und die Durchfahrt verboten. Lüpke traf dort einen amerikanischen Kampfstand mit zahlreichen Offizieren, die ihm korrekt und verständnisvoll begegneten. Der Kommandant versicherte: „Wir wollen die Stadt nicht kaputt machen, aber die Jungens müssen da weg." Er meinte damit die deutschen Soldaten, deren Aufstellung, wie Lüpke sah, den

Amerikanern durch ihre Flieger genau bekannt geworden war, ebenso wie die Lage der Panzersperren und der Geschütze. Die 8,8 Flak, die an der Linde unweit der Konservenfabrik stand, fand Lüpke dann auch, als er später zurückfuhr, bereits erledigt. Er sah auch auf der Karte das Kampfziel des Tages und die Wege für die Panzer eingezeichnet. Auf seine Bitte erklärte sich der Kommandant bereit, vor dem Weiterrücken auf den Bürgermeister zu warten."
Lüpke fuhr mit seinem Fahrrad zurück und benachrichtigte den Bürgermeister Gräfer. Dieser sagte sofort zu, mit den Amerikanern zu verhandeln.
Beide wollten erreichen, daß die Stadt ohne großes Blutvergießen übergeben werde. Sie fuhren dann den Amerikanern mit der weißen Fahne entgegen. Bürgermeister Gräfer bat einen Offizier, noch nicht zu schießen, er wolle durch eine Aussprache mit den deutschen Offizieren erreichen, daß die Stadt kampflos übergeben werde. Der Amerikaner gewährte 30 Minuten Zeit, um einen Offizier zu bringen. Gräfer und Lüpke suchten sogleich den Kampfkommandanten Heckmann in der Bleidorn-Kaserne auf und teilten ihm den Sachverhalt mit. Heckmann erwiderte barsch: „Sie haben mit den Feinden verhandelt, das kostet Ihren Kopf!" Gräfer und Lüpke wurden sogleich verhaftet. (S. „Das Standgericht in Lügde.")
Die von den Amerikanern bewilligten 30 Minuten verstrichen, ohne daß sich jemand meldete. Die Panzer rückten jetzt vor. Inzwischen hatte Hauptmann Heckmann seinen Gefechtsstand an den Ostrand der Stadt verlegt (Brauereikeller). Von dort rief Major Niemann beim Generalkommando VI zu diesem Zeitpunkt an und meldete den Feind mit 15 Panzern vor Lemgo, weitere 20 Panzer sollten sich bei Hörstmar befinden. Verlegung des Gefechtsstandes nach Lügde sei beabsichtigt, fügte er hinzu.
Indessen saßen in Schützenlöchern im Abstand von 30 bis 50 Metern von der Bahnlinie zur Laube hin ein paar hundert Soldaten, die aus verschiedenen Einheiten stammten. Sie empfingen die amerikanischen Truppen mit leichten Waffen und kämpften gegen eine Übermacht. Der Kampfkommandant konnte zwar noch zwei soeben eingetroffene 8,8-cm-Geschütze einsetzen, es mangelte jedoch an Munition. Bei diesem Gefecht fielen 27 deutsche Soldaten, sie ruhen auf dem Friedhof in Lemgo.
Während der westliche Teil der Stadt Lemgo unter Beschuß besetzt wurde, fuhr Hauptmann Heckmann in östlicher Richtung nach Barn-

trup. Er fand hier die Panzersperre am „Rieper Turm" nicht mehr besetzt. Die Verteidiger hatten ihre Panzerfäuste in einen Teich geworfen und waren nach Haus gegangen. Erregt über diesen Ungehorsam fuhr Heckmann in die Stadt zurück und holte einige Soldaten, um die Panzersperre erneut zu besetzen. Die Panzersperre von Entrup war auch geöffnet worden. Die Bevölkerung der Stadt Lemgo war unterwegs zu den riesigen Vorratslagern in „Kösters Silo", die an diesem Tage geöffnet waren. Berge von Lebensmitteln, Kisten von Fleisch und Konserven lagerten dort. Jeder nahm, was er befördern konnte.
Ein kleiner Zwischenfall bei der Langenbrücker Mühle: Gegen 9.30 Uhr erschienen dort ein älterer Leutnant und etwa sechs Soldaten. Sie forderten Müller Starke auf, Stricke herauszugeben, damit eine geballte Ladung an die Brücke angebracht werden könne, um sie noch zu sprengen. Die Leute holten sich selbständig ihre Stricke, als Starke keine herausgab. Die Sprengung konnte jedoch wegen der herangerückten Amerikaner nicht mehr durchgeführt werden. Der Leutnant schoß noch mit seiner Maschinenpistole auf die Amis. Das löste 7,5-cm-Panzerbeschuß mit Brandmunition aus. Aus etwa 150 m Entfernung von der Paulinenstraße wurde die Mühle getroffen. Aus den brennenden Zimmern warfen die Bewohner Betten und Decken in die Bega. Der Leutnant konnte mit seinen Leuten entkommen. Panzer auf Panzer rollte zwischen 10 und 11 Uhr durch die Mittelstraße. Polen, Slowenen und sonstige Fremdarbeiter fühlten sich befreit, sie stahlen Fahrräder, Bekleidung und Lebensmittel.
Die Bevölkerung traute sich alsbald aus ihren Kellern heraus und nahm wieder an der weiteren Räumung des Vorratslagers in der Paulinenstraße teil. Noch während des Beschusses waren einige Leute mit Fahrrädern und Handwagen erschienen, um langentbehrte Waren nach Hause zu bringen. Ein Ehepaar Dumont ist dabei zu Tode gekommen. Liebhaber fanden auch die Artikel der Firma Wippermann; der Verkauf von Spirituosen war bereits am frühen Morgen freigegeben worden.
Auf den Straßen jedoch ging der Krieg weiter. Ein Regiment dieser 2. US-Panzer-Division besetzte Brake, um von dort weiter nach Donop vorzustoßen. Hier gab es keinen Widerstand. Durch Artilleriebeschuß waren jedoch schon vorher zehn Häuser beschädigt worden. Im Laufe des Tages fand man den Bürgermeister Heinrich Siekmann in der Nähe des Friedhofs tot auf. Wer ihn erschossen hat, ist nie geklärt worden.

Die Reichsstraße 66 nach Dörentrup blieb zunächst unbeachtet. Die Orte Voßheide, Donop und Wendlinghausen wurden besetzt. Anschließend fuhren die amerikanischen Panzer über Betzen nach Bega. Unterwegs schossen sie in die Bega-Wiesen. Dadurch wurde das Dach der Schmiede und das Haus Passe teilweise zerstört. Menschenleer waren die Straßen in Bega, aber plötzlich fielen vom Walde her Schüsse. Die Panzer schossen in diese Richtung zurück. Später stellte sich heraus, daß ein Zivilist geschossen hatte.
Auf der Weiterfahrt nach Barntrup erhielten die Panzer vom „Mönchshof" Beschuß. MG-Feuer prasselte auf die Panzer. Die Amerikaner zogen sich einstweilen zurück und schossen einige Gebäude des Gutes in Brand. Der Widerstand war so hartnäckig, daß weitere sieben Panzer in das Kampfgeschehen einbezogen werden mußten. Kuhstall, Pferdestall und Düngerschuppen brannten lichterloh. Zunächst wurde ein Soldat schwer verwundet, ein weiterer fiel im Park an der Straße, ein anderer Soldat mußte noch auf dem Rückzug am Bahndamm schwerverwundet sterben. Angesichts der Übermacht kämpfte sich die Hauptgruppe am Damm entlang über Wierborn zum „Windmühlenpott". Ein Pferd wurde getötet, eins am Auge und eins an der Unterlippe verletzt. Personal des Gutes war inzwischen nach Kräften bemüht, die Brände zu löschen. Die Amerikaner setzten ihre Fahrt nach Barntrup fort.
Am Abend (18 bis 19 Uhr) erschien auf dem Gut Dr. Macherey aus Barntrup. Er versorgte den schwerverwundeten Soldaten und hielt einen amerikanischen Rote-Kreuz-Wagen an, der den Verwundeten mitnahm. Das Stück Unterlippe, das ein Granatsplitter der Stute Este abgerissen hatte, konnte Dr. Macherey auch annähen. Das Pferd hat noch lange Jahre treue Dienste auf Gut Mönchshof geleistet. Die zwei gefallenen Soldaten ruhen auf dem Friedhof in Bega.
Das rückwärtige Gebiet (Hillentrup, Dörentrup, Humfeld) war bis zum Abend kampflos besetzt worden. Bei Dörentrup mußten dennoch zwei Soldaten (16 und 18 Jahre alt) im MG-Feuer sterben. Ihre Gräber befinden sich auf dem Friedhof Hillentrup.
Auf dem Bahnhof Dörentrup stand ein vollbeladener Güterzug, der wegen Annäherung des Feindes nicht mehr seinen Bestimmungsort erreichte. Die in diesem Raum tätigen Fremdarbeiter übten jetzt nach Befreiung ihre Macht auch insoweit aus, daß sie die Waggons aufbrachen. Man fand hier alles: Bekleidung, Zucker, Porzellan, Papier usw. Nach kurzer Zeit bereicherte sich auch die Bevölkerung.

Die Verteidiger von Gut „Mönchshof" ruhen auf dem Ortsfriedhof in Bega (Kreis Lippe)

Zwischen Lemgo und Groß-Berkel gerieten 603 deutsche Soldaten in Gefangenschaft (4. April 1945).

Auf der Bahnlinie Lemgo – Hameln fanden die US-Truppen Transportzüge, die nicht mehr entladen waren. In Dörentrup stand ein Güterzug mit Bekleidung, Porzellan, Papierrollen und vieles andere mehr. Auf dem Bahnhof Klein-Berkel befanden sich LKW, Motorräder, Halbkettenfahrzeuge der Wehrmacht.

Der Stadt Barntrup näherten sich die Amerikaner, ohne daß ein Schuß fiel. Von vorgesehener Verteidigung der Stadt war kurzfristig abgesehen worden. Am Vormittag dieses 4. April 1945 hatten sich noch zahlreiche Waffen-SS-Angehörige gesammelt, an verschiedenen Kreuzungen und Gassen Stellungen bezogen und etwa 120 Panzerfäuste verteilt. Nach 13 Uhr war eine weitere Gruppe von Soldaten erschienen. Es war die Kompanie A das Bataillons 398 mit Oberleutnant Vogelmeier. Generalmajor Becher nahm diese Kompanie persönlich in Empfang, um sie auch persönlich einzusetzen. Der Ortsgruppenleiter von Barntrup versuchte Generalmajor Becher zu bewegen, daß die Soldaten abgezogen würden. Es fand zwischen ihnen eine harte Auseinandersetzung statt. Als sich Gefechtslärm näherte, wurde die Waffen-SS-Einheit in Marsch gesetzt.
Etwa zwischen 14 und 15 Uhr stießen die ersten Amerikaner in die Stadt Barntrup, nachdem sie am Eingang ein Haus in Brand geschossen hatten. Der Panzerspitze voraus flog ein amerikanischer Aufklärer vom Typ „Piper". Einige Panzer waren mit Bettmatratzen belegt, worauf In-

fanteristen hockten. Amis sprangen von den Panzern und drangen in die Häuser ein. Oft kamen sie mit geplünderten Sachen wieder heraus.

In den Wäldern nahe Barntrup lagen zu dieser Zeit verstreut und versteckt noch einige Kompanien deutscher Soldaten. Vermutlich auf Anweisung des Aufklärers gaben die Panzer mehrere Salven 7,5-cm-Geschosse ab, und zwar zum Steinberg, Westerberg und Bültenholz. In Feldscheunen am Bültenholz hielten sich geflüchtete Barntruper auf. Auch russische und französische Kriegsgefangene warteten dort ab. Irgendwo in der Feldmark wurde ein Strohschober beschossen, der sogleich lichterloh brannte. Etwa 100 Menschen aus Barntrup hatten im Fliegerlager am „Herborn" Zuflucht gesucht.

Ein Mann aus Barntrup hatte sich in den Mund geschossen, um Selbstmord zu begehen. Der Arzt konnte nicht helfen. Er erreichte aber, daß ein amerikanischer Sanitätswagen diesen Mann ins Lazarett brachte. In der Stadt Barntrup waren an diesem Nachmittag keine Toten zu beklagen.

Als die Panzerspitze die Reichsstraße 1 erreicht hatte und auf Sonneborn vorstieß, trafen einen einzelnen Soldaten am Waldrand (hinter dem Gut) tödliche Schüsse. Erst nach mehreren Tagen erhielt er ein Feldgrab am Straßenrand.

In Sonneborn befanden sich einige Volkssturmmänner aus dem westdeutschen Gebiet. Als sich die Amerikaner näherten, beschlossen sie, ihre Volkssturmbinden abzulegen und in die Heimat zu marschieren. Frau Mische gab ihnen noch Schmalzbrote mit auf den Weg. Unglück hatte bei Sonneborn der 53jährige Oberwachtmeister Wilhelm Czibora. Er wollte auf der Anhöhe „Korpsheide" bei einem Bauern Schutz suchen, als sich die Amerikaner näherten. Großkalibrige Geschosse trafen ihn, er starb sofort.

An der Reichsstraße 1 (Nähe Grundstück Korff) vor Grießem hatten deutsche Soldaten einen Panzer (Panther oder Tiger) wegen Kettenschaden zurückgelassen. Als die vordringenden Amerikaner ihn ausmachten, bekam er eine 7,5-cm-Granate auf die Stahlwand. Eine weitere Granate wurde auf die Scheune des Bauern Korff abgefeuert. Sie durchschlug zwei Mauersteinwände und krepierte vor dem Wohnhaus.

Auch das erste Haus von Grießem wurde in Brand geschosssen. Einige Soldaten hielten sich im Ort noch auf, hatten offenbar ihren Rückzug angetreten. Die Bewohner des brennenden Hauses Luttmann, die sich im Keller aufhielten, kamen hervor. Die Luft war zu „eisenhaltig", um in den schützenden Wald gelangen zu können. Am Friedhof stießen sie auf einen schwerverwundeten Soldaten. Er bat um eine Decke. Wegen der anhaltenden Gefahr konnte ihm nicht geholfen werden. Als endlich der Beschuß nachgelassen hatte, war der Soldat bereits verstorben. Luttmanns liefen zum Haus zurück, um eimerweise Wasser zu schleppen und das noch verhältnismäßig schwach brennende Feuer zu bekämpfen. Bald kam fremde Hilfe hinzu. Die Leute trugen das Wasser dann über die stark befahrene Straße.

Am Ortsausgang hatte sich der 15jährige Günther S. in einem Kanalrohr versteckt. Als die Amis ihn entdeckt hatten, wurde auch in diese Richtung eine Panzergranate abgeschossen. Der Junge wurde schwer verletzt.

In Reher geriet ein SS-Hauptsturmführer, der den Volkssturm aufrufen wollte, in die Schußlinie der Panzer. Er mußte seinen Wagen zurücklassen, da inzwischen die Amerikaner vorbeigestoßen waren. Zu Fuß trat er in Zivilkleidung den Heimweg an.

Dieser Ami liest noch schnell einen Brief aus seiner Heimat, um in letzter Minute die Kampfmoral zu heben. Bereits nach zwei Stunden hat er mit seiner Truppe den Weser-Fluß erreicht.

In der Aerzener Maschinenfabrik wurde noch gearbeitet. Ein Arbeitnehmer hatte wohl eine Nachricht erhalten und rief: „Die Amerikaner sind schon in Sonneborn." Wegen dieser „Feind-Propaganda" wurde Polizei gerufen, um den Mann verhaften zu lassen. Als diese aus Groß-Berkel erschien, war schon Geschützdonner zu vernehmen. Der Polizist fuhr deshalb mit seinem Motorrad zurück, ohne die Verhaftung vorzunehmen.
Angesichts des herannahenden Feindes verließen auch Angehörige der Waffen-SS Aerzen. Sie hatten Lebensmittelvorräte zurückgelassen. Die Einwohner Aerzens waren gerade dabei, das Lager zu räumen, als es Panzeralarm gab. Jeder suchte nun sein Haus und den Keller auf. Der Volkssturm-Zugführer rief: „Es ist soweit, sie sind da, seht zu, daß die weißen Fahnen herauskommen." In den späten Nachmittagsstunden rollten dann Panzer auf Panzer durch Aerzen. Der Volkssturm hatte sich aufgelöst.
Groß-Berkel erreichte die Panzerspitze gegen 17.30 Uhr. Sämtliche Straßen wurden von zahlreichen Panzern und LKW besetzt. Ein am Bahndamm verschwindender deutscher Soldat wurde beschossen. Schwerverwundet sank er zu Boden. Ein Herr Kählert holte den Schwerverletzten in sein Haus. Nach einiger Zeit konnte ein amer. Sanitäter herbeigerufen werden. Er gab dem Verwundeten eine Spritze. Am nächsten Tag trat doch der Tod ein. (Soldat Friedrich Giesse).

Gegen 19 Uhr erreichten die amer. Panzer von Bösingfeld kommend Grupenhagen. Der MG-Schütze des ersten Fahrzeugs konnte in der ersten scharfen Linkskurve am Ende der Straße noch einen deutschen Soldaten erkennen, der zur anderen Seite lief. Ein sofortiger Feuerstoß streckte ihn nieder. Die Amerikaner fuhren vorbei. Als nach einiger Zeit eine Pause im Vorrücken eintrat, holten die Bewohner des Hauses Bauer Maerz den Gefallenen zu sich. Die Kameraden dieses Soldaten hatten sich auf dem Heuboden von Maerz versteckt. Der Gefallene wurde später auf dem Friedhof in Grupenhagen beigesetzt. Das Grab erhielt ein handgeschnitztes Holzkreuz von Lehrer i.R. Hüper aus Grupenhagen:

„Stabsgefreiter Philipp Egly
geb. 14. September 1918 gef. 4. April 1945 in Grupenhagen
Meine Zeit liegt in Deinen Händen."

Inzwischen ist dieser Soldat umgebettet; er ruht in Hameln, Friedhof „Am Wehl".

In Groß-Berkel hatte die 2. US-Panzer-Division ihr Tagesziel für den 4. April erreicht. Pünktlich um 18 Uhr standen die Panzer in Ruhestellung. Von Lage/Lippe hatten sie etwa 50 km zurückgelegt. Ernsthafter Widerstand war nicht entgegengesetzt worden. Die zurückweichenden deutschen Soldaten der Kampfgruppe Becher und des Hauptmanns Heckmann sollten sich östlich der Weser sammeln. Der Gefechtsstand war am diesem Tage von Lüdenhausen nach Hehlen/Weser verlegt worden.
Die Lage am linken und rechten Flügel läßt sich kurz wie folgt beschreiben: In Rinteln hatte bereits am Nachmittag die 5. US-Panzer-Division die Weser erreicht, die Brücke wurde vor ihren Augen gesprengt. Die 30. US-Inf.-Div. konnte nur Detmold erreichen, sie war am Teutoburger Wald aufgehalten worden. Einheiten, die den Gebirgszug bei Horn überquert hatten, bezogen vor Schwalenberg Stellung und beschossen den Ort.

Unterstützung der Tiefflieger zum Weserübergang am 5. April 1945.

Vor Tagen bereits hatten Lazarette ihre Leichtverwundeten in Marsch gesetzt. Sie zogen ohne Waffen, mit Krücken oder Stöcken versehen, in östlicher Richtung auf Straßen und Wegen. Dazwischen befanden sich lange Kolonnen mit Kriegsgefangenen; unterernährte Gestalten waren es, die bei notdürftiger Bewachung von Ort zu Ort weiterzogen. Hinzu traten Gruppen von Wehrmachtsangehörigen, die sich ebenfalls vom vordringenden Feind absetzten. Und die ständig auftretenden Fahrzeugkolonnen überfüllten die Fahrbahnen schließlich.
In Bisperode hatte der Stab der 406. Infanterie-Division z.b.V. mit General Stockhausen und Major Rasch die Nacht verbracht. Es handelte sich um eine kleine Kolonne, die sich in Soest abgesetzt hatte. Morgens um 7 Uhr (5. April 1945), als die Sonne sich blicken ließ, regte Major Rasch die Weiterfahrt an. Er befürchtete Tiefliegerangriffe. Die Kolon-

Alliierter Vorstoß im Weserbergland am 4. April 1945.

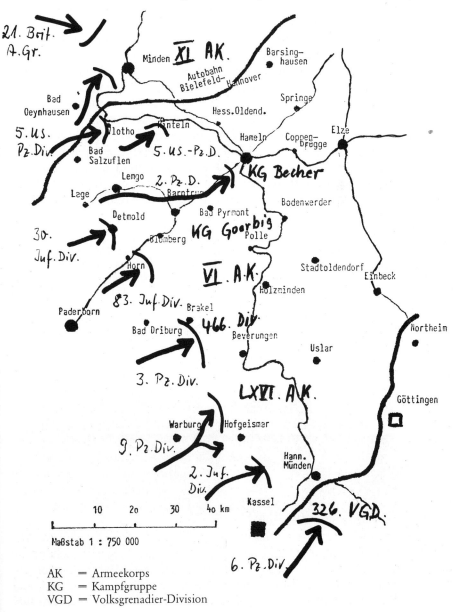

AK = Armeekorps
KG = Kampfgruppe
VGD = Volksgrenadier-Division

ne mit zwei Holzgas-LKW und vier PKW setzte sich zur Reichsstraße 1 in Bewegung. Der Verkehr war dort so stark, daß sie sich nur schwer einordnen konnten. Noch vor Coppenbrügge erschien ein einzelnes Flugzeug. In böser Vorahnung ließ Rasch seine Kolonne in Coppenbrügge links abbiegen, um bei Dörpe in den Osterwald zu kommen. Kaum war der schützende Wald erreicht, begannen Tiefangriffe auf Fahrzeugkolonnen der Reichsstraße 1. Aus dem getarnten Standort im Osterwald beobachteten diese Männer die Angriffe und sahen schon nach kurzer Zeit zahlreiche brennende Fackeln in der Ferne.

An diesem Vormittag wurde das nunmehr vor der „Front" liegende Gebiet östlich der Weser bis Hildesheim von Tiefliegern abgesucht und angegriffen. Alles, was sich in diesen Morgenstunden auf den Straßen und Grundstücken bewegte, wurde unter Feuer genommen. In Pötzen befand sich ein Munitionswagen, der getroffen wurde und explodierte.

Nicht alle Fahrzeuge konnten (hier Raum Coppenbrügge) am Morgen des 5. April 1945 den Tiefffliegern rechtzeitig ausweichen. Diesem schwersten Tiefangriff des Krieges fielen einige hundert Fahrzeuge zwischen Bückeburg – Stadthagen und Elze – Holzminden zum Opfer. Eine Sammlung deutscher Truppen östlich der Weser gegen den Vorstoß bei Ohr war zerschlagen.

Durch die Bombardierung eines Tiger-Panzers entstand auch im Ort erheblicher Schaden. Die Wohnhäuser Diekmann, Witte, Nagel, Dröge, Feldmann und Beissner waren zum größten Teil zerstört. Vier Flüchtlingsfrauen, ein ukrainischer Fremdarbeiter und ein deutscher Soldat starben. Im Ort befand sich zu diesem Zeitpunkt noch eine deutsche Einheit.
Besonders die Nachschubstraßen wurden heimgesucht. Auf der Reichsstraße 1 zwischen Hameln und Elze kam sämtlicher Verkehr zum Stehen. Die Jabos hatten es leicht, bei diesem klaren Wetter ihre Opfer zu finden. Eine Wehrmachts-Fahrzeugkolonne wurde vor Coppenbrügge am Steinbrink überrascht. Deckungsmöglichkeit war kaum vorhanden. Die Soldaten sprangen aus ihren Fahrzeugen und suchten unter Brücken Deckung. Ein Milchwgen, bespannt mit zwei Pferden, der die Coppenbrügger Molkerei belieferte, wurde ebenfalls beschossen. Die Pferde wurden getroffen; ausgelaufene Milch und das Blut der Pferde kennzeichneten das Schicksal auf der Straße. Einige LKW, die in Seitenwegen Schutz suchten, wurden ebenfalls getroffen und brannten zum Teil aus. Ein VW-Kübelwagen hinter einem Busch stand trotz Tarnung sofort in Flammen. An der Kreuzung Reichsstraße 1, Abzweigung Bessingen, wurde ein Montagezug (5 t) der Reichspost getroffen. Einige hundert Meter weiter, Richtung Behrensen, erwischte es einen 5-t-Büssing der Wehrmacht. Er brannte vollständig aus. Fahrzeuge, die den „Schecken" nicht mehr erreichten, wurden ebenfalls Opfer der Tiefflieger. Ein ziviler Lieferwagen erhielt Treffer, daß ein Weiterfahren nicht möglich war. Zwischen Abdeckerei und Eisenbahnunterführung brannte ein 5-t-Büssing der Wehrmacht vollkommen aus, 50 Meter weiter lag ein beschädigter VW-Kübel.
Die Jabos griffen immer wieder neu an. Die in Wäldern und Ortschaften im Ostteil des Kreises Hameln-Pyrmont gut getarnt untergebrachten Wehrmachtsteile (Nachschubeinheiten), insbesondere der 3. Inf.-Div., wurden nicht gesichtet und erlitten keine Verluste. Im Ortsteil Salzburg und im angrenzenden Waldgebiet in Richtung Osterwald hielten sich seit Ostern etwa 100 Lastkraftwagen der Wehrmacht auf. Es mangelte bei ihnen weder an Verpflegung noch an Waffen. Ein Soldat dieser Einheit, der auf die zahlreichen Tiefflieger schießen wollte, fand keinen Kameraden zum Halten der MG-Gurte. Der 13 jährige Günter Knoke war jedoch bereit. Beide schlichen sich an den Waldrand, bauten ihr MG 42 auf und schossen auf die Jabos. Einen Abschuß haben sie vermutlich nicht erzielt. Sie zogen sich alsbald zurück.

Auch dieser Opel-Olympia der deutschen Wehrmacht brannte bei Coppenbrügge aus.

Auf einem Feldweg zwischen Salzhemmendorf und Ahrenfeld wurden etwa 100 russische Kriegsgefangene unter Bewachung geführt. Zwei Maschinen stürzten nieder und schossen ihre Garben in die Kolonne. Alles sprang in Deckung. Nachdem die Jabos abzogen, blieben zwei Russen und ein deutscher Wachtposten tödlich verletzt liegen.
In der Nähe der Burgruine Lauenstein befand sich eine Flakstellung (2 cm). Diese griffen die Jabos mit Sprengbomben an. Glücklicherweise gab es nur einen Gefallenen: Unteroffizier Fritz Fitzner. Er ruht noch heute auf dem Spiegelberger Friedhof. Am nächsten Tag soll ein 16 jähriges Mädchen verstorben sein, das durch Splitter verletzt worden war.
Nahe Coppenbrügge gingen mehrere Fahrzeuge in Flammen auf. Ein Angehöriger der „Organisation Todt" wurde schwer verwundet und starb am gleichen Tage (August Bogelski). Der Stabsgefreite Alois Obermeier fiel im Gemeindebezirk Marienau. Beide ruhen nunmehr in Hameln auf dem Friedhof „Am Wehl". Bei Hasperde wurde ein Schütze Dörner tödlich getroffen. Seine Kameraden beerdigten ihn am nächsten Morgen früh in Coppenbrügge. „Wegen Feindnähe konnten keine Personalien angegeben werden."

Noch heute sind in Pötzen (Krs. Hameln – Pyrmont) Bordwaffeneinschüsse von jenen Tiefangriffen zu sehen. Das Dachgeschoß dieses Hauses (Nr. 27, Feldmann) brannte aus. Vor dem Nachbarhaus Nagel Nr. 44 wurde ein Tiger-Panzer beschossen. Ein in der Nähe befindlicher Munitionswagen explodierte und beschädigte das Haus Wehrhahn schwer.

Die Tieffliegertätigkeit zwischen etwa 9 Uhr bis 11 Uhr im Raum Flegessen – Hasperde war nicht minder stark. Hier lag in der „Weissen Breite" eine Flakbatterie in Stellung. Sie konnte aber gegen die fortwährend sich niederstürzenden Jabos nichts ausrichten. Es waren auch noch unerfahrene Flakhelfer, die besser Deckung suchten, um zu überleben. Der 16jährige Kanonier Hans Olheide aus Herford wurde dabei tödlich getroffen. Zehn Soldaten waren verwundet worden.

Auf der Reichsstraße 217 befanden sich lange Gefangenentransporte, insbesondere Russen. Bei dem Erscheinen der Flieger wehten sie mit weißen Tüchern, soweit sie welche besaßen. Von einigen Serben, die auf das Feld geflüchtet waren, sind drei gefallen. (Die Leichen blieben dort eine Woche liegen und wurden am 12. April 1945 in Flegessen beerdigt). Der Soldat Olheide wurde bereits am gleichen Tage um 17 Uhr von Pastor Haupt beerdigt. Zugegen waren der Batterieführer und einige Leute aus Flegessen.

Auch in Hohnsen ging es an diesem Morgen lebhaft zu. LKW und gepanzerte Fahrzeuge standen unter Bäumen und in Hofeinfahrten. Eine lange Kolonne russischer Kriegsgefangener wurde durch den Ort geführt. Als Tiefflieger nahten, ging alles in Deckung. Statt zu schießen, warfen die Jabos Bomben. Sechs Russen wurden dadurch getötet. Sie ruhen heute auf dem Friedhof in Hohnsen als „Unbekannte Russen". Unter den 5-Zentner-Bomben befand sich ein Blindgänger. Er wurde erst am 21. März. 1959 vom Bombenräumkommando entschärft. Ein weiterer Angriff ist auf einen Flakzug bei Obernkirchen bekannt. Auf Eisenbahn-Güterwagen war schwere Flak montiert. Diese beschoß amerikanische Kolonnen hinter Rinteln (Extertal). Jabos griffen diesen Zug ebenfalls am Morgen des 5. April 1945 mit Bomben an. Er wurde zerstört, wobei auch das in unmittelbarer Nähe befindliche Hofgrundstück Wilhelm Meier „Zum Stiftswald" vollständig vernichtet wurde.

Am Nachmittag des 5. April 1945 kamen aus ihren Verstecken im östlichen Landkreis Hameln – Pyrmont noch einige hundert Wehrmachtsfahrzeuge (Ford-LKW bei Brünnighausen) hervor, um sich in den Harz abzusetzen. Es waren u.a. Teile der 3. Inf.-Div. und der Organisation Todt, die aus dem Ruhrkessel entkommen konnten. Der Himmel hatte sich inzwischen stark bewölkt, so daß mit Tiefangriffen nicht mehr zu rechnen war.

Fünf Soldaten starben in diesem Bombenhagel (Bobe, Popp, Schoffs, Schustek, Schuster).
Als am Mittag die Fliegertätigkeit aufgehört hatte, schwelten auf allen Straßen zwischen Hameln und Elze ausgebrannte Fahrzeuge. Der Himmel bewölkte sich zunehmend. Die noch in diesem Raum befindlichen Fahrzeuge rüsteten zur Weiterfahrt. Aus zahlreichen Verstecken kamen sie hervor. Wer sich an diesem Nachmittag auf die Straßen wagte, wunderte sich über die zahlreichen Wehrmachtsfahrzeuge, die noch „überlebt" hatten. Sie fuhren in den Harz. Das Wetter war so trübe geworden, daß mit Tiefffliegern nicht mehr zu rechnen war.

Bildung eines Brückenkopfes östlich Hameln.

Die Nacht zum 5. April 1945 hatten Teile der 2. US-Panzer-Division in Groß-Berkel verbracht. In einigen Häusern machten es sich die Landser bequem; sie lagen mit Stiefeln und Uniformen in Betten. Die Bewohner hatte man in Nachbarhäuser umquartiert. Ein amerikanischer Stoßtrupp wurde gegen 3.30 Uhr nach Hameln entsandt, da die Brücken noch nicht gesprengt waren. Das deutsche Sprengkommando war wachsam und ließ beim Erscheinen der Amerikaner beide Weserbrücken hochgehen. Die Amerikaner indessen waren darauf vorbereitet und hatten bereits Ohr zum Bau einer Pontonbrücke vorgesehen.

Am Vorabend hatte Oberfeldwebel Herborth in Groß-Berkel den Auftrag erhalten, mit einer Gruppe von 30 Soldaten den Ort Ohr zu verteidigen. Sie hatten auch am Ortseingang links und rechts der Straße Panzerminen verlegt. Eine Panzersperre war ebenfalls errichtet. Die Kampfgruppe nächtigte in Ohr und wurde am Morgen durch Panzergeräusche geweckt. Angesichts der Übermacht setzte sich Oberfeldwebel Herborth mit seinen 30 Mann über die Weser ab. Die Soldaten besaßen jetzt größtenteils Fahrräder, einige hatten sie im Ort requiriert.

Ebenfalls in Ohr übernachtete der bisherige Kampfkommandant von Lemgo, Hauptmann Heckmann. Noch vor Sonnenaufgang, als Panzergeräusche zu hören waren, verschwand er mit seinem Fahrer, Unteroffizier Knatsch, so schnell als möglich. In Kirchohsen wollten sie über die Weser; vor ihren Augen wurde aber gerade die Brücke gesprengt. Auf der Straße zwischen Groß-Berkel und Ohr formierten sich alsbald amer. Fahrzeugkolonnen zum Vorstoß auf die Weser. Auf der nur drei Kilometer langen Stecke bis Ohr wurde einmal MG-Feuer eröffnet, als ein Widerstandsnest vermutet wurde. Der Volkssturm in Ohr trat nicht an, und die Panzersperre wurde beiseite geschoben: der Weg zur Weser war frei. In den Weserwiesen am Gut nahmen zunächst die Panzer Aufstellung, um den geplanten Weserübergang zu schützen. Fahrzeuge des 17. US-Pionier-Bataillons brachten Sturmboote, um zunächst Infanteristen übersetzen zu können. Dann lief alles planmäßig nach Divisionsbefehl ab, der dieses Unternehmen „ZEBRA" bezeichnete. Teile der 30. US-Infanterie-Division waren hier der 2. Panzer-Division unterstellt. Die Kampfgruppe CC „A" setzte zuerst in Booten über die Weser (3. Bataillon, 119 Rgt.) und hatte den Auftrag, „das Objekt ZEBRA zu sichern und den Gegner in Schach zu halten mit Sicht auf die Stadt Hameln entlang der Weserlinie". Die Kampfgruppe CC „B" bewegte sich auf der Reichsstraße 83 nach Emmern, um dort ebenfalls in Sturmbooten über die Weser zu setzen. Es gab zunächst auf beiden Übergangsstellen keinen Widerstand. Als mit dem Bau der Pontonbrücke begonnen war und dieser Bereich eingenebelt wurde, kam aus Hameln und Tündern MG-Beschuß. Eine Einheit Reserve-Offiziers-Bewerber aus dem Sennelager hatte sich in Tündern sammeln sollen. Diese werden auf sichtbare Ziele geschossen haben.

Hauptmann Heckmann, der sich am frühen Morgen in Ohr abgesetzt hatte, war auf dem Gefechtsstand des Generalmajors Goerbig in Hehlen erschienen. Er berichtete dort von dem Vorstoß der Amerikaner. Das stellvertr. Generalkommando VI. A. K. gab angesichts der Lage den Befehl, die Reste der Kampfgruppen „Goerbig" und „Becher" auf das Ostufer der Weser zurückzunehmen. Der Gefechtsstand wurde somit in den Morgenstunden nach Bodenwerder verlegt. Amerikanische Truppen waren im dortigen Bereich noch nicht vorgerückt: sie hatten lediglich zwischen Emmerthal und Hameln die Weser erreicht. Hauptmann Heckmann benutzte die Weserbrücke in Bodenwerder, um im Raum Hameln wieder auf seine Einheit zu stoßen. Erst am Abend konnte er seine Soldaten in Springe wiederfinden.

Während amerikanische Pioniere in Ohr die Pontonbrücke errichteten, beschoß Panzerartillerie die Stadt Hameln, die Orte Tündern und Hastenbeck. Ein Aufklärungsflugzeug lenkte das Feuer. An diesem Vormittag hatte gemäß Divisionsbefehl die Artillerie-Abteilung 66 im Raum Herkendorf/Hope Aufstellung bezogen, um den Weserübergang zu schützen. In Kampfhandlungen eingreifen brauchte diese Abteilung nicht, da der Widerstand als bedeutungslos anzusehen war. In Hastenbeck befand sich Hermann Stiens in seinem Garten, um die Lage zu beobachten. Plötzlich schlugen in seiner Nähe Granaten ein und verletzten ihn tödlich. Ein Pole wurde verwundet. Auch Tündern erlitt durch Artilleriebeschuß Gebäudeschaden. Die Bewohner saßen in ihren Hauskellern. Eine Einheit Reserve-Offiziers-Bewerber hatte sich in Tündern auf Befehl gesammelt. Einer von ihnen suchte auf dem Grundstück Bormann während des Beschusses Schutz. Durch einen Granateinschlag im Garten wurde der Soldat schwer verletzt. Er konnte noch der anwesenden Frau Minna Bormann die Anschrift seiner Eltern nennen, bevor er seinen schweren Verletzungen am Nachmittag erlag. Es war der 18jährige Hermann Thiele aus Beverungen.
Der ortsansässige Hermann Kreye fuhr mit seinem Fahrrad aus dem Ort Tündern in die Feldmark, um den Vorstoß der Amerikaner zu beobachten. Es war 12 Uhr mittags, als bereits einige Kompanien das rechte Weserufer besetzt hielten. Auf einem Feldwege wurde er durch einen Feuerstoß getötet. Nachdem Tündern längst besetzt war, konnte die Mutter niemanden finden, der mit ihr den toten Sohn holen wollte. Sie mußte diesen schweren Gang mit einem Handwagen allein gehen. Auch der Pastor wollte den Toten nicht beerdigen. Begebenheiten aus der rauhen Wirklichkeit des Krieges.
Die Pontonbrücke bei Ohr war um 14.30 Uhr fertiggestellt. Nunmehr setzten Panzer auf Panzer und LKW auf LKW hinüber. Keine deutsche Verteidigung war festzustellen. Um 16.45 Uhr meldete sich das 1. Bataillon: „Wir haben Ohsen genommen." Anschließend stieß diese Einheit zum Bückeberg vor. Es gab dort keine Berührung mit deutschen Truppen. Eine andere Einheit stieß nach Tündern vor und besetzte es nach 16 Uhr. Den Vorhuten hatten sich bereits zahlreiche deutsche Soldaten ergeben, ohne in diesem Raum zum Kampf angetreten zu sein. Bereits um 14.45 Uhr wurden über 60 Gefangene über die soeben fertiggestellte Brücke geführt. Die Bahnlinie nördlich Tündern war befehlsgemäß zu besetzen, um dort nach 18 Uhr die Ablösung vorzunehmen. Nach Osten wurde widerstandslos der Raum Latferde,

Börry und Bessinghausen (21.37 Uhr) besetzt. Es wurden wohl in diesen Orten Straßensperren – jedoch unverteidigt – vorgefunden. Gegen 20.30 Uhr drang das erste Bataillon in Voremberg ein. Einige deutsche Soldaten hatten sich in das Waldgebiet in Richtung Obensburg abgesetzt. Sie nahmen von der Verteidigung Abstand, nachdem mit Brandmunition in das Dorf Voremberg geschossen wurde. Wohnhaus und Stallungen des Landwirts Heinrich Meyer und die Stallungen des Landwirts Wessel gingen in Flammen auf. Die Ortsfeuerwehr nahm trotz der Besetzung die Löscharbeiten auf. Am frühen Morgen erst konnten die Feuerwehrleute nach Hause gehen. Dabei passierte es, daß ein Landwirt Meier von den Amerikanern beschossen wurde. Am Oberschenkel mehrfach getroffen, lag M. an der Straßenseite und wurde erst beim Hellwerden von Nachbarn aufgefunden. Ein amerikanischer Sanitätswagen nahm M. mit; er wurde im Krankenhaus Lemgo abgeliefert. Bis Juli 1945 mußte er dort verweilen.

Eine Nebenkolonne bereinigte das Gebiet zwischen Hastenbeck und Afferde und stieß bis zur Abdeckerei am Waldgebiet „Schecken" vor. Hinter der Bahnüberführung hatten sich einige deutsche Verteidiger

Nach Fertigstellung um 14.30 Uhr rollten Fahrzeuge der 2. US-Panzer-Division über die Pontonbrücke bei Ohr (5. April 1945). Reste der Einnebelung sind noch zu erkennen.

verschanzt. Beim Erscheinen der Panzerspitze schossen ein Obergefreiter und ein Hitlerjunge je einen Panzer mit der Panzerfaust ab und beschädigten einen weiteren. Die nun folgenden unmenschlichen Taten der Amerikaner sind vermutlich so zu verstehen, daß sie den Tod ihrer soeben gefallenen Kameraden rächen wollten: Der gefangene Obergefreite mußte auf dem Acker eine Grube ausheben und sich hineinknien. Danach wurde er erschossen. Das Erdloch wurde von den Amerikanern zugeworfen. Offenbar war der Deutsche noch nicht tot, denn er richtete seinen rechten Arm aus dem Erdloch. Es wurde noch einmal auf ihn geschossen. Der Hitlerjunge, der einen Panzer abgeschossen hatte, mußte Schwereres erleiden. Er wurde gefesselt und auf die Panzerketten gebunden. Der Panzer fuhr an und zermalmte seinen Körper bei lebendigem Leibe. Es war der Schüler Werner Koch aus Hameln, Grütterstraße 6. Sein Vater, der Studienrat Gustav Koch, hat den Leichnam seines Sohnes im Sommer 1945 mit den Händen ausgegraben und nach Hameln befördert.

Pontonbrücke bei Ohr (im Hintergrund links der Ort Tündern). Noch am ersten Nachmittag gingen zahlreiche deutsche Soldaten in Gefangenschaft. Sie wurden im Bereiche Tündern – Hastenbeck und Latferde – Börry aufgegriffen.

Am Weserufer überprüft ein amerikanischer Offizier (Lt. Col. Hal D. McCown, 2nd Bn., 119th Inf.-Rgt, 30 Division) deutsche Gefangene. – 5. April 1945 nachmittags. – Im Hintergrund der Pavillon des Rittergutes Ohr.

Die amerikanische Kampfgruppe „B" war noch in der Dunkelheit des Abends über Frenke, Brockensen und Heyen vorgedrungen. In Heyen wurde der Bürgermeister (gegen 22 Uhr) durch Lautsprecher aufgefordert, sofort zu erscheinen. In der Zwischenzeit rief die Frau des Bürgermeisters in Bodenwerder an und benachrichtigte dort eine Wache der Stadtverwaltung. Danach war die Telefonverbindung zerstört. Während Ohr, Groß-Berkel, Aerzen und das Hamelner Klütviertel am Vormittag (5. April) besetzt und durchsucht wurden, erschienen in Klein Berkel noch keine Amis. In den Waldgebieten um Groß Berkel hatten sich noch deutsche Gruppen zur Wehr gesetzt. Mehrere Granatwerfer erbeuteten die Amis in diesem Bereich.

Die geschlossene Panzersperre in Klein Berkel wurde gegen Mittag von Einwohnern geöffnet. Auch weiße Fahnen wurden vereinzelt gehißt.

Alliierter Vortoß im Weserbergland am 5. April 1945.

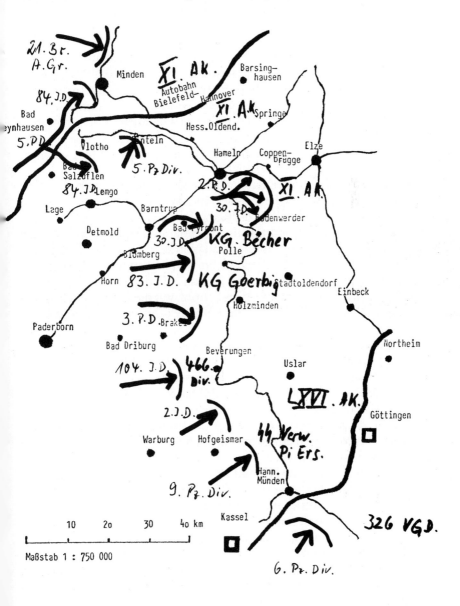

Die Stadt Hameln
wird am 7. April 1945 besetzt.

Der zuständige Gauleiter Hartmann Lauterbacher aus Hannover bereiste am 3. April 1945 mit seinem 8-Zylinder „Horch" und seiner Begleitung das Weserbergland. Er erschien auch in Hameln und hielt dort eine Stabsbesprechung ab. Geladen waren die Politischen Leiter und die Offiziere, die für Verteidigungsmaßnahmen kompetent waren. Der Gauleiter sprach von Truppen, die noch zugeführt würden, und vom Volkssturm. Hier an der Weser würde dem Feind Halt geboten.

Am gleichen Tage erließ das Stellvertr. Generalkommando XI. AK in Hannover „Anordnungen für die Versorgung der Weserlinie". In dem zuständigen Bereich sollten die Kampfkommandanten von Stolzenau, Minden, Hess. Oldendorf, Hameln, Holzminden, Höxter, Göttingen und die Kampfgruppen in Elze und Northeim bis 18 Uhr den Munitionsbestand nach Hannover melden. Krankensammelstellen waren in Stadthagen, Springe, Stadtoldendorf und Hardegsen eingerichtet.
Bereits am nächsten Abend, dem 4. April, war die Stadt Hameln durch die 2. US-Panzer-Division unmittelbar bedroht. Sie hatte gegen 18 Uhr in Groß-Berkel Pause eingelegt.
Führende amerikanische Offiziere versuchten über Hameln Nachrichten zu erhalten und befragten Zivilisten. Sie erfuhren, daß die Weserbrücke seit dem 2. April zur Sprengung vorbereitet sei und daß die Verteidigung von Hameln auf etwa 500 bis 800 Mann geschätzt werde. Über Deutsche Panzer und Artillerie war keine Auskunft zu erlangen. Für die Amerikaner verlief dort die Nacht ruhig, sie betankten ihre Fahrzeuge und schliefen einige Stunden. Um 2.45 Uhr (5. April) meldete die CCA-Einheit an ihren Nachrichtenoffizier:

„Kriegsgefangene (4. April 1945) heute 603. Zerstört zwei Panzer V (Panther), drei gezogene 8,8-cm-Geschütze und 39 LKW. Die Brücke wird noch unzerstört vermutet, aber zur Sprengung vorbereitet. Gestern starker Verkehr durch Hameln. Die Verteidigung wird auf 500 Mann geschätzt."

Nach etwa einer Stunde setzte sich eine gepanzerte Kolonne nach Hameln in Bewegung. Sie befuhr die Pyrmonter Straße, ohne daß ein Schuß fiel. Nach kurzer Zeit jedoch gaben die Hamelner Sirenen Panzeralarm. Zum Halten kam die amerikanische Kolonne erst vor der

Hamelner Weserbrücke vor der Sprengung. Das Gebäude der Wesermühlen brannte nach Artilleriebeschuß aus.

Weserbrücke. Dort war vor einigen Tagen eine Panzersperre errichtet worden, die aus starken in die Fahrbahn eingebauten Baumstämmen bestand. Als ein Motorradfahrer als erster auf der Brückenzufahrt vor der Sperre erschien, löste eine Mine aus und schleuderte das Gefährt durch die Luft. Für das deutsche Sprengkommando war es jetzt Zeit, die Brückensprengung auszulösen. Eine grelle Stichflamme und eine laute Explosion folgten. Nach einem Augenblick eine weitere Explosion, jetzt lag die Eisenbahnbrücke in den Fluten.
Die Amerikaner konnten nur den linksseitigen Stadtteil von Hameln, das sogen. „Klütviertel", im Laufe dieses Vormittags besetzen. Durch die gesprengten Brücken war nicht nur der Verkehr, sondern auch die Wasser- und Stromversorgung unterbrochen.
Auf der Pyrmonter Straße sammelten sich Fahrzeug an Fahrzeug, und gegen 7 Uhr wurde auch die Klütstraße besetzt. Die Panzer fuhren ganz links auf dem Bürgersteig entlang, um dort geschützt zu sein. Die Bevölkerung hatte in Kellern zum Schlafen und Essen Vorbereitungen getroffen. Jetzt sah sie aus nächster Nähe aus ihren Verstecken schußbereite amerikanische Infanteristen im Gänsemarsch die Panzer begleiten. Nach einiger Zeit wurden weiße Tücher aus den Fenstern ge-

Zerstörte Weserbrücke in Hameln. In den frühen Morgenstunden des 5. April 1945 wurde sie gesprengt.

zeigt. Amerikaner erschienen in den Häusern, um die Wohnungen zu durchsuchen. Das Pfarrhaus am Roseplatz wurde am Vormittag als Hauptverbandsplatz eingerichtet. Das Eßzimmer wurde mit Liegestätten versehen, das Amtszimmer war Operations- und Verbandsraum. Die Familie des Pfarrers mußte im Keller Notquartier beziehen.
In den Vormittagsstunden schoß Artillerie in die Stadtmitte. Dort befanden sich flüchtende Zivilisten und einige Soldaten, auch Verwundete, die sich absetzen wollten. Auf dem Klüt befanden sich im Gasthaus einige deutsche Landser, die die Weser nicht mehr hatten überqueren können. Beim Verkaufsstand am Klütturm standen vier weitere Soldaten. Sie wurden gegen 9 Uhr von der Wirtin angesprochen: „So, ich mache Euch jetzt erst mal 'nen Kaffee!" „Ja", antwortete der Flieger, „aber vorher müssen wir uns irgendwie sichern, Posten aufstellen." Um sich zu orientieren, schaute er den Abhang hinunter, sieht – im gleichen Augenblick wie die Wirtin – kurz vor der Bergspitze einen amerikanischen Stoßtrupp heraufkommen, springt zur Munition zurück, reißt eine Handgranate ab und wirft sie den Abhang hin-

In einem Verwaltungsgebäude zwischen Hochzeitshaus und Pferdemarkt war auch die Polizei untergebracht. Als die Stadt Hameln am 5. und 6. April 1945 beschossen wurde, zogen sich der Oberbürgermeister, der Kreisleiter und die Polizei zum „Schliekersbrunnen" zurück.

unter. Alsdann begann der Kampf aus nächster Nähe an der Bergspitze. Die Wirtin und eine Ärztin versteckten sich im Wald. Sie verbanden einen Soldaten, der einen Kieferschuß erhielt. Nach einigen Minuten war das Gefecht beendet. Drei Deutsche waren gefallen, der Verwundete und ein Oberleutnant kamen in Gefangenschaft. An die Gefallenen erinnert heute ein Gedenkstein in unmittelbarer Nähe des Klütturms. Sie waren dort zunächst (am 12. April 1945) bestattet, sind aber auf den Friedhof „Am Wehl" umgebettet worden.
Das gesamte Klütviertel wurde in den Vormittagsstunden besetzt. In der Stadtmitte entstanden Brände. In der Osterstraße brannten das Hotel „Zur Sonne", das Geschäft „Heuer" und schließlich die Marktkirche. Dort schwelte zunächst am Turm ein kleiner Brand, aber die Feuerwehr konnte wegen geringen Wasserdrucks nicht löschen. Das Rathaus, das sich neben dem Hochzeitshaus befand, brannte völlig aus.
Immer noch strömten Menschen nach Osten und Norden aus der Stadt. Sie wollten bei Verwandten und Bekannten auf dem Lande

Durch Artilleriebeschuß zerstört: Kaufhaus Heuer und Hotel „Sonne", Hameln, Osterstraße.

unterkommen. In der Linsingenkaserne war ein buntes Durcheinander. Offiziere und Volkssturmführer debattierten in der Kommandostelle. Hamelner Kampfkommandant war Generalmajor Klockenbrink. Er hatte eine Gruppe an der Fischbeckerstraße eingesetzt, die ganze sechs Granatwerfer mit 320 Schuß zur Verfügung hatten. Sie schossen ins Klütviertel, ohne bedeutende Wirkung erzielt zu haben. Nach dem deutschen Lagebericht am 5. April abends befanden sich zwei schwache Ersatz- und Ausbildungs-Bataillone in Hameln. Außerdem sollen sich zu diesem Zeitpunkt sieben Inspektionen der Pionier-Fähnriche und eine Nebelwerfer-Batterie im Anmarsch nach Hameln befunden haben. Der Gefechtsstand des Wehrkreises XI befand sich gerade in Obernkirchen. Tatsächlich werden die Nebelwerfer nach Hameln unterwegs gewesen sein, denn die Amerikaner erbeuteten an diesem Tage bei Groß Berkel 22 Nebelwerfer.

In der Stadt Hameln hielten sich am 5. April noch schwache Gruppen deutscher Soldaten an der Weser auf. Sie hatten in einigen Gebäuden Stellung bezogen, so im obersten Geschoß der Roggenmühle. Von dort aus nahmen sie einzelne Ziele im Klütviertel unter Feuer. Aber auch

bald war das „Nest" festgestellt und gemeldet worden. Schon bald trafen die ersten Artilleriegeschosse das obere Geschoß der Roggenmühle. Von jetzt an war dort Ruhe.
Etwa zwei Kilometer oberhalb Hamelns an der Weser setzte ab 14.30 Uhr die 2. US-Panzer-Division über die soeben fertiggestellte Pontonbrücke. Im Bereich Tündern gerieten 100 deutsche Soldaten schon innerhalb der nächsten Stunde in Gefangenschaft, darunter ein Major. Er gab an, vor einigen Tagen noch 1500 Mann befehligt zu haben, jetzt könne er nur diese 100 Mann finden. Vermutlich handelt es sich hier um die Fahnenjunker-Einheit aus dem Sennelager, die sich in Tündern hatte sammeln sollen. Ein Teil dieser Fahnenjunker hat sich aber am 5. und 6. April im Süden und Osten von Hameln festgesetzt, um von dort Stoßtrupps gegen die aus Tündern sich nähernden Amerikaner zu unternehmen. Dieser Einsatz war doch so bedeutungsvoll, daß auch der Ostteil der Stadt nicht genommen werden konnte. Ein amerikanischer Funkspruch vom 6. April um 11.30 Uhr lautet: „Kriegsraum – Situation Hameln: Noch hält der Feind in unbekannter Zahl (vermutlich 2000). Feind unternahm einige angreifende Spähtrupps letzte Nacht." Die vermutete Anzahl von 2000 Soldaten ist wesentlich zu hoch gegriffen, es wird sich um etwa 100 bis 200 Fahnenjunker gehandelt haben.
Dem 2. Bataillon (119. Regiment, 30. US-Inf.-Division) fiel am Abend des 5. April ein Hamelner Feuerwehrmann in die Hände. Dieser zeigte den Amerikanern auf ihren Karten Straßensperren und Minenfelder. Nach der militärischen Stärke befragt, gab er an, Hameln sei Regimentsstandort und eine Garnisonstadt mit 2000 Soldaten.
Am 6. April versuchte eine amerikanische Kampfgruppe in den frühen Morgenstunden Hameln vom Süden anzugreifen. Sie erreichte auch den Fluß „Hamel", wurde aber durch starkes Abwehrfeuer aufgehalten. Die Amerikaner meldeten, zwei Brücken besetzt zu haben, darunter eine Eisenbahnbrücke. Die Fahnenjunker eroberten dieses Gebiet aber wieder zurück. Über einen ihrer Vorstöße berichten die Amis: „Vor Hameln beharkte uns ein deutsches MG, daß wir unsere Köpfe nicht hochnehmen konnten. Dem Zugführer, 1st Lt. (Oberleutnant) Raymond O. Beaudoin, gelang es, im Einmann-Unternehmen der deutschen Stellung näher zu kommen. Im letzten Augenblick wurde er noch erkannt und getötet. Nach dem Tode wurde ihm die Ehrenauszeichnung „Medal of Honor" zuerkannt." Das entspricht in etwa dem deutschen Ritterkreuz.

Der Oberbefehlshaber der Nordflanke der deutschen Westfront, Generaloberst Student, hatte seinen Gefechtsstand Anfang April 1945 nach Hannover verlegt. Zusammen mit Generalmajor Löhning, dem Kampfkommandanten von Hannover, fuhr er noch am 6. April 1945 auf der Reichsstraße 217 nach Hameln. Sie kamen durch Dörfer, in denen schon weiße Fahnen wehten. Der Verteidigungsschleier war so dünn, daß sie ihn zunächst überhaupt nicht entdecken konnten. In Hameln suchten sie den Verantwortlichen für die Weserübergänge, Oberst Wiese, auf, um sogleich wieder nach Hannover zurückzukehren. Sie konnten die nur einige Kilometer südöstlich vorstoßenden feindlichen Panzer in Richtung Hildesheim hören.

Aus dem Raum Tündern meldete die 30. US-Inf.-Div. am 6. April um 16.30 Uhr:

> „B 24 abgestürzt, zwei Leichen enthaltend, zwei Mann getötet beim Absturz. Sieben Besatzungsmitglieder waren entkommen und zu Tode geschlagen von Leuten in Tündern. Benachbarte zivile Fremdarbeiter berichteten es. Es geschah vor zwei oder drei Tagen."

Diese Meldung bezog sich vermutlich auf einen bei Hastenbeck abgestürzten amerikanischen Bomber. Spätere Feststellungen haben ergeben, daß die Angaben der Fremdarbeiter nicht zutreffen. Die Flugzeugbesatzung war in Gefangenschaft geführt worden.

Bürgermeister Buschung, Oberbürgermeister Schmidt, Verwaltungsdirektor Röthig und die gesamte Polizei befanden sich seit dem 5. April in dem Gasthaus „Schliekers Brunnen". Auch der militärische Stab hatte dort seinen Gefechtsstand. Die Polizei unternahm von dort mit Volkssturmangehörigen Kontrolleinsätze.

Am Abend (6. April) patrouillierten sie an der Bahnlinie nach Rinteln. Als sie in Fischbeck erschienen, trat auf sie der Abschnittsführer des dortigen Volkssturms zu und meldete den Vorfall: Aus der angetretenen Formation des Volkssturms habe der Volkssturmmann Beißner gerufen „Wenn einer schütt, eck scheite von hinnen!" (Zu hochdeutsch: Wenn einer schießt, ich schieße von hinten!) Danach sollen noch Äußerungen meuterischer Natur gefallen sein. Das veranlaßte den Fischbecker Volkssturmführer, Beißner aus seiner Gruppe auszuschließen und ihn der Hamelner Volkssturmgruppe mitzugeben. Es war inzwischen dunkel geworden. In Hameln gerieten sie in Artilleriebeschuß, die Gruppe warf sich in dortigen Gärten zu Boden, und die einzelnen Männer konnten keine Verbindung mehr zueinander hal-

ten. Erst 1946 wurde am Ilphulweg eine Leiche in einem Garten ausgegraben, man stellte fest, daß es Beißner aus Fischbeck war. Bekannt war nur, daß hier Ostarbeiter im Beisein eines russischen Arztes während der Beschußtage einen Mann vergraben hatten.
Am 7. April 1945 stieß das 117. Regiment auf Hameln aus dem Raum Tündern vor. Über die Ohsener Straße drangen die Panzer in das Stadtzentrum vor. Es trat ihnen kein Widerstand mehr entgegen. Der Kampfkommandant hatte sich mit seinem Stabe abgesetzt. Angetroffene deutsche Soldaten gingen freiwillig in Gefangenschaft.
Die britische Besatzung erschien bereits nach wenigen Stunden und zog ins Hochzeitshaus ein. Der erste Kommandant war der engl. Major Lynden-Bell mit dem „123. Detechement Military Gouvernment". Dieser stellte zunächst mit Hilfe bisheriger Verwaltungsbeamter eine Hilfspolizei von 20 Mann zusammen.

Links im Bild Generalmajor Leland Hobbs, der als kommandierender General die 30. US-Inf.Div. bei Ohr über die Weser führte. Hier verleiht er am 21. Februar 1945 seinem Stellvertreter, Brigadegeneral William K. Harrison, einen Orden, das Zeichen der Ehrenlegion. Nach Harrison wurde die in Hameln (zwischen Fischbecker-Straße und der jetzigen Breslauer Allee) errichtete Notbrücke benannt („Harrison-Bridge").

Das Straßenbild hatte sich verändert. Jetzt schlenderten in Gruppen befreite Kriegsgefangene und Fremdarbeiter umher, teils angetrunken. Die Stunde war für sie gekommen. Ihre Freiheit nutzten jedoch viele nicht aus, um auf schnellstem Wege in ihre Heimat zu kommen, sondern um zu plündern.

In Hameln befanden sich etwa 3000 Ausländer, die sich an Vorratslagern der Wehrmacht schadlos hielten. Es sprach sich unter ihnen schnell herum, wenn ein solches entdeckt war. In Bahnhofsnähe befand sich ein riesiges Wäschelager für 15 Millionen Friedensmark Bettwäsche für das gesamte Heeres-Lazarettwesen. Zuerst fielen Ausländer darüber her, dann auch die Zivilbevölkerung. Sogar mit Pferd und Wagen wurde die Wäsche abgeholt.

In der alten Brauerei hatten große Bestände an Flieger- und U-Boot-Verpflegung gelagert, vor allem Waren, die für die Bevölkerung nicht zu erhalten waren: Schokolade, Spirituosen, Tabakwaren, beste Konserven. Auch diese Bestände wurden geraubt.

Ein Zwischenfall soll sich bei der Besetzung in der Weststadt, am Reherkamp, zugetragen haben: Dort waren zwei Männer den erscheinenden Amerikanern mit einem Kätzchen-Strauß entgegengegangen. Anstatt einer freundschaftlichen Begrüßung wurden die Kätzchen zweckentfremdet, die Amis nahmen sie entgegen und schlugen damit auf die Männer ein.

Vom Teutoburger Wald zur Weser.
(Raum Detmold – Blomberg – Bad Pyrmont – Bodenwerder.)

Die Kämpfe im Teutoburger Wald waren am 4. April 1945 beendet. Sämtliche Dörfer am Osthang haben durch Artilleriefeuer gelitten, auch wenn örtlich keine Verteidigung stattfand. Pivitsheide lag bereits am 1. und 2. April in der Schußlinie. Dort wurden 42 Gebäude teils leicht, teils schwer beschädigt. Auf Heidenoldendorf haben sich ebenfalls die Kämpfe ausgewirkt: 88 Gebäude hatten am 1. April teilweise schwere Beschädigungen durch Ari-Beschuß erlitten. Die über die

"Gauseköke" vorrückenden Amerikaner stießen am Eingang zu den Wiggengründen auf Widerstand. Auch Artillerie-Geschosse sorgten anschließend für freien Zugang; am 4. April besetzte diese Einheit Berlebeck, Heiligenkirchen, Hornoldendorf und Fromhausen. In Berlebeck waren 45 Häuser überwiegend schwer beschädigt worden, 15 brannten aus. In diesem Raum waren noch zwei deutsche Panzer eingesetzt, wovon einer bewegungsunfähig liegenblieb. Einige leichte Geschütze (2 cm) waren von ihren Mannschaften im Stich gelassen. In Hornoldendorf wurden am 4. April 1945 acht Häuser beschädigt, in Fromhausen sieben Häuser.

Fromhausen, das durch 21 SS-Soldaten verteidigt wurde, wurde mit Brandmunition beschossen. Acht Gebäude waren total bis schwer beschädigt. Es dauerte sechs Stunden, bis die Amerikaner den Ort besetzen konnten. In Holzhausen wurden vier Häuser total zerstört, obwohl

Eine Abteilung der 30. US-Division hat soeben einen Schützenpanzerwagen erbeutet (Raum Teutoburger Wald).

es nicht verteidigt wurde. Auch dieser Ort wurde am 4. April von Truppen besetzt, die aus Richtung Horn kamen.
An der „Mordkuhle" bei Hiddessen wurde den Amis am 4. April der letzte Widerstand entgegengesetzt. Nachmittags waren die Kämpfe beendet, und der Ort wurde besetzt. Diese Einheit stieß danach gegen 17 Uhr über den Hiddesser Berg auf die Stadt Detmold zu. Zwischenzeitlich waren noch vier Jabos erschienen und hatten in der Stadt Detmold etwa 15 Häuser in Brand geschossen, bzw. durch Brandbomben in Brand gesetzt. Immer mehr verstärkten sich die Panzergeräusche. Die Einwohner bereiteten sich auf den Einmarsch der Amerikaner vor, verkrochen sich in die Keller. In dieser gefahrvollen Stunde kam auch keine Feuerwehr. An der oberen Langen Straße, an der Lageschen Straße und an der Richthofenstraße brannten mehrere Häuser. Panzer und LKW mit Infanterie besetzt, kamen über die Gutenberg- und Schillerstraße zu den Kasernen an der Emilienstraße, von dort dann in alle Stadtteile. Widerstandslos wurde die Stadt besetzt. Die Einwohner kamen allmählich aus ihren Verstecken, halfen jetzt den in Not geratenen Mitbürgern. Der Felsenkeller der Brauerei Falkenkrug war in dieser Zeit voll von Schutzsuchenden gewesen. Einige Einwohner, die die kommende schwere Zeit nicht zu überstehen glaubten, begingen Selbstmord, darunter ein 80jähriger Oberstudiendirektor mit seiner Ehefrau.
Die Amerikaner, darunter zahlreiche Neger, quartierten sich über Nacht in der Stadt ein. Am nächsten Morgen begannen die Hausdurchsuchungen. Deutsche und befreite Ausländer plünderten jetzt (5. April) die Lager: In der Konservenfabrik Balke Luftwaffenverpflegung, im Felsenkrugkeller Fett, und im Keller des „Neuen Kruges" floß der Wein in Strömen. Die Ausländer plünderten auch die privaten Geschäfte.
Die Stadt Horn erhielt auch Artilleriebeschuß, obwohl von einer Verteidigung nicht die Rede sein konnte. Es wurden 30 Häuser leicht bis schwer beschädigt. Teile der 83. US-Inf.-Div. besetzten die Stadt. Ihr Divisionsgefechtsstand befand sich in Bad Lippspringe und wurde am 5. April 1945 um 17 Uhr nach Horn verlegt. Aber bereits um 21 Uhr bezog der Stab in Steinheim ein neues Quartier.
Nach Verlorengehen des Teutoburger Waldes befahl das Generalkommando VI. AK am 4. April 1945 für die Kampfgruppe Becher das Absetzen auf die Weserfront mit Brückenkopfbildung Hameln. Das Gen.-Kdo. hatte an diesem Tage nach Bevern (östl. Holzminden) verlegt. Der Kampfgruppe Becher war der Abschnitt von Halvestorf – Grupen-

Der Detmolder Fliegerhorst mußte kurz vor der Besetzung noch einen Luftangriff über sich ergehen lassen. Das Bild zeigt eine stark beschädigte Halle, im Vordergrund Teil eines Jagdflugzeuges vom Typ „Me 109".

hagen – Barntrup bis Blomberg zugewiesen worden. In diesem Bereich müßten 1100 Soldaten (angegebene Verpflegungsstärke) eingesetzt gewesen sein. Sie kämpften an diesem Tage (4. April) aber nicht. Abends befanden sich die Amerikaner bereits in Grupenhagen und Groß Berkel und hatten sicher zahlreiche Landser der Kampfgruppe überholt. Generalmajor Becher hatte am Abend seinen Gefechtsstand in Kleinenberg bei Bad Pyrmont. Südlich im Anschluß sollte sich die Kampfgruppe Goerbig „zähkämpfend absetzen", und zwar in der Linie Barntrup – Elbrinxen (mit der linken Grenze Horn-Schwalenberg-Heinsen/Weser). Auch diese Gruppe lieferte keine Gefechte, sondern befolgte in erster Linie den weiteren Befehl, sich an die Weser abzusetzen. Im südlichen Bereich stand diese Gruppe jedoch bei Falken-

Auflösungserscheinungen der Wehrmacht. In Wäldern und Feldern war zurückgelassene Ausrüstung zu finden.

hagen und Polle in harten Abwehrkämpfen. Generalmajor Goerbig hatte nachmittags (4. April) seinen Gefechtsstand in Lügde, abends bereits in Hehlen an der Weser.
Amerikanische Verbände stießen am 4. April auf so geringen Widerstand, daß sie vom Rande des Teutoburger Waldes ihre Panzerspitzen fast an die Weser vorstoßen lassen konnten. Eine Meldung des Generalkommandos VI. A.K. vom 4. April 1945 bezeichnet die Lage eindeutig:

„In den letzten Tagen 80 Panzer vernichtet. Kampfmoral der Truppe leidet unter Einstellung der Bevölkerung, die kriegsmüde und nur den Wunsch hat, militärische Operationen schnell über sich ergehen zu lassen, um dann Ruhe zu haben. Vom Kampfwillen bis zum Letzten keine Spur. Zum Teil sogar Verhandlungen mit dem Feind unter Benutzung weißer Fahne. Bürgermeister von Lemgo wird kriegsgerichtlich abgeurteilt. Gefechtsstand Gen. Kdo. VI Bevern."

Welche Gegner traten gegen die vorbezeichneten Kampfgruppen an?
Die 2. US-Panzer-Division mit ihrem Befehlshaber, Generalmajor Isaac D. White, bildete die Spitze. Es war ausgerechnet eine der größten Einheiten der Westfront. Mit ihren Panzern, Sturmgeschützen, Planierraupen, Lastwagen, Jeeps und ihrer Artillerie bildete sie einen über 115 km langen Zug, der fast zwölf Stunden brauchte, um einen gegebenen Punkt zu passieren. Diese schwerfällige gepanzerte Streitmacht lief vor allen anderen Einheiten der 9. Armee her. An der rechten Flanke folgte ihr die 30. US-Inf.-Div., die bereits vier Tage nach der Invasion in den Kampf geworfen worden war. Sie hielt vom 5. bis 10. August 1944 einem starken deutschen Gegenangriff beim französischen Mortain stand und hatte zuletzt bei Aachen ihre Bewährungsprobe bestanden. Bradley, der Führer der 12. US-Armeegruppe, nannte seine 30. stolz „den Felsen von Mortain". Die amerikanischen Landser waren deutlicher bei der Wahl ihres Beinamens und nannten sich selbst „die Schlächter Roosevelts". Auch für die 2. US-Panzer-Division gab es einen Beinamen, sie nannten sich „Hölle auf Rädern". Teile der 30. US-Inf.-Div. waren am 5. April 1945 noch in Detmold eingesetzt, sie durchsuchten Häuser, setzten einen neuen Bürgermeister ein und stellten eine Hilfspolizeitruppe auf. Ihr 119. Regiment war bereits in den Morgenstunden am Weserübergang Ohr der 2. US-Pz.-Div. unterstellt worden. Im Raum rechts der Reichsstraße 1 bis Blomberg operierte die 83. US-Inf.-Div., um von dort die Linie bis Bodenwerder zu halten. Der Vorstoß über Blomberg, Hagen nach Lügde wurde nicht aufgehalten. Nur einmal wurde das den Panzern vorausfliegende Aufklärungsflugzeug bei Eschenbruch (Nähe Hagen) vom Waldrand aus beschossen. Die Panzer standen bereits bei Hagen. Der Aufklärer drehte ab und gab die deutsche Stellung durch. Die ersten Granaten sausten auch sogleich heran. Durch einen Volltreffer wurden vier Soldaten getötet. Sie führten sämtlich die Einheitsbezeichnung: 7. SS-Pz.-Rgt. 3. Auf dem Friedhof in Eschenbruch befindet sich ihre Grabstätte.
Hagen wird zwischen 10 und 11 Uhr besetzt worden sein, Eschenbruch wird um 10.45 Uhr als feindbesetzt gemeldet. Aus Hagen stieß eine Kolonne nach Bad Pyrmont vor, aus Eschenbruch rollten die Panzer ins Tal nach Lügde. Gleich am Eingang des Ortes wurden die Fahrzeuge heftig beschossen. An der Kilianskirche und auf dem Friedhof hatte sich eine Gruppe Waffen-SS-Soldaten festgesetzt. In dem Gefecht

wurden mehrere Grabstätten zertrümmert und beschädigt. Nunmehr setzte auch Artilleriefeuer ein. Vier Häuser und drei Scheunen brannten ab. Noch während der Beschießung wagten es die Landwirte Hermann Blome und August Evers, den Turm der Stadtkirche St. Marien zu besteigen und die weiße Fahne zu hissen. Darauf wurde der Beschuß alsbald eingestellt. Auch die Verteidiger an der Kilianskirche hatten sich zurückgezogen. Die Panzer rasselten gegen 15 Uhr durch die Stadt. Bei der Zigarrenfabrik Schwering und Hasse erschienen inzwischen Fremdarbeiter, die die Lagerräume stürmen wollten. Mit Hilfe von Neger-Soldaten kamen sie auch an die Vorräte heran. Als sich die Panzer in der Pyrmonter Straße befanden, wurde von einem Volkssturmmann eine Panzerfaust abgeschossen. Nunmehr schwärmten Panzer rechts und links der Straße aus, um die Umgebung beobachten zu können. Nach einem Augenblick brach der Volkssturmmann getroffen zu Boden. Die Scheune des Landwirts Blum wurde bei dieser Gelegenheit noch in Brand geschossen, wobei Maschinen und Großvieh verbrannten.

Die Tabakwaren aus der Zigarrenfabrik wurden mit allen möglichen Fahrzeugen fortgeschafft. Einige russische Arbeiter, die soeben Waffen ausgehändigt erhalten hatten, requirierten unmittelbar nach der Besetzung einen Personenwagen „Adler Trumpf-Junior", um diesen zu beladen.

Bad Pyrmont war während des Krieges Lazarettstadt geworden. Der Chefarzt, um die Rettung der Stadt bemüht, hatte einige Schilder anfertigen lassen mit der Aufschrift „Lazarettstadt Bad Pyrmont" und dem Roten Kreuz. Diese Schilder waren an allen Ortseingängen aufgestellt worden. Oberarzt Dr. Glaser versuchte den Ortsgruppenleiter Ahrens zu bewegen, daß er die Verteidigung der Stadt verhindere. Ahrens äußerte, daß er beim Nachgeben standrechtlich erschossen würde. Wahrscheinlich war er auch als Beobachter zu der Standgerichtsverhandlung gegen den Bürgermeister Gräfer in Lügde am vorhergehenden Abend zugezogen worden, so daß ihm diese Vorgänge noch in den Gliedern steckten. Nach Telefonaten mit dem Generalkommando XI in Hannover war der Ortsgruppenleiter bereit, den Volkssturm zurückzuziehen.

Die Amerikaner näherten sich von Hagen her am 5. April 1945. Durch Lautsprecher wurde die Bevölkerung aufgerufen, keinen Widerstand zu leisten. Auf Anweisung des Chefarztes fuhr ein Soldat mit dem Fahrrade und einer Rote-Kreuz-Fahne den Amerikanern entgegen und er-

klärte ihnen in englischer Sprache, daß sie ungehindert die Stadt besetzen könnten und Widerstand nicht geleistet würde.
Der Vorstoß am nächsten Tag (6. April) über Welsede nach Grohnde und über die Ottensteiner Hochebene nach Bodenwerder erfolgte auch ohne Zwischenfälle. Am Nachmittag rollten die Panzer über Hohe, Brökeln ins Wesertal. Zunächst schien das Tal ruhig zu liegen, dann aber schossen aus den Wäldern jenseits der Weser deutsche Geschütze. Es dauerte eine ganze Weile, bis diese durch die Panzerartillerie zum Schweigen gebracht waren. Der Schußwechsel ging über die Weser. Es war jetzt an der Zeit, die Brücke zu sprengen. Zwischen 17 und 18 Uhr gab es eine laute Detonation; zahlreiche Häuser erlitten Schäden. Das deutsche Feuer wurde schwächer, gleichzeitig konnten die Amerikaner auf Kemnade und dann auf Bodenwerder vorstoßen. Im Ort Bodenwerder fiel nach einem kurzen Gefecht der Feldwebel Werner Thiede. In Kemnade wurde am Abend noch mit dem Bau einer Pontonbrücke begonnen.
An diesem Nachmittag (6. April) setzten in Grohnde vom rechtsseitigen Weserufer mit der Fähre einige Fahrzeuge des 120. Regiments (30. US-Inf.-Div.) über, um den Ort zu besetzen. Ein Fahrzeug befuhr anschließend gegen 17 Uhr den Gutshof. Die dort beschäftigte Wirtschafterin Lina Hentze benachrichtigte die Familie M. von diesem Ereignis. Frau M. und ihre Tochter verabschiedeten sich danach von ihr und gingen auf ihr Zimmer. Vor dem Einrücken der Amerikaner hatten sie schon Andeutungen gemacht, daß sie aus dem Leben scheiden würden, wenn der Feind einrücke. Nach einem Augenblick ging Frau Hentze mit einem Evakuierten an die Tür des Zimmers. Da diese verschlossen war, wurde sie eingetreten. Vor ihnen lagen vier Erwachsene und das kleine Kind Jutta, sämtlich mit Schußverletzungen an der Schläfe. Bei der kleinen Jutta war noch der Puls zu fühlen, ihre Mutter atmete noch tief und schwer. Die drei übrigen waren tot. Frau Hentze ging in Begleitung eines Amerikaners zum Arzt Dr. Beyer. Dieser erschien auch sofort und erklärte den Zustand der noch Lebenden für aussichtslos. Die kleine Jutta Hoppe wurde aber noch von einem amerikanischen Sanitäter verbunden und im Auto mitgenommen, und zwar nach Hajen in das dort eingerichtete amerikanische Militär-Hospital. Dort ist sie am gleichen Abend um 23.15 Uhr verstorben.
Von Grohnde aus stieß ein Stoßtrupp nach Lüntorf vor, das noch nicht besetzt war. In dem abseits liegenden ruhigen Dorf versteckten einige Bauern Lebensmittel. Zwischen 18 und 19 Uhr erschien das erste ge-

Diese amerikanischen LKW der Marke „Stutebaker" beherrschten die Straßen auf der Ottensteiner Hochebene, um in Wäldern und Feldern deutsche Landser aufzuspüren.

General William H. Simpson, Befehlshaber der 9. US-Armee (links), gratuliert General Harrison von der 30. US-Inf.-Div. Das Operationsgebiet der 9. US-Armee reichte von Minden bis Höxter.

panzerte Fahrzeug am Ortseingang. Dort wurde es stark unter Feuer genommen. Der Wagen soll danach sofort gewendet haben und nach Grohnde zurückgekehrt sein. Die wenigen deutschen Soldaten im Dorf haben sich anschließend nach Ottenstein abgesetzt. Das Haus, aus dem die Soldaten geschossen hatten, wurde in der folgenden Nacht in Brand gesetzt.
Im Laufe des nächsten Tages bereinigte das 329. US-Inf.-Regiment die Ottensteiner Hochebene bis zur Weser. Immer wieder wurden einzelne Deutsche aufgegriffen und in Gefangenschaft geführt. Auch am 8. April war dieses Regiment dort noch im Einsatz. Zwei Polen überbrachten sogar noch eine erschreckende Nachricht, so daß sofort Meldung an die Division übermittelt wurde:

„Ich habe Information von zwei Polen über SS. Sie sagen, über 1000 Deutsche mit über 30 Panzern sind im Wald-Bezirk 124719."

Tatsächlich ist aber ein Einsatz von 30 deutschen Panzern in diesem Raum nicht bekannt geworden. Die aus dem Sennelager eingesetzten Panzer wurden verteilt und sind auch nie in dieser Anzahl in Erscheinung getreten. Es handelte sich also um eine Falschmeldung.

Harte Kämpfe im Weserabschnitt Polle.

Der Weserabschnitt Polle fiel in den Verteidigungsbereich der Kampfgruppe Goerbig. Auf Anweisung des Stellvertr. Generalkommandos VI vom 5. April 1945 sollte sie mit allen Kräften die Weser im Brückenkopf Polle halten. Eine Verpflegungsstärke von 1000 Mann hatte Generalmajor Goerbig an diesem Tage gemeldet. Infolge geringen Feinddrucks konnten die zersplitterten Einheiten noch folgende Stellungen beziehen: Linie Vahlbruch – Pkt. 264 – Meiborssen-Höhengelände, 3 km südwestlich Polle – Pkt. 309 – Pkt. 315. Starke Sicherungen bei Falkenhagen hatten den Auftrag, Straße und Forst Falkenhagen in Richtung Polle zu sperren. Hier war die „Gruppe Stelter" eingesetzt. Die 83. US-Inf.-Division trat hier als Gegner an. Ein Truppenteil davon stieß in Richtung Rischenau vor. Die deutsche Verteidigung verlor

sechs Soldaten im Kampf; sie ruhen auf dem Friedhof in Rischenau. Die amerikanische Einheit vermerkt am 6. April 1945 um 17.15 Uhr: „Niese noch nicht genommen. Wir kämpfen und erwarten es in Kürze. Rischenau auch noch nicht genommen. Haben 76 Gefangene." Bereits 17.30 Uhr lautet die Meldung: „Niese ist genommen. Dort waren 100 SS-Männer mit Panzerfäusten. Infolge unserer Zangenbewegung waren die SS-Männer von Osten eingeschlossen." Gefallen ist nur ein SS-Schütze, aus Bozen/Südtirol stammend.
Die Kampfgruppe Goerbig verfügte am Nachmittag des 6. April noch über drei „Tiger"-Panzer. Mindestens zwei davon waren in Falkenhagen eingesetzt worden. Sie wehrten die angreifenden Amerikaner zunächst erfolgreich ab. Dann trat Ruhe ein. Die Einwohner und die Waffen-SS-Soldaten in Falkenhagen bereiteten sich auf Artilleriebeschuß vor. Gegen 18 Uhr trafen auch die ersten Geschosse in das Dorf. In das Haus Niedermeier fiel ein schweres Phosphorgeschoß. Die Bewohner hielten sich im Keller auf. Als sie zu ersticken drohten, kletterten sie aus dem Kellerfenster und schlichen sich in das Oberdorf. Anschließend wurde auch das Nachbarhaus getroffen, das völlig ausbrannte. Nachdem zahlreiche Brände entstanden waren, endete das Artilleriefeuer. Nunmehr stand sich die Infanterie gegenüber. Bei Niedermeiers lag ein gefallener Deutscher, neben ihm noch die Panzerfaust. Ein Stück weiter lagen zwei tote Amerikaner. Das ganze Dorf hatte während des Kampfes stark gelitten. Ein Tiger-Panzer war zerstört worden, der andere in den schützenden Wald in Richtung Polle gefahren. Sämtliche Gefallenen, auch die Deutschen, wurden von den Amerikanern abtransportiert. Sie sollen im Sauerland beerdigt worden sein. An der Straße nach Polle sind vier Soldaten gefallen. Sie sollen sämtlich Genickschüsse gehabt haben. Ihre letzte Ruhestätte haben sie auf dem Friedhof Falkenhagen erhalten. Ein unbekannter Unteroffizier, etwa 30 Jahre alt, mit EK I und Sturmabzeichen, wurde an der Straße nach Hummersen gefunden. Die halbe Erkennungsmarke soll die Bezeichnung „1. Pi. 63098" gehabt haben. Auch er ruht in Falkenhagen.
Von Sabbenhausen stieß das 1. Bataillon (83. US-Inf. Div.) nach Wörderfeld vor. Hier und in Vahlbruch war die Gruppe Pauly eingesetzt. Zwischen 19 und 20 Uhr gab es Geplänkel, wegen fortschreitender Dunkelheit hörte es bald auf. Eine „Gruppe Dettmer" mit 30 Mann war in Hummersen eingesetzt. Auch Hummersen erhielt Artilleriebeschuß.

Zahlreiche Poller Einwohner verließen am 6. April 1945 den Ort angesichts der Verteidigungsanstrengungen. Mit ihrer wertvollsten Habe versehen, richteten sie sich im Walde ein. Aber auch dort waren sie nicht sicher. Im „Bruchholz" wurden sie durch Artillerie beschossen. Insgesamt neun Zivilpersonen und ein Soldat kamen dort zu Tode. Amerikanische Aufklärer werden hier mitgeholfen haben.
Der erste amer. Vorstoß auf Polle begann am frühen Morgen (7. April) von Brevörde aus. Dort entwickelte sich schon um 6 Uhr ein Gefecht mit SS-Soldaten. An der „Wolfsschlucht" beschossen amer. gepanzerte Fahrzeuge einen einzelnen deutschen Spähwagen. Durch einen Volltreffer explodierte dieser mit einer großen Stichflamme. Einige Landser zogen sich nach Polle zurück, da ein ungleicher Kampf bevorstand. Zehn Deutsche waren im Gemeindebereich Brevörde gefallen, darunter zwei unbekannte, die nach der Bergung aus dem ausgebrannten Fahrzeug nicht mehr identifiziert werden konnten. Die Amerikaner rückten auf der Weserstraße weiter nach Polle vor. Sie stießen zunächst auf die Sperren, die sie mit Bergepanzern beiseite schoben. Der weitere Vorstoß wurde aber von den in Polle vorhandenen Waffen-SS-Angehörigen zum Halten gebracht. Auch der anwesende Königstiger tat sein Möglichstes und wies alle amerikanischen Angriffe ab. Das 2. Batt. des amer. 331. Combat-team erlitt schwere Verluste. Jetzt kam auch hier die typisch amerikanische Kriegführung zum Ausdruck. Die Infanterie zog sich zurück, Artillerie und Luftwaffe wurden angefordert.
Punkt 10 Uhr beschoß amer. Panzerartillerie Polle. Der Ort sollte sturmreif geschossen werden. Weitere 3 Batterien richteten sich zum Beschuß von Polle ein: Auf dem Parkplatz des Köterberges, auf dem Wilmeröder Berg im Süden und die dritte in unbebautem Gelände. In der Mittagszeit dieses 7. April warfen einige Jabos Bomben. Sie konnten aber den Tiger-Panzer nicht ausschalten. Soweit die Bewohner nicht den Ort verlassen hatten, saßen sie in Kellern. In den Straßen hielten sich immer noch schwer bewaffnete Soldaten auf. Der Ort lag fast ununterbrochen unter Ari-Beschuß und abends, zwischen 19 und 20 Uhr, wurde er besonders stark. Der Tiger-Panzer stand in der Burgstraße und verfeuerte seine letzte Munition, sobald sich ein Ziel bot. Die Dunkelheit brach heran, und in der Nacht zum 8. April verstärkte sich das Ari-Feuer noch einmal. 33 Brände wurden gezählt. Es waren kaum noch heile Fensterscheiben zu sehen. Der West- und der Nordflügel der Burg waren am Morgen des 8. April rauchende Trümmerhaufen.

Der in Polle eingesetzte Tiger-Panzer versperrte am Morgen des 8. April 1945 die Ortsdurchfahrt, nachdem er wegen Sprit- und Munitionsmangel aufgegeben worden war.

Die einstige Kampfstätte in Polle nach 35 Jahren: Die Häuser links sind fast unverändert, die Ortsdurchfahrt ist verlegt und somit auch das Haus (jetzt kleiner Parkplatz) entfernt worden.

In der Zeit ab 5 Uhr (8. April) konnten amer. Panzer in Polle eindringen. Der deutsche Königstiger war von seiner Besatzung unbrauchbar gemacht worden, da er ohne Munition und Benzin kampfunfähig war. Er stand neben der ausgebrannten Burg auf der Reichsstraße 83. Im Ort verteidigten sich die Waffen-SS-Soldaten noch etwa zwei Stunden. Sie schossen mit der Panzerfaust in der engen Marktstraße einen Sherman-Panzer ab. Etwa sechs Amerikaner wurden dabei getötet. Ein weiterer US-Panzer wurde auf dem Wege von der Fähre zum Heidbrink abgeschossen. Während im Ort noch kleinere Infanteriegefechte stattfanden, zogen sich die deutschen Soldaten an die Weser zurück (7 bis 8 Uhr). Die Fähre war gesprengt worden. In aller Eile bauten sich die Soldaten Flöße, um übersetzen zu können. Auf ein Floß flüchtender Soldaten wurde nachgeschossen, wobei mehrere tot oder verwundet in der Weser untergingen. (Ende April wurden ihre Leichen bei Pegestorf und Hajen aus der Weser gezogen und beerdigt). Der Ort Polle konnte jetzt besetzt werden. Im Laufe des Vormittags füllte sich der Ort mit Amerikanern. Sie zogen von Haus zu Haus und plünderten. Einer, der alles hier miterlebt hat, erzählt weiter: „Ich sehe sie heute noch, wie sie alles mitnahmen, was sie brauchen konnten. Wer sich nicht fügte, wurde mit dem Revolver bedroht. Im Hause gegenüber erschoß man den Arbeiter Heini Burgdorf in Gegenwart seiner Frau, weil er nicht gleich die Arme hochgehoben hatte, und in der unteren Burgstraße erschoß ein betrunkener Amerikaner ohne jeden Grund einen evakuierten Zahnarzt. Auch SS-Leute sollen erschossen worden sein, die Polle mit verteidigt hatten. Die Geschäfte leerte man gänzlich aus, den Ladeninhalt fuhr man mit Autos ab."

Einer der härtesten Kämpfe im Wesertal zwischen Waffen-SS-Soldaten und einem Bataillon des 331. Combat-teams war beendet.

14 deutsche Soldaten ließen ihr Leben im Ort Polle. Vier davon sind als „unbekannte Soldaten" auf dem Ortsfriedhof bestattet. 68 Amerikaner sollen gefallen sein. Nach amerikanischen Berichten waren deutscherseits zwei Kompanien Waffen-SS, vier Wehrmachts-Kompanien und ein Tiger-Panzer in Polle eingesetzt.

Am 7. April 1945 hörte man in Heinsen Artillerie- und MG-Feuer aus westlicher Richtung. Der Tag verlief aber hier noch allgemein ruhig. Einwohner waren teilweise in die Keller gegangen, andere wollten in den Wäldern Schutz suchen. Allein im Keller des Pfarrhauses befanden sich 62 Personen. In den frühen Abendstunden rückten vom Hagengrund her amer. Panzer des 3. Batt. der 331. CT. auf Heinsen vor. Der

Polle ist so schwer umkämpft wie selten ein anderer Ort im Weserbergland. Kampfspuren gab es in allen Straßen und Gassen. Eßwaren, Uniformteile und Waffen lagen umher.

größte Teil der deutschen Soldaten, die sich noch im Ort aufhielten, wollten mit einer selbstgebauten Fähre über die Weser setzen. Dabei wurden sie von den Amerikanern heftig beschossen. Die Fähre wurde allerdings nicht getroffen.

Einige Soldaten leisteten im nahen Bruchholz am Heinser Steinbruch Widerstand und fanden dabei den Tod. Zwei weitere deutsche Soldaten fielen auf dem „Mühlenbrink" in Heinsen. Der Ort wurde danach besetzt, ohne daß Gebäude- oder Personenschäden unter der Zivilbevölkerung entstanden. Amerikanische Pioniere errichteten auch bei Heinsen eine Pontonbrücke. Das 3. Batt. konnte noch am Vormittag des 8. April hier die Weser überqueren und zur Domäne Forst verstoßen.

Die Kampfgruppe Goerbig hatte bereits in der Nacht vom 6. zum 7. April alle Fahrzeuge und schwere Waffen mit Hilfe der einzigen brauchbaren Fähre in Polle auf das Ostufer der Weser gebracht. Bei Reileifzen und Lütgenade hielten sich die Teile der Kampfgruppe auf. Der Gefechtsstand des Generalmajors Goerbig befand sich seit dem 6. April – mittags – in Lütgenade.

Nach der Besetzung von Polle bauen amerikanische Pioniere eine Pontonbrücke am Fährübergang (7. April 1945).

Vorstoß auf die Weserfront zwischen Höxter und Beverungen.

Das Eggegebirge hatten die Amerikaner am 4. April 1945 überwunden und besetzten bis in die Abendstunden die angrenzenden Dörfer. In Lippisch-Veldrom entwickelten sich Straßenkämpfe, wobei auf beiden Seiten Tote und Verwundete zurückblieben. Von Leopoldstal stießen amer. Panzer auf der Landstraße in das Dorf Sandebeck, die Infanterie jedoch kam zu Fuß durch den Wald und besetzte den Ort bis 18 Uhr. Auch in Reelsen waren bereits nachmittags Amerikaner erschienen. Bei Hausdurchsuchungen hatten sie überall etwas mitgehen lassen, Tischdecken, Uhren und Radios. In Alhausen jedoch erschien nur ein einzelner Schützenpanzerwagen, der sogleich umkehrte. Es fiel kein Schuß. Von Merlsheim stießen in der Dunkelheit Panzer nach Pömbsen vor und besetzten es widerstandslos gegen 22 Uhr. Es befand sich zwar am Ortsausgang, in der „Lehmkuhle", ein bewegungsunfähiger deutscher

Panzer mit 90 Schuß Munition. Die Besatzung war jedoch verschwunden.

Im kath. Pfarrhaus in Nieheim war ein Oberst einquartiert, der mit seinen Leuten den dortigen Abschnitt verteidigen wollte. Wahrscheinlich handelte es sich um ein Bataillon Dresp, das zur 466. Division gehörte. Als in aller Frühe des 5. April (5 Uhr) vor der Stadt weitere Stellungen eingerichtet wurden, hörten die Landser schon in der Ferne Panzergeräusche. Zur Verstärkung waren noch 35 Soldaten aus Vörden in diese Kampflinie verlegt worden. Auch an diesem Morgen gingen zahlreiche Einwohner in die Kirche. Um 8 Uhr jedoch gab der Vikar bekannt, daß der Feind vor dem Ort stünde. Die Kirchenbesucher eilten nach Haus, aber schon unterwegs wurden sie beschossen. Zwei Gebäude standen in Flammen. Vor der Stadt kämpfte die deutsche Einheit gegen Teile der 83. US-Inf.-Division über einen Zeitraum von eineinhalb Stunden. Dann drangen Panzer in die Stadt ein. Mehrere Feuerwehrleute hatten sich trotz der Kampfhandlungen zu den Brandstätten begeben, um zu retten. Nur zögernd wurden nacheinander weiße Fahnen gehißt. Am Rathaus, wo der stellvertretende Bürgermeister ein RK.-Dreiecktuch aus dem Fenster hielt, hörte die Schießerei auf.

Bis um die Mittagszeit waren zahlreiche deutsche Soldaten in Gefangenschaft geraten und vor dem Rathaus gesammelt. Bei den Kämpfen sollen fünf deutsche und 15 amerikanische Soldaten gefallen sein. Es sind auch acht Zivilpersonen und sieben unbekannte Ostarbeiter zu Tode gekommen.

Zu den fünf Gefallenen hatte man – vermutlich später – einen unbekannten Ritterkreuzträger gebettet. Bei ihm wurde in der Wäsche der Name Meißner festgestellt. Nach mehreren Jahren ist dieser Tote als Oberstleutnant Siegfried Meißner, geb. 6. Oktober 1914, identifiziert worden. Während zunächst als Todestag der 5. April 1945 angegeben war, wurde später der 28. April 1945 vermerkt. Die Gründe waren nicht festzustellen.

In der Mittagszeit des 5. April hatte es sich herumgesprochen, daß die riesigen Textilbestände in der Schützenhalle für die Bevölkerung freigegeben seien. Immer mehr Männer und Frauen begaben sich dorthin, um Kleider, Anzüge, Strümpfe und sonstige Textilien in Hand- und Pferdewagen fortzuschaffen. Noch am gleichen Nachmittag wurde die Halle leer. Mehrere Leute hatten wohl 50 Anzüge und Kleider an sich genommen.

Das 2. Bataillon des 329. US-Inf.-Regiments hatte bis zur Mittagszeit die Orte Valhausen, Belle, Billerbeck, Bellenberg und Vinsebeck besetzt. An Vinsebeck war bereits eine andere Einheit vorbeigestoßen und hatte dort zwei deutsche Panzer abgeschossen. Außerdem befanden sich dort Infanterie-Unterstände, in denen 15 bis 20 gefallene Deutsche gefunden wurden.
Steinheim wurde am frühen Nachmittag (5. April) aus Richtung Vinsebeck beschossen. Einige Gebäude gerieten in Brand. Eine kleine deutsche Gruppe setzte sich zu diesem Zeipunkt ab, so daß die Besetzung anschließend keine Todesopfer forderte. Gebäudeschäden waren jedoch beträchtlich. Einige Schaufensterscheiben, die noch heil geblieben waren, wurden mutwillig mit MG zerschossen.
Der Raum Steinheim – Wöbbel – Schieder – Schwalenberg ist am 5. April 1945 in ein Kampfgebiet verwandelt. In sämtlichen Orten tauchen deutsche Kampfgruppen auf, Teile der 466. Division sind hier eingesetzt worden. Die Kampfgruppe Albrecht, die bei Wöbbel eingesetzt war, meldete um 12.15 Uhr schon: „Feind greift mit starken Kräften an." Oberstleutnant Albrecht setzte sich anschließend ab. Wöbbel wurde durch Artillerie beschossen, angeblich wurde auch eine Panzersperre verteidigt. Aus den Kämpfen ruhen noch acht Soldaten auf dem Friedhof, darunter der Major Willi Kranz.
Das Kampfgeschehen läßt sich durch amerikanische Unterlagen genauer rekonstruieren, als es die noch vorhandenen deutschen Kriegstagebücher vermögen. Über Wöbbel berichtet der amer. Major Callaghan um 14.50 Uhr: „Vor über 1/2 Stunde waren Gruppen Infanteristen und Panzer in Wöbbel, eine andere Gruppe zog nach Steinheim, sie sind somit zu bekämpfen. Luftaufklärung meldet zwei Panzer nördlich des Ortes und einen Panzer südlich an der Straße und Sperre. Weiter nördlich von Wöbbel ist ein Panzer gerade von unseren Fahrzeugen außer Gefecht gesetzt. Wir haben auch Nachricht über ca. 50 Infanterie-Stellungen im Quadrat 9858. Jetzt sind einige unserer Truppen in Rolfzen."
Nach deutschen Berichten war um 12.30 Uhr ein Bataillon Schön auf der Straße Wöbbel – Schieder gegen den Feind angesetzt. Bei Kollerbeck und Großenbreden stand die Kampfgruppe Stelter mit vier Panzern. Sie setzte sich aber vor Annäherung der Amerikaner ab. Einige Phosphorgranaten trafen das Dorf. Als weiße Fahnen gezeigt wurden, wurde der Ort ohne weitere Beschießung besetzt.
In Löwendorf, das anschließend genommen wurde, warf ein amerika-

nischer Soldat eine Handgranate in einen Keller. Mehrere Zivilpersonen wurden dabei verletzt.

Auch in Lothe wurde verteidigt. Als in den Ort Amerikaner eindrangen, setzte sich die deutsche Gruppe ab in Richtung Schieder.

In Bredenborn war eine Luftwaffenkompanie in Stärke von etwa 85 Mann eingesetzt worden. Die Führung hatte Hauptmann Konrad Pessler. Auf Zureden von Dechant Niehaus und Bürgermeister Ahleke verließen sie den Ort und richteten sich am Franzosenwäldchen ein. Gegen 11 Uhr kam der Feind, und es entstand ein Gefecht, das sich etwa eineinhalb Stunden hinzog. In Bredenborn wurden durch Beschuß mehrere Häuser beschädigt. Hauptmann Pessler ist gefallen, die meisten Soldaten jedoch gerieten in Gefangenschaft. Der 27 jährige Obergefreite Salmhofer und Johannes Hölzemann wurden auf der Straße erschossen, nachdem sie beide bereits die Hände erhoben hatten. Sonst fielen im Gefecht drei Soldaten, die auf dem Friedhof beerdigt wurden. Über die Verluste des Feindes liegen keine Angaben vor. Einige von Bredenborn kommende Deutsche hatten sich bei Vörden in der großen Mühlenbreite erneut zur Verteidigung eingegraben. Sie ließen sich aber nur auf einen kurzen Feuerwechsel ein und setzten sich erneut ab.

Das hier operierende Bataillon Dresp verlegte am späten Nachmittag den Gefechtsstand nach Höxter ins Wehrmeldeamt. Es meldete zu diesem Zeitpunkt, daß Vörden durch sechs Jagdpanzer verteidigt werde. Von Ortsbewohnern ist jedoch nur ein Panzer beobachtet worden, der gekämpft hat. Möglicherweise waren die übrigen Panzer abkommandiert worden. Von anrückenden amerikanischen Panzern hat dieser einzelne zwei vernichtet. Als auch Geschosse in das Dorf abgefeuert wurden, zeigte man vom Kirchturm die weiße Fahne. Im Dorfe waren zu diesem Zeitpunkt keine Soldaten mehr.

Die Waffen-SS-Soldaten, die sich aus dem Raum Vörden zurückzogen, fanden vor Eilversen an einem Weidenbaum eine weiße Fahne. Sie waren entrüstet, daß die Bevölkerung ihnen damit in den Rücken fallen wollte. Es wurde kurzerhand angeordnet, daß alle Einwohner sich sofort in der Kapelle zu versammeln hätten, um den Übeltäter herauszufinden. Die Anordnung wurde befolgt, aber es meldete sich niemand. Schließlich wurde mit der Erschießung des Bürgermeisters gedroht. An dem Tuch waren auch keine Namenszeichen zu finden. Von Vörden her war nunmehr inzwischen Panzergeräusch zu hören. Die Stimmung änderte sich. Jetzt wurde das Verlangen laut, daß allen Soldaten ein gutes Butterbrot auf den Weitermarsch mitzugeben sei. Der Schreck löste sich, die Soldaten erhielten ihre Butterbrote und zogen damit in Richtung Höxter. Schon nach kurzer Zeit wurde Eilversen ohne Widerstand besetzt.

Nach Schwalenberg hatten sich drei Panzer zurückgezogen. Sie schossen noch am Abend in die vordringende amerikanische Kolonne und vernichteten dabei einen Panzer. Die gegnerische Kolonne zog sich darauf zurück und setzte Artillerie gegen Schwalenberg ein. Zahlreiche Einschläge – auch Blindgänger – landen am Dohlenberg und am Burgberg. Die Grundstücke Nr. 24, 25 und 26 Am Markt und drei weitere am Ortseingang (vor der Künstlerklause) brannten. Einige Feuerwehrleute, die trotz Beschuß tätig wurden, waren verletzt worden. Insgesamt trugen 32 Häuser Schäden davon, acht waren total zerstört, drei schwer und 21 leicht beschädigt. Es bildete sich eine Abordnung, die zu den Amerikanern ging. Sie konnte aber keine Einstellung des Artilleriefeuers erreichen. Die deutschen Panzer setzten sich nach Osten ab. (Es handelte sich um die Tiger-Panzer, die später bei Falkenhagen und Polle eingesetzt wurden.)

Am anderen Morgen drangen Amerikaner von der Domäne und von der Neustadt her in Schwalenberg ein. (5 Uhr) Es gab keinen Widerstand mehr. Der Stab der Truppe nahm von der Burg Besitz.

Auch Schieder ist durch Artillerie beschossen worden. Es wurden vier Häuser total zerstört, 33 Häuser waren beschädigt.

Kollerbeck ist am 5. April 1945 besetzt worden. Ein Ostarbeiter, der eine deutsche Soldatenmütze trug, wurde erschossen. Im Ortsteil Langenkamp jedoch wurden die Amerikaner mit MG-Feuer empfangen. Ein Amerikaner fiel. Ein weiterer Vormarschversuch wurde erst am nächsten Tag unternommen. Von Vormittag bis 18 Uhr verteidigte sich hier eine Waffen-SS-Einheit. Diese hatte nur zahlreiche Schwerverwundete zu beklagen, keine Toten. Zwei Einwohner brachten die Verwundeten unter großer Gefahr nach Polle. Im Nachbarort Kollerbeck sagte man an diesem Tage, daß in Langenkamp keiner mehr lebe. Die Bevölkerung hatte aber die Kämpfe im Keller sitzend ohne Verluste überlebt.

Ein Teil der Fürstenauer Einwohner hatte sich in umliegenden Wäldern versteckt. Um 8 Uhr fand dennoch (6. April) in der Kirche eine Messe statt. Beim Austeilen der hl. Kommunion fielen die ersten Schüsse. Einige Häuser und die Kriegerkapelle am Ortsausgang erhielten Treffer. Die Grabenbrücke am Tannenwald vor dem Ort war durch

Fürstenau Krs. Höxter wurde am 6. April 1945 ohne Widerstand besetzt. Offiziere des 331. Inf.-Reg. besprechen hier den weiteren Angriff auf Höxter. Als Bürgermeister wurde zunächst der kath. Pfarrer Ungemach eingesetzt, danach der Bauer August Lange. (rechts: Gasthaus Schmitz)

Sprengung zerstört worden. Deshalb fuhren die Panzer über das Feld rechts am Wäldchen vorbei und besetzten kampflos den Ort. Es handelte sich um Teile des 331. US-Infanterie-Regiments. An der Straßenkreuzung Gasthaus Schmitz wurde eine Pause eingelegt und über den weiteren Vormarsch beraten.
Die Kolonne setzte sich nach Bödexen in Bewegung. Auf der Straße kamen ihnen zwei 16jährige Jungen entgegen, um zu erklären, daß Bödexen ohne Verteidigung sei. Sie wurden aber beschossen, wobei einer einen Beinschuß erhielt. Die Jungen, fortwährend Deckung suchend, kehrten in den Ort zurück. Anschließend wurde der verletzte Junge von den Amerikanern ärztlich versorgt. Es fiel dann kein Schuß mehr.

Bei der Brettmühle wurde verteidigt. Zahlreiche Verwundete transportierten die Amerikaner zurück. Ein Panzer war auf eine Mine gefahren und bewegungsunfähig. Sechs Waffen-SS-Angehörige fanden den Tod.
Im südlichen Kreis Höxter, auf Beverungen zu, trafen die Amis auf schwächeren deutschen Widerstand. Hier bildeten sich nur drei Schwerpunkte: Ottbergen, Amelunxen, Tietelsen. Die Panzersperren in Brakel wurden nicht verteidigt, als am 5. April 1945 gegen 20 Uhr das 16. US-Regiment mit zahlreichen Panzern, LKW und Geschützen durch die Stadt fuhr. Auch Hembsen wurde nicht verteidigt.
In Ottbergen war am 5. April 1945 am Bahnübergang ein Tiger-Panzer in Stellung gegangen. Zahlreiche Ortsbewohner hatten sich in umliegende Wälder begeben, um dort das Ende der Kampfhandlungen abzuwarten. Die 3. US-Panzer-Division stieß hier vor und wurde mit starkem Beschuß empfangen. Nach amerikanischen Berichten war die Verteidigung in diesem Raum so stark, daß für sie bei Ottbergen offenbar geworden ist, daß hier eine Verteidigungslinie begann und die Weserbrücken nicht mehr unzerstört genommen werden konnten. Es bestanden starke Straßensperren und Panzerabwehrgeschütze verteidigten sie. Außerdem waren in Richtung Drenke deutsche Panzer beobachtet worden.
Ottbergen wurde zunächst mit Artilleriefeuer belegt. Der Einwohner Josef Knipping besaß den Mut, den Amerikanern entgegenzugehen. In Richtung Hembsen stieß er auf die Feuerstellung. Sein Wagnis hatte sich gelohnt, er erreichte eine Feuereinstellung. Einige Amerikaner kehrten mit Knipping nach Ottbergen zurück und fanden den Ort verlassen vor.
Amelunxen war seit dem 2. April zur Verteidigung hergerichtet worden. Panzersperren wurden gebaut, Stellungen ausgehoben und Sprengladungen an beiden Eisenbahnunterführungen und an den vier Nethebrücken angebracht. Pioniere aus Höxter und eine kleine Wehrmachtseinheit richteten sich hier ein. Am Nachmittag des 5. April kam noch eine Kompanie Waffen-SS hinzu. Nach wenigen Stunden ließ sich ein amerikanischer Spähtrupp sehen, wendete aber nach kurzem Beschuß. Ein neuer Angriff erfolgte nicht mehr.
Der Schäfer Josef Struck aus Amelunxen trieb in den frühen Morgenstunden des 6. April vom Gutshofe etwa 200 Schafe dem Immentale zu. Er nahm an, daß er die schwere Zeit mit seinen Schafen am besten überstehen würde. Als er aus dem Dorfe kam, setzte plötzlich Artillerie-

feuer ein. In der Nähe der Herde gingen Granaten nieder, worauf die unruhig gewordenen Tiere sich um ihren Hirten drängten. Ein amer. Aufklärungsflugzeug in ziemlicher Höhe schoß sogleich farbige Leuchtkugeln ab. Danach wurde sofort der Beschuß eingestellt. Nunmehr wurde der Westrand des Dorfes unter Feuer genommen. Nach kurzer Zeit brannten bereits mehrere Gebäude. Anschließend rollten Panzer auf Panzer nach Amelunxen vor, begleitet von Infanterie. Plötzlich eine Detonation: Die Verteidiger hatten eine Nethebrücke gesprengt. Auf den Gutshof drangen zunächst zahlreiche amerikanische Infanteristen vor, deutsche Verteidiger zogen sich von dort gleichzeitig zurück, ständig in Gefechten verwickelt. Inzwischen brannten auch schon die Gutsscheune und ein Gebäude des Nachbarn Lingemann. Frau Minna Klaproth wurde schwer verletzt, ihr Ehemann suchte und fand auch einen amerikanischen Sanitäter. Sie war aber nicht mehr zu retten. Ein Gebäude brannte nieder, in dem sich noch 25 Mutterschafe befanden. Darin versteckte deutsche Soldaten kamen nun hervor und griffen die Amis im Nahkampf an.

Gegen 10 Uhr sprengten die Deutschen die Eisenbahnbrücke nach Drenke. Eine Stunde später rückten die Amerikaner über die Brückentrümmer hinweg ins Dorf ein. Hier gab es jetzt Straßenkämpfe. Erst gegen Mittag war der Ort zu drei Viertel besetzt. Die deutschen Soldaten hielten noch den Bezirk um die Kirchen und die Ortsausgänge nach Godelheim und Wehrden. Den ganzen Nachmittag beherrschten Straßenkämpfe das Geschehen; die Gegner standen sich von Haus zu Haus gegenüber. Erst gegen 17 Uhr rückten die Deutschen in Richtung Wehrden ab. Jetzt wurde der restliche Teil des Ortes besetzt.

In einem Haus, das heftig verteidigt worden war, schoß ein Amerikaner planlos in den Keller, ohne jemand zu treffen. Er holte dann drei Einwohner (Josef Kornfeld, Hubert Menke und Vinzenz Schmidt, zwischen 15 und 17 Jahren alt) heraus und trieb sie im Dorf vor sich her, ebenso einen jungen SS-Soldaten. Nach etwa 100 Metern Entfernung schoß der Amerikaner ohne jeden Grund auf den SS-Soldaten und verletzte ihn tödlich. Die drei jungen Amelunxer wurden weiter getrieben. Ihnen steckte die Angst im Nacken, wer wird der Nächste sein? Über das tragische Geschehen wird in einer Chronik weiter berichtet: „Der Amerikaner brachte Hubert Menke zum Befehlsstand auf dem Gut. Nach Fußtritten und Schlägen wurde er im Schloßgebäude verhört. Nach einer halben Stunde holte man ihn aus dem verschlossenen Raum wieder hervor und forderte ihn auf, einen durch Kopfschuß ver-

wundeten deutschen Flaksoldaten auf den Rücken zu nehmen und ihn zum Hause des Bauunternehmers Schlüter zu tragen. Dort im Keller lagen sieben gefangene SS-Soldaten. Mit ihnen verbrachte Hubert Menke die Nacht. Als die drei noch vor dem Hause standen, schoß ein Panzer in das Gebäude hinein. Splitter flogen umher, dann kamen noch weitere amerikanische Soldaten hinzu. Einer nahm einen Dolch und setzte ihn dem Hubert Menke an den Hals, nahm ihm Uhr und Füllhalter weg und schlug ihm ins Gesicht. Dann wurden die Jungen mehrmals getreten, auch anderweitig mißhandelt und aufgefordert, Gewehre herauszugeben, die sie natürlich nicht hatten."
Der junge erschossene SS-Mann hatte keine Papiere bei sich, ihn kannte auch keiner. Vinzenz Schmidt sprang in der Nähe des Friedhofs in den Straßengraben und konnte sich nach einem Augenblick in einem engen Durchlaß an der Bahnunterführung verkriechen. Dies veranlaßte möglicherweise den Amerikaner, wieder zu schießen, und traf Josef Kornfeld (15 Jahre) tödlich. Am nächsten Morgen fanden ihn Einwohner in der Nähe des Friedhofs. Vinzenz Schmidt blieb lehmverschmiert bis Mitternacht in dem Kanalrohr.
Bei den Kämpfen in Amelunxen sollen 15 deutsche und 13 amerikanische Soldaten gefallen sein. Auch die gefallenen Deutschen wurden mit unbekanntem Ziel abtransportiert.
Der Weserort Wehrden war an diesem 6. April dagegen nur schwach auf Kampfhandlungen vorbereitet. Wenige deutsche Soldaten, die sich im Ort befanden, hatten sich „In der Hegge" am Bahndamm zur Verteidigung eingerichtet. Einige Flakgeschütze standen noch an der Weser. Sonst waren nur einige Pioniere dort, um die Fähre zu sprengen. Gegen 18 Uhr setzte an diesem Abend ein dreistündiger Beschuß ein. Ein Soldat und Gastwirt Kronenberg wurden durch Splitter verwundet. Der Einwohner F. Frisse wurde durch Splitter tödlich getroffen. Am anderen Morgen (7. April) war der Beschuß besonders stark. Zahlreiche Häuser brannten aus. In den Keller des Gärtnermeisters Wilhelm Tölke drang eine Granate und tötete einige Personen. Er selbst war schwer verwundet worden und arbeitete sich mit weiteren Verwundeten aus den Trümmern. Am Sonntagmittag (8. April) kam der Feind mit Panzern und aufgesessener Infanterie in den Ort. Wehrden war plötzlich mit Amerikanern vollgestopft. Sie begannen noch an diesem Tag mit dem Bau von zwei Ponton-Brücken. Zuvor hatten einige Schlauchboote übergesetzt, um das andere Ufer durch Infanteristen schützen zu können.

Während Dalhausen nicht verteidigt wurde, war die Besetzung von Tietelsen besonders schwer. Artilleriebeschuß forderte mehrere Tote. Einem 10jährigen Jungen war der Arm abgerissen worden, er starb sogleich. Eine 14jährige Schülerin und zwei weitere Einwohner waren als Tote zu beklagen, als am Morgen des 6. April Artilleriegeschosse einschlugen. Der Beschuß dauerte etwa fünf Stunden. Zwischen dem Teufelsberg und Tietelsen entwickelte sich alsbald der Kampf. Fünf deutsche Panzer und SS-Soldaten hatten sich hier verschanzt. Die Amerikaner wurden viermal zurückgeworfen. Dann setzten sich aber die Deutschen nach Osten ab. Das Dorf Tietelsen sah grauenhaft aus: Überall lagen Tote und Verwundete. Die Amerikaner sollen 75 bis 100 Tote gezählt haben, während die Deutschen keine Verluste an Toten gehabt haben. Zahlreiche abgeschossene amerikanische Panzer und Spähwagen standen umher.
An einer Feldscheune in Richtung Teufelsberg standen 12 Amerikaner. Plötzlich schlug eine deutsche Panzergranate ein. Alle 12 waren getötet worden, und noch lange Zeit war der Boden vom Blut rot getränkt.
Die rauhe Wirklichkeit des Krieges in diesem Dorf zeigt die Chronik auf: „Gegen 10.30 Uhr begannen die Amerikaner, sich für einen Tag hier einzurichten. Unterdes durchkämmte Infanterie, bis an die Zähne bewaffnet, Häuser und Verstecke. Da passierte einem deutschen Soldaten, der sich mit seiner Truppe nicht mehr hatte absetzen wollen, das Mißgeschick entdeckt zu werden. Hinter einer niederen Wand hielt sich der junge SS-Soldat verborgen und versuchte deutlich zu machen, daß er nun Gefangener sein wolle. Der Amerikaner zeigte ein unerbittlich verständnisloses Benehmen und achtete nicht auf das Flehen des jungen Soldaten: ‚Gnade, Gnade, meine Mutter, meine Mutter!' – ‚Nix Mutter, nix Gnade!' antwortete der amerikanische Infanterist und streckte ihn kurzerhand mit einer MG-Garbe nieder. Das ist Mord im Kriege!"
Für die Beisetzung der Zivilopfer trafen die Amerikaner in Tietelsen die Anordnung, daß nur fünf Personen teilnehmen dürfen. Die Särge wurden auf einen Handwagen gestellt, der von zwei Jungen gezogen wurde. Der Pfarrer durfte im Trauerzuge nicht mitgehen. Er hatte sich vorher an die Grabstelle auf den Friedhof begeben.
Zwischen Erkeln und Tietelsen fand man im Walde später 13 deutsche Soldaten mit übereinstimmenden Kopfschüssen. Niemand zweifelte daran, daß an bereits gefangengenommenen Soldaten dieses Tötungsverbrechen erfolgte.

Amerikanische Panzer setzen von Beverungen nach Lauenförde über. Zu erkennen sind durch Brückensprengung beschädigte Dächer.

Ein Blick nach 35 Jahren auf Lauenförde aus dem Kirchturm zu Beverungen.

Nach Beverungen war eine Pioniereinheit mit Oberleutnant Ritzel entsandt worden. Bevor sie ihren Auftrag zur Sprengung der Weserbrücke durchführen konnte, wurde sie bereits wieder abkommandiert. Zurück blieb nur eine Waffen-SS-Einheit, die Panzersperren und Ortseingänge besetzte. In Lauenförde, am anderen Weserufer, standen einige 12,5-cm-Geschütze. Auf Bitten der Bevölkerung zog der Führer die Batterie in den Solling ab. Inzwischen (6. April 1945, 20.30 Uhr) setzte auch amerik. Artilleriefeuer auf Beverungen ein. Am nächsten Morgen war die Stadt von Trümmern übersät, die Straßen menschenleer. Unter jedem Brückenpfeiler lagen 15 Zentner Sprengstoff (3 x 15 = 45 Zentner), die elektrische Auslösevorrichtung stand in Lauenförde bereit. Bevor die amerik. Truppen den Ort erreichten, zwischen 6 und 7 Uhr (7. April 1945), wurde sie bedient. Ein Grollen, vermischt mit dem Splittern von Fensterscheiben und Dachziegeln, wälzte sich über die Stadt. Da die Sprengung ohne Ankündigung erfolgte, gab es einige Leichtverletzte. An den Häusern unmittelbar an der Weser waren sämtliche Dächer zerstört. Gegen 7.30 Uhr dann tauchten die ersten feindlichen Infanteristen auf. Bis zur Mittagszeit hatte sich eine ganze Division angesammelt. Zahlreiche Häuser mußten geräumt werden. Bauunternehmer Riepe durfte erst nach dreieinhalb Wochen wieder zurückkehren. Als ab Sonntagmittag nach Fertigstellung der Notbrücke die Amerikaner weiterzogen und die Familien in ihre Wohnungen zurückkehrten, fehlten einige Sachen. Insbesondere waren Radios mitgenommen worden.

Auf den Trümmern der gesprengten Brücke war ein Notübergang errichtet worden, der den Vorstoß auf Lauenförde am 8. April ermöglichte. Aus Kellerfenstern wurde auf die ersten Angreifer geschossen. Es gab Tote und Verletzte auf beiden Seiten. Neunzehn Deutsche fielen, darunter sechs Siebzehnjährige. Zwei Zivilpersonen kamen außerdem ums Leben. Der Weg für die 3. US-Panzer-Division in den Solling war frei. In der Frühe des 9. April 1945 setzten sich die Panzer und LKW in Bewegung. Der nächste Ort, der besetzt wurde, war Würgassen. Hier gab es keinen Widerstand.

Weiter nördlich war inzwischen die 1. US-Infanterie-Division nachgestoßen. Sie war bisher nur anderen Einheiten gefolgt. Nach einem Gefecht bei Drenke (6. April) sollte diese Einheit auf Wehrden zustoßen und dort die Weser überqueren. Vier tote deutsche Soldaten fanden Einwohner nach Tagen im Wäldchen an der Reichsstraße bei Wehrden.

Das 16. Regiment (1. US-Inf.-Div.) setzt am 8. April 1945 ca. 200 m nördlich Wehrden in Sturmbooten über die Weser. Oben links ist der Ort Fürstenberg zu erkennen.

Vor der 83. US-Inf.-Div. lag am 7. April die Kreisstadt Höxter. Amerikanische Aufklärer stellten in den umliegenden Wäldern „viele Feinde" fest, einige Panzer und zahlreiche Sperren. Südlich Höxter ließ sich die Stadt gut übersehen, als dort das 331. Regiment Pause einlegte. Es gab warmes Essen, Post wurde verteilt, so warteten die Landser einen bestellten Luftangriff ab. In der Stadt befanden sich Kraftfahrzeugkolonnen, die offensichtlich noch die Weser überqueren wollten. Zwischen 16 und 17 Uhr erschienen die Jabos und beschossen LKW. Große Explosionen entstanden, es müssen Munitions-Fahrzeuge gewesen sein. Danach begann der Vorstoß zur Stadt. Die zahlreichen Deutschen, die gesehen wurden, waren verschwunden. Am Stadtrand erschien um 17.06 Uhr ein Zivilist und übergab die Stadt. Im Rathaus fanden die Übergabeverhandlungen statt. Währenddessen wurden noch ausweichende deutsche Fahrzeuge beschossen.

Von Albaxen stießen noch in der Nacht zum 7. April Panzer vor, sicher überraschend die Weserbrücke zu nehmen. Sie kamen aber zu spät, die Brücke war gesprengt.

Die Stadt Höxter liegt vor ihnen, im Vordergrund Kasernen. Da in der Stadt zahlreiche deutsche Fahrzeuge und auch Panzer zu erkennen sind, fordern die Amis Luftunterstützung an.

Inzwischen bleibt genügend Zeit, noch ein warmes Essen einzunehmen. Am späten Nachmittag (7. April 1945) schießen Jabos abziehende LKW in Brand, danach dringt die Infanterie in die Stadt ein. Ein Zivilist zeigt ihnen den Weg ins Rathaus.

Alliierter Vorstoß im Weserbergland am 7. April 1945.

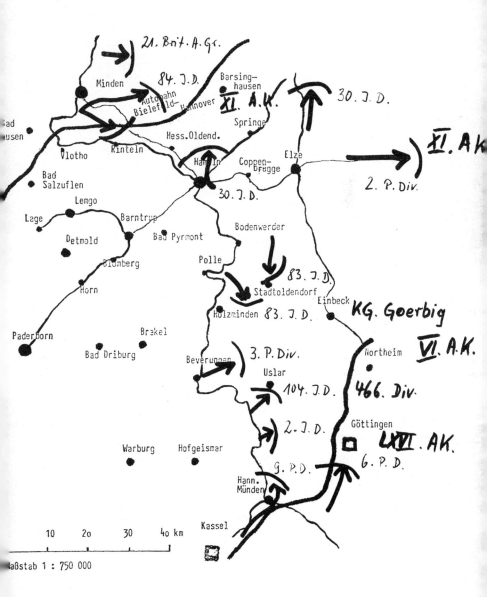

Gesprengte Eisenbahnbrücke bei Fürstenberg/Weser.

Siebzehn vernichtete US-Panzer vor Karlshafen.

Ein Teil der Waffen-SS-Angehörigen, die sich über das Eggegebirge abgesetzt hatten, stellte sich in einigen Orten des südlichen Kreises Warburg zum Kampf. Eine Nebenkolonne zog durch die Dörfer Fölsen, Schweckhausen über Dahlhausen zur Weser. Es handelte sich um eine schwache Einheit, die zwar zunächst Widerstand leistete, dann aber lieber Stellungswechsel bezog, bevor sie sich aufreiben ließ. So fielen am 3. April 1945 in Niesen zwei Soldaten; sie wurden auf dem Friedhof Fölsen bestattet. An der Straße Schweckhausen – Niesen erwischte es einen Soldaten, der zunächst als Unbekannter am Straßenrand ein Feldgrab erhielt. Vermutlich ist er ausgeplündert worden. Im Schloßpark zu Schweckhausen (Krs. Warburg) mußte der SS-Rottenführer Walter Schmidt ebenfalls am 3. April sterben. Nur Minuten später fiel im Ort SS-Unterscharführer Johann Hummer.
Der hinhaltende deutsche Widerstand bewirkte, daß Amerikaner erst nach drei Tagen (6. April) mittags Haarbrück erreichten. Pioniere aus

Höxter hatten im Ort vor einigen Tagen eine Panzersperre errichtet. Waffen-SS-Angehörige verschanzten sich dahinter und schossen, als die ersten Fahrzeuge sich näherten. Bei diesem Gefecht fielen acht deutsche Soldaten. Die Amerikaner zogen sich zurück und schossen zunächst mit Brandmunition in den Ort. Nach kurzer Zeit standen sieben Häuser in Flammen, 18 Häuser waren durch Sprenggranaten beschädigt worden. Ein 12jähriger Junge wurde durch Granatsplitter schwer verwundet; er starb im Krankenhaus Peckelsheim. Eine Frau wurde am Oberschenkel verletzt.

Einige beherzte Einwohner sammelten in der Dunkelheit die deutschen Gefallenen auf und bestatteten sie auf dem Haarbrücker Friedhof. Ein später am Waldrand aufgefundener Soldat erhielt dort ein Feldgrab. Er ist 1954 als „unbekannter Soldat" zum Brakeler Ehrenhain umgebettet worden. Auf dem Grabhügel dort standen ständig frische Blumen, und niemand hat bemerkt, wer diesen Dienst gegenüber einem gefallenen Soldaten erwiesen hat.

Amerikanischer Sherman-Panzer mit 7,5-cm-Kanone. Zwei Panzer wurden bei Afferde abgeschossen (durch Panzerfaust), siebzehn bei Karlshafen. Hier hatten zwei „Tiger"-Panzer aus getarnter Stellung geschossen.

Herstelle an der Weser stand am 7. April in Frontnähe. In den Morgenstunden wurde deshalb die Weserfähre gesprengt. Von Haarbrück rückte die amerikanische Kolonne gegen 10.30 Uhr vor. Herstelle, das linksseitig der Weser liegt, war nicht in die Verteidigung einbezogen. Die Panzer fuhren somit an der Weser entlang in Richtung Karlshafen. In Nähe der „Hannoverschen Klippen" prasselten MG-Geschosse auf die Panzer. Das konnte sie jedoch nicht aufhalten. Einige hundert Meter vor dem Ortseingang Karlshafen, wo sich links ein Abhang zu den Weserwiesen und rechts eine felsige Steilwand befindet, wurde die Lage ungünstiger. An dieser Stelle angelangt, setzte plötzlich 8,8-cm-Beschuß ein. Der vorderste Panzer wurde getroffen, er brannte aus. Danach kam Schuß auf Schuß. Einige Panzer konnten weder vor noch zurück. Sie waren dem ständigen Beschuß ausgeliefert und konnten nicht entkommen. Es blieben dabei 17 amerikanische Panzer auf der Strecke. Das gab zunächst eine Verwirrung unter den Amerikanern. Sie wußten sicher nicht, daß es nur zwei Tiger-Panzer II waren. Diese hatten sich hinter der Karlshafener Sperrholzfabrik und der Saline bereitgestellt und von dort die Schüsse abgegeben. Hier erfolgte an diesem Tag kein neuer Vorstoß. Erst in der Nacht zum 8. April schleppten die Amis die zerstörten Panzer ab. Auch die beiden „Tiger" nahmen in der Dunkelheit Stellungswechsel vor, sie fuhren in den schützenden Solling.

Das Dorf Herstelle war am Abend (7. April) mit Panzern und sonstigen Fahrzeugen überfüllt. Sämtliche Häuser wurden durchsucht. Der Inhalt von Schränken und Behältnissen wurde in vielen Fällen wahllos im Raum verstreut und zertrampelt. Ein Amerikaner wurde gesehen, der an jedem Arm sechs Armbanduhren trug. In einem Falle mußte ein Einwohner sein eigenes Grab schaufeln, da bei ihm nationalsozialistische Schriften gefunden wurden[*]. Ein weiterer Einwohner (Zollmüller) mußte stundenlang mit erhobenen Händen an einer Hauswand unter Bewachung stehen, da er angeblich in seiner Scheune SS-Truppen versteckt hatte. Ein ukrainischer Kriegsgefangener hatte den Amerikanern diese Mitteilung gemacht. Durch intensives Eintreten von Dechant Ebers konnten beide befreit werden.

Am nächsten Tag (8. April) schoß deutsche Artillerie zwischen 10 Uhr und 12.30 Uhr auf Herstelle, um die große Ansammlung von Truppen zu bekämpfen. Es wurden dadurch 18 Häuser beschädigt. Mindestens zwei Amerikaner sind getötet worden.

---

[*] Bölte, Hans: In jenen Tagen vor zehn Jahren, Seite 79

Grenzen der britischen, amerikanischen, sowjetischen und französischen Besatzungszonen durften nicht überschritten werden. Britische Soldaten markieren hier die Zonengrenze an der britisch-amerikanischen Grenze.

Noch Jahre nach dem Krieg war die Tat eines italienischen Badoglio-Soldaten in Herstelle im Gespräch. Dieser hatte sich auf einen Panzer gesetzt und die Amerikaner zu einem Hang geführt, wo sich in Schützenlöchern sechs junge deutsche Soldaten aufgehalten hatten. Diese kämpften jedoch nicht, sondern ließen sich gefangennehmen. Die Amis behandelten sie aber wie Heckenschützen und töteten sie hinterrücks durch Pistolenschüsse. Diese sechs Soldaten ruhen auf dem Friedhof in Karlshafen.

Waffen-SS verteidigt den Raum Warburg/Reinhardswald.

Die im südlichsten Operationsbereich des Stellvertr. Generalkommandos VI eingesetzte 466. Division zog sich nach der Besetzung von Paderborn durch das Eggegebirge zurück. Das ihr angehörende Ausbild.-Bataillon 194 und eine Beobachtungsbatterie waren zunächst in der Linie Schwaney, Herbram und Hakenberg eingesetzt. Im südlichen Anschluß lag das LXVI. AK (SS-Brigade), zunächst als Nachbar ein Oberleutnant Schröder mit der 2. Kompanie des Kampfkommandanten aus Höxter. Es war Ostern, der 2. April 1945. Noch am gleichen Tage traf eine eilige Meldung ein: „Feind über Willebadessen und Bonenburg vorgestoßen." Die Teile der Division 466 sollten sich nunmehr beschleunigt in Neuenheerse sammeln. Dieses Gebiet war noch feindfrei. Reger Betrieb war auf dem „Wifo"-Gelände zu beobachten, ein großes Wehrmachts-Tanklager. Etwa hundert LKW hatten sich auf dem unwegsamen Gelände festgefahren. Der Volkssturm war dort eingesetzt, um die Fahrzeuge flottzumachen. Abends mußten noch die Panzersperren besetzt werden. Der örtliche Volkssturmführer, Hauptlehrer Hilker, hatte sich zunächst dagegen ausgesprochen. Es waren 50 Panzerfäuste zur Verteidigung des Ortes vorhanden. Anordnungen kamen aus dem in der Oberförsterei Neuenheerse untergebrachten Gefechtsstand des LXVI. AK.

Die noch am 2. April 1945 eingetroffenen Männer der 466. Division wurden am nächsten Morgen nach Willebadessen in Marsch gesetzt. Zu ihrer Unterstützung hatten sie acht Panzer mitgeführt. Der Überraschungsangriff brachte für die deutsche Einheit einige Erfolge, wurde aber langsam abgeschlagen. Die Panzer wurden durch großkalibrige Waffen im Laufe des Vormittags abgeschossen. Die Infanterie konnte den Ort aber wieder für einige Stunden freikämpfen. Auch dann mußten sie der Übermacht weichen. Ein deutscher Panzer konnte entkommen, während sieben in der Umgebung von Willebadessen zerschossen zurückblieben. Während des Panzerkampfes zwischen deutschen und amerikanischen Panzern waren sechs Häuser in Willebadessen in Flammen aufgegangen. Es wird berichtet, daß von einer Kompanie, die 130 Mann stark gewesen sei, nur 28 Soldaten zurückgekehrt seien. Da 13 Gefallene in und um Willebadessen gefunden wurden, sind etwa 89 Deutsche in die Gefangenschaft gegangen.

In Neuenheerse rückte an diesem Mittag der Generalstab (LXVI. AK.) ab. Amerikaner erschienen noch nicht, sie schossen vielmehr zunächst

Franzosen begrüßen ihre Befreier. Beim Vorstoß trafen die Amerikaner gewöhnlich zuerst auf befreite Kriegsgefangene aller Nationen. Mittels einer schnell hergerichteten Fahne zeigten sie ihre Nationalität an. Bei Warburg ging ein einzelner Russe den amerikanischen Panzern entgegen. Bevor er sich zu erkennen geben konnte, wurde er durch eine MG-Garbe niedergeschossen.

am Mittwoch (4. April) von der Egge mit Artillerie. Insgesamt fielen etwa 70 Granaten in den Ort und richteten beachtlichen Schaden an. Am nächsten Morgen (5. April) erschien nur ein Aufklärer. Die erste amerikanische Einheit mit etwa 30 Panzern fuhr 14 Uhr in Neuenheerse ein.
Teile der 104. US-Infanterie-Division konnten bereits am 1. April gegen geringen Widerstand bis Borgentreich vorstoßen. Bei einem Gefecht in diesem Ortsbereich fielen fünf Deutsche (Grenadiere König, Greitenevert, Böing, Springenberg, Bernhard, Jahrgänge 1921 – 27). In Scherfede jedoch wurde dem 413. US-Inf.-Regiment stärkerer deutscher Widerstand entgegengesetzt. Vom 31. März bis zum 2. April wogte der Kampf hin und her. Erst gerade in den Kampf geworfene junge Soldaten setzten sich voll ein. Viele vom Jahrgang 1927 aus SS-Panzer-Ersatz-Abteilungen waren darunter, der jüngste Gefallene,

Grenadier, Günter Bieler, war geboren am 28. Februar 1928. Seine Einheitsbezeichnung lautete „Inf.-Nachrichten-Ersatz- und Ausbildungs-Kompanie 71 Göttingen". Vierzig Gefallene blieben auf dem Schlachtfeld zurück, davon waren zunächst 29 nicht zu identifizieren. Amerikanische Gefallene waren in Kampfpausen oder nach der Besetzung sofort von ihren Kameraden zurückgeschafft worden.

In dem kleinen Ort Herlinghausen bei Warburg ging den Amerikanern der russische Kriegsgefangene Fedor Sasonow entgegen, um seine Befreier zu begrüßen. Ein Feuerstoß aus einem MG traf ihn in die Herzgegend tödlich.

In Warburg rückten die Amerikaner bereits am 31. März 1945 ohne Widerstand ein. Erst die in der Stadtmitte bei Café Blome befindlichen 16 Deutschen schossen einige Male, ließen sich dann aber gefangennehmen. Häuser wurden nach Waffen durchsucht, und einige Amis machten sich daran, die Kreiskommunalkasse gewaltsam zu öffnen. Den Barbestand nahmen sie als private Beute mit. Ein neuer Bürgermeister wurde noch am gleichen Abend eingesetzt.

Raum Warburg – Reinhardswald: Hier verteidigte Waffen-SS besonders stark; sie schoß mehrere Panzer ab und warf die Amerikaner kurzfristig aus einigen Orten hinaus.

Mit diesen Halbkettenfahrzeugen und mit Schützenpanzerwagen war die Kampfgruppe Karst beim Rückzug auf die Weser ausgerüstet. („Demag" – Fahrgestell mit Maybach 100 PS-Motor.)

Im Gemeindebezirk Bonenburg entwickelten sich am 1. April Kampfhandlungen. Einige Panzer auf beiden Seiten brannten aus. Noch zwei Jahre nach Kriegsende standen in der Bonenburger Feldflur drei Panzerwracks, drei weitere standen bei Scherfede, und an der Straße nach Kleinenberg war im Walde ein weiterer Panzer zu finden. Im Walde bei Bonenburg hatten Kameraden den 20jährigen Panzerschützen Eberhard Herbst und drei unbekannte deutsche Panzersoldaten beerdigt. Kolonnen der Division 466 setzten sich aus dem Raum Scherfede ab, um auf der Reichsstraße 241 auf Borgentreich auszuweichen. Die am 1. April vorstoßenden Amerikaner trafen in sämtlichen Dörfern deutsche Soldaten an, konnten aber diese leicht überrollen. In Hohenwepel fielen zwei Deutsche, in Lütgeneder ebenfalls zwei. Auch die Dörfer Engar und Großeneder wurden bereits am 1. April besetzt. Die Amis nahmen in Großeneder zwei deutschen Gefallenen die Erkennungsmarken ab; sie blieben somit unbekannt. Ein dritter Gefallener, angeblich Obergefreiter Müller, trug auf seiner Erkennungsmarke die Bezeichnung: 19 – 181 XI LSch. Zg. Auch in nördlicher Richtung nach Löwen und Peckelsheim wurde ständig gefochten. Die hier sich absetzenden Einheiten waren der SS-Panzer-Brigade „Westfalen" unterstellt, ihr Führer war SS-Sturmbannführer Stern. Diesem unterstanden wiederum (1. bis 2. April 1945) Teile der 466. Inf.-Division, Teile der Division Jütland (II./661) und die leichte Artillerie-Abteilung 1066. Zwischen Altenheerse, Fölsen und Schweckhausen war das Regiment Meyer eingesetzt. Es waren ebenfalls Waffen-SS-Angehörige; sie hielten hier den amerikanischen Vorstoß zwei Tage auf. Ein Regiment „Holzer" befand sich an der Straße Warburg-Beverungen, wurde aber in die Abwehrkämpfe Fölsen, Natzungen und Bühne herangeführt. Größere Verluste haben die deutschen Einheiten um diese Orte jedoch nicht hinnehmen brauchen. Auf dem Friedhof Fölsen waren zwei, auf dem Friedhof Peckelsheim 19 deutsche Soldaten bestattet. Bei den Toten in Peckelsheim fand man zumeist die Einheitsbezeichnung: „SS-Panzer-Ersatz-Abteilung Senne-Süd". In Eissen fielen fünf deutsche Soldaten.

Eine Überforderung der hier eingesetzten Einheiten geht auch daraus hervor, daß am 1. April eine deutsche Einheit bei Peckelsheim kämpfte und verlor und noch nach zwei und drei Tagen im rückwärtigen Eggegebirge eine andere Kompanie gegen die Amerikaner antrat. Es mangelte somit teilweise an geschlossener Abwehr.

Die bezeichneten Kämpfe hatten sich zwischen dem Eggegebirge und dem Reinhardswald besonders hart entwickelt. Stellenweise konnten die Amerikaner in einer Woche hier nur 15 bis 20 km vordringen. An die dort eingesetzten Einheiten funkte das Stellvertr. Generalkommando VI am 3. April 1945:

„Dank an die Truppe für die Kämpfe 28. März bis 3. April 1945 Raum Paderborn, Warburg, Trendelburg, am Teutoburger Wald und Eggegebirge, fast 80 Panzer abgeschossen. Kampfgruppe Senne hat sich zum Teutoburger Wald durchgeschlagen (Goerbig). Korps-Sonderbefehl: Ich ermächtige Generalleutnant Karst (Kommandeur Div. Nr. 466), Generalmajor Becher (Führer Kampfgruppe Becher) und Generalmajor Goerbig (Führer Kampfgruppe Goerbig) zur Verleihung des EK II an alle Dienstgrade sowie zur Verleihung des EK I an Angehörige der ihnen unterstellten Einheiten vom Kompanieführer abwärts..."

Die Abwehrmaßnahmen hatten sich in den Raum Bühne – Lamerden verlagert. Hier sollte auch die „Schwere Panzer-Abt. 507" Stellung beziehen. Es waren zwei Kompanien, die Spähwagen mit sich führten. Der Westausgang des Reinhardswaldes sollte durch den „Sperrverband Borttscheller" gesichert werden. Auch die in Hofgeismar eingesetzten Kräfte wurden Oberstleutnant Borttscheller unterstellt. Zu bemerkens-

In Veckerhagen/Oberweser geriet dieser Fünfzehnjährige in Gefangenschaft. Er wird hier von einem Oberleutnant der 2. US-Infanterie-Division nach seiner Einheit und nach eventuellen Einsätzen befragt.

werten Kämpfen kommt es hier jedoch nicht mehr. Im benachbarten Bühne wird am 6. April noch so heftig abgewehrt, daß die Amerikaner schwere Waffen einsetzen. Die Waffen-SS-Männer konnten vor dem Druck hier nur ausweichen. Elf ihrer Kameraden waren gefallen. Sie gehörten folgenden Einheiten an: 6. SS-Krad-Btl. E 5080, Stab und Einheit Panzer-Abt. 11 (11. SS-Div.), und SS-Ausbild.-Regiment.
Die 9. US-Panzer-Division war inzwischen über Hofgeismar vorgestoßen und mit ihren Vorhuten im Reinhardswald angekommen. Die SS-Panzer-Brigade „Westfalen" zog sich befehlsgemäß über die Weser zurück, um auch den Zusammenhang mit anderen Verbänden zu wahren. Von Hann.-Münden war am Abend des 6. April 1945 ein Regiment der Amerikaner an der Weser entlang bis Veckerhagen vorgestoßen. Es drohte die Einkesselung der deutschen Truppen. Es waren noch nicht sämtliche Fahrzeuge der Panzerbrigade „Westfalen" im Bramwald und Solling untergetaucht, als das 23. US-Inf.-Regiment er-

Ungehindert können am 8. April 1945 Pioniere der 104. US-Inf.-Div. eine Pontonbrücke bei Gieselwerder errichten. Im Gelände – weit auseinandergezogen – sind amerikanische Fahrzeuge sichtbar.

Fahrzeuge der 3. US-Panzer-Division überqueren die Weser bei Gieselwerder. An der gesprengten Weserbrücke war der Pontonübergang befestigt worden.

Gieselwerder nach 35 Jahren: Diese Brücke wurde am 2. Dezember 1950 eingeweiht (Baukosten: 1 000 000,— DM). Auch hier sind wieder Sprengkammern eingebaut.

schien und noch auf die abziehenden Fahrzeuge (Panzer-Spähwagen, Halbkettenfahrzeuge) schoß. Die amerikanischen Einheiten waren über Trendelburg und Hofgeismar durch den Reinhardswald bis zur Weser aufgeschlossen. Die 104. US-Inf.-Div. hatte bei Veckerhagen die Weser erreicht, wo eine Pontonbrücke an der alten Fährstelle erstellt wurde.

Amerikanischer Vorstoß von Kassel nach Hann. Münden und Göttingen

Das Vordringen der Amerikaner in das obere Weserbergland, den Zusammenfluß von Werra und Fulda, war von Kassel aus zu beobachten. Als Kampfkommandant von Kassel war Generalmajor Johannes Erxleben eingesetzt. Er sollte die Stadt verteidigen, die sehr stark im Bombenkrieg gelitten hatte und überwiegend aus Häuserruinen bestand. Als Soldaten standen nur die Angehörigen der Kasseler Ersatztruppenteile zur Verfügung. Es waren sehr junge und überaltete Männer, die schon zahlenmässig gesehen die weitausgedehnte Stadt Kassel gegen einen Infanterieangriff nicht hätten halten können. Der Kampfkommandant war in den ersten Apriltagen immer wieder darauf hingewiesen worden, daß seine „Festung" zu halten sei. Auch zwei Beauftragte des Reichsführers SS erschienen angeblich und forderten Verteidigung bis zur letzten Patrone.
Als sich am 3. April südlich und westlich von Kassel das Anrücken der Amerikaner durch Gefechtslärm ankündigte, befand sich der Gefechtsstand des Kampfkommandanten im Weinbergbunker. In der Nacht zum 4. April lag in einer Ecke des Bunkers todmüde der Ordonnanzoffizier Dirk Uhse, als er von einem jüngeren Offizier geweckt und zum General geholt wurde. In dem Befehlsraum saß Gen. Major Erxleben mit mehreren älteren Offizieren am Tisch, in einer Ecke die übermüdete Frau des Generals, die ihren kränkelnden und pflegebedürftigen Mann auch in dem Bunker betreute. Der General fragte seinen Ordonanzoffizier, ob er als Parlamentär zu den Amerikanern gehen wolle.

Noch schlaftrunken kam das „zu Befehl" heraus. Der General schwächte aber ab und erklärte, daß es sich mehr um einen Gefallen handele. Ihm ging es darum, daß mit dem amer. Befehlshaber ein freier Abzug der restlichen Soldaten ausgehandelt wurde. Ein Dolmetscher (Kasseler Arzt) und ein Feldwebel sollten ihn begleiten. Als sich Uhse verabschiedete und Koppel und Pistole abgelegt hatte, umarmte die Frau des Generals ihn schweigend. Danach kletterten die drei Parlamentäre über die große Sperre in der Frankfurter Straße, am Fuße des Weinberges. Mit vereinbartem Abstand marschierten sie bei strahlend hellem Mondlicht stadtauswärts.

Vor dem Tor der Jägerkaserne trafen sie auf eine amer. Wache. Der Ami erschrak derartig, daß er fast über sein MG gefallen wäre. Er döste offenbar im Stehen. Stark bewacht wurden die drei in einen Raum geführt, wo sie nach Waffen untersucht wurden. Dabei mußten sie auch ihre Uhren abgeben. Als sie hiergegen Einwendungen erhoben, wurden ihnen Schußwaffen vorgehalten. Ihren Auftrag als Parlamentär konnten sie indessen noch nicht durchführen, wurden vielmehr auf den Hof geführt, wo sie sich platt auf den Boden setzen mußten. Die vermutlich leicht angetrunkenen Bewacher vertrieben sich die Zeit damit, daß sie Anschlag und Zielübungen auf ihre drei Gefangenen machten. Die Nacht war kühl, und erst im Morgengrauen wurden sie in ein Einfamilienhaus zu einem amer. Captain gefahren, der fliessend deutsch sprach. Endlich konnte der Zweck des Kommens dargelegt werden. Ordonnanzoffizier Uhse berichtet über sein Erleben persönlich: „Schon nach kurzer Zeit fuhr jetzt ein amer. Jeep vor. Ihm entstiegen ein amer. General und sein Adjutant. Der General sah glänzend aus, sprach aber anscheinend nicht deutsch. Ich versuchte nun, meinen von General Erxleben erhaltenen Auftrag auszuführen. Aber ich biß auf Granit. Der Amerikaner war höflich, aber nicht zu bereden. Er ließ mich durch den dolmetschenden Captain bitten, meinem Kommandeur seine Anerkennung der tapferen Haltung unserer Soldaten zu übermitteln. Aber eine Waffenruhe zum Abzug entweder der Besatzung oder aber der Zivilisten könne er nicht bewilligen. Entweder würde kapituliert oder weitergekämpft. Ich glaubte, unter diesen Umständen meinen Auftrag wenigstens sinngemäß auszuführen, wenn ich mich für das Erstere entschied. Der, der das zerbombte Kassel und seine verängstigte Bevölkerung damals nicht erlebt hat, möge mich verurteilen. Nachdem nun eine Einigung erzielt war, hielt ich es für angebracht, unsere Ausplünderung zu erwähnen. Ich hatte die Genugtuung, daß so-

fort ein Offizier mit mir losgeschickt wurde, der diesen Fall klären sollte. Es gelang ihm in kürzester Zeit, meine Uhr herbeizuzaubern. Die meiner Begleiter dagegen blieben verschwunden."
Ordon.-Offizier Uhse wurde noch an Geschützstellungen vorbeigefahren, um dann in einer Villa mit amer. Offizieren die Vereinbarungen festzulegen. Ein Jeep brachte ihn danach zur Kampflinie. Zwei amer. Kompanieführer, deren Infanteristen bis zur Frankfurter Straße vorgedrungen waren, führten Uhse durch Keller, Waschküchen und Höfe zu den deutschen Stellungen. Vorher hatten sie aus einer verlassenen Wohnung einen Spazierstock und ein Handtuch mitgenommen, um eine weiße Fahne zu improvisieren. Denn deutsche Verteidiger schossen noch am Weinberg. Die Amerikaner klopften ihm noch kräftig auf die Schulter, bevor sie ihn mit geschwungener Fahne laufenließen. Von deutschen Posten wurde er noch mit Schüssen bedacht; sie gingen aber fehl. Nach der Meldung über die Vereinbarungen wurde alsbald das Feuer eingestellt. Bereits nach einer Stunde fuhren die Amerikaner in die Stadt. Im Laufe des 4. April wurde das gesamte Stadtgebiet Kassel besetzt. Die deutschen Soldaten wurden auf LKW in die Gefangenschaft gefahren.
An diesem Tage wurde auch noch der nördliche Vorort Ihringshausen besetzt. In der vergangenen Nacht (3/4.April) hatte der Ort unter stetigem, fast pausenlosem Artilleriebeschuß gelegen. Eine Anzahl Häuser war zerstört oder stark beschädigt worden. Die Bevölkerung saß fast ausnahmslos in Luftschutzkellern. Ab 10 Uhr dieses 4. April drangen Amerikaner von Wolfsanger auf Ihringshausen vor. Dem Bürgermeister wurden sogleich Plakate übergeben, die die Aufforderungen an die Bevölkerung enthielten, daß sämtl. Schuß-, Hieb- und Stichwaffen, Ferngläser und Fotoapparate sofort abzugeben sind. Die Bekanntmachung und die Aufforderung zum Aushängen weißer Tücher aus den Häusern hing zunächst einträchtig neben einer vor einigen Tagen ausgehängten Bekanntmachung des Reichsführers SS Himmler. Diese auf rotem Papier gedruckte Aufforderung verbot bei Todesstrafe das Hissen weißer Fahnen bei Herannahen des Feindes. Der Bürgermeister war aber einer beschämenden Handlung enthoben, indem ein amerik. Offizier ein weißes Tuch an einem alten Seitengewehr befestigte und es durch das Oberlicht der Haustür des Bürgermeisteramts steckte. Gegen 16 Uhr wurden von der Bevölkerung moderne Handfeuerwaffen und mancherlei altertümliches Gerät aus Großvaters Zeiten herbeigeschleppt. Inzwischen plünderten Ausländer die Bäckerei Kling und

Die heftigsten Kämpfe im oberen Weserbergland entwickelten sich in Landwehrhagen. Aus Dänemark herangeführte junge Soldaten der Waffen-SS wurden hier zum ersten Male eingesetzt. Trotz ihrer Unerfahrenheit kämpften sie für den Gegner verlustreich. Der Ort wechselte zweimal den Besetzer. Im Bild: Amerikanischer Sanitäter versorgt einen Verwundeten.

später auch das Warenlager der Fa. Henschel & Sohn, das auf der Zeche Möncheberg untergebracht war. Im Gemeindebereich Ihringshausen sind acht deutsche Soldaten gefallen, die auf dem Ortsfriedhof beigesetzt wurden. (Inzwischen nach Breuna überführt.)
Die Amerikaner drangen gleichzeitg beiderseits der Reichsautobahn vor und besetzten Niederkaufungen. In der Fuldalinie jedoch hatte die 326. Volksgrenadier-Division Stellung bezogen und hielt den Abschnitt Hann.-Münden, Speele, Spieckershausen, nördl. Niederkaufungen, südl. Oberkaufungen, Lichtenau. Ein Teil dieser Orte wurde in der Nacht vom 4. zum 5. April mit amer. Ari-Feuer belegt. In Landwehrhagen wurde ein Soldat tödlich verletzt. Die Bevölkerung ging in die Keller. Überhaupt wurde dieser Ort am folgenden 5. April am stärksten verteidigt. In allen Winkeln hatten deutsche Soldaten Stellung bezogen. Die Offiziere forderten die Bevölkerung auf, Landwehrhagen

zu verlassen. In dem östlich gelegenen Kaufunger Wald, am sog. „Steinberg", richteten sich die Geflüchteten in notdürftig hergestellten Unterkünften ein. Aus Laken und Planen wurden „Wohnplätze" bereitet und dann getarnt. Die gesamte Einwohnerschaft verbrachte hier in Tannenschonungen drei Tage und Nächte, bis der Gefechtslärm vorüber war. Nur einzelne Bauern waren in den Ort gegangen, um Vieh zu versorgen. Als die Einwohner mit Handwagen und Pferdewagen nach drei Tagen in ihren Ort zurückzogen, erblickten sie am östlichen Ortsausgang auf den Feldern verstreut tote deutsche Soldaten. Es waren 39, darunter mehrere 17jährige, die zunächst Luftwaffenhelfer und anschließend Soldat geworden waren. Eine Woche war es der Bevölkerung noch verboten, die Soldaten abzuholen und zu beerdigen. Als danach die Identifizierung begann, waren alle 39 Toten ausgeplündert, allen waren Uhren und Ringe abgenommen worden. Eine Frau, die geholfen hatte, erinnert sich noch: „Sämtliche Toten hatten Kopf- und Brustdurchschüsse. Blut war in die Brieftaschen gedrungen, so daß es Mühe machte, die Namen aus den Papieren festzustellen."
Unter den aus allen deutschen Gauen stammenden Gefallenen befand sich der in Stadthagen wohnhafte 17 1/2 Jahre alte Hans-Ernst Albes. Seine Eltern haben ihn, ihren einzigen Sohn, im August 1945 in seine Heimatstadt überführen lassen.
Die gefallenen Amerikaner waren nach den Kämpfen in großen weißen Laken abtransportiert worden.
Am nächsten Tag, den 6. April, war der Div.-Gefechtsstand der 326. VGD auf Berlepsch-Ellerode, etwa 18 km östl. von Hann.-Münden, ausgewichen, die Division war nach dem Verlust von Landwehrhagen auf die Werra zurückgedrängt worden. Nicht vergessen werden soll der Soldat Wolfgang Dietrich, der am 7. April etwa 800 m östlich der Jugendherberge auf dem „Steinberg" bei der Säuberung des Kaufunger Waldes fiel und noch heute dort im Feldgrab, mit seinem Stahlhelm versehen, ruht.
Der Verteidigungsabschnitt der 326. VGD reichte am 6. April 1945 nördl. Hann.-Münden bis Gimte. Das in diesem Raum befindliche Pionier-Ers.-Batl. Hann.-Münden und Teile der SS Verwaltungsschule Arolsen wurden der 326. VGD unterstellt. Morgens um 9.10 Uhr wurde in Hann.-Münden die große Fuldabrücke gesprengt, und bereits nach zwei Stunden erschienen die ersten amer. Spähwagen von Holzhausen kommend im Stadtteil Neumünden. Die fast 700 Jahre alte Werra-Brücke war durch einen glücklichen Zufall erhalten geblieben.

Hans Albes aus Stadthagen fiel mit 17 1/2 Jahren am 5. April 1945 in Landwehrhagen am obersten Teil des Weserberglandes zwischen Werra und Fulda mit weiteren 38 Kameraden.

Eine Besetzung der gesamten Stadt blieb noch aus, die deutschen Stellungen waren zwar schwach besetzt, hielten offensichtlich doch den Feind am weiteren Vordringen zurück. Gegen 18 Uhr (6. April) konnte das 1. Bat. des US-Inf.-Reg. 9 (ohne 1. Komp.) linksseitig der Weser bis Hilwartshausen vordringen, während die A.-Kompanie linksseitig von Fulda und Weser vor Hann.-Münden aufgehalten wurde.

Von Hann.-Münden ist als einzige Stadt im Weserbergland die Herausgabe einer besonderen „Mündener Kriegszeitung" bekannt. Als „Auf-

Landwehrhagen: Drei von 39 Soldatengräbern. Soweit sie nicht in ihre Heimatorte umgebettet wurden, ruhen sie auf dem dortigen Ortsfriedhof.

klärungs- und Mitteilungsblatt der Kreisleitung Hann. Münden" ist sie am 2. April 1945 erstmalig erschienen. Sie appelliert an den Widerstandswillen der Bevölkerung und schreibt: „Der Feind ist tollkühn in deutsches Land hineingestoßen. Er ist in unserer engeren Heimat bis zur Fulda und Werra vorgedrungen und strebt zur Weser. Er will das Herz Deutschlands aufreißen. Die Gefahr ist für uns sehr groß, aber ebenso gewaltig ist das Risiko für den Feind. Er hat alles auf eine Karte gesetzt. Jetzt oder nie. Es sind keine Spazierfahrten, die er mit seinen Panzerspitzen unternimmt. Er bewegt sich in Deutschland auf höchst unsicherem Boden. Überall lauert der Tod. Das Gelände ist ihm fremd, die Kampfkraft der Deutschen unbekannt. Er weiß nicht, was mit uns los ist, warum wir noch immer nicht aufgeben. Warum aller Luftterror, alle Gebietsverluste, alle Nackenschläge noch nichts gefruchtet haben. Er weiß nicht, warum er noch immer bluten, kämpfen und sterben muß. Er fühlt sich nicht wohl in seiner Haut unter dem deutschen Himmel, unter den deutschen Menschen. UND MIT RECHT! Er wird sich noch wundern! Hütet Euch, Engländer, Amerikaner und Juden, die ihr die deutschen Städte des Westens passiert, als ob sie euch gehörten! Hütet euch, Bolschewisten, die ihr in den Städten und Dörfern des Ostens glaubt, euer grausames Terrorregiment weiterführen zu können. Die Saat eurer sadistischen Kampfführung geht auf. Haß ist unser Gebet und Rache unser Feldgeschrei! Männer und Frauen, Jungen und Mädchen! An die Arbeit. Seid tapfer wie die Löwen und listig wie die

Schlangen. Nehmt keine Rücksicht auf das Leben eurer Feinde, die das Leben eures Volkes vernichten wollen. Du aber, deutsches Volk, kämpfe weiter gegen diesen grausamen Feind, der gegen das deutsche Volk anrennt, ohne es besiegen zu können. In Deutschlands Schicksalsstunde sammeln sich unter der nationalsozialistischen Fahne alle die, welche die Ehre höher setzen als das Leben."

Im Raume nördlich Hann. Münden drangen Teile der 104. US-Inf.-Div. und der 1. US-Division von Hofgeismar aus vor und stießen hier kaum auf bezeichnenden Widerstand. Im Reinhardswald wurde nicht verteidigt, und sogar im Weserort Veckerhagen kam ihnen der Bürgermeister mit weißer Fahne entgegen, nachdem zunächst vorsichtshalber die Panzerartillerie einige Schüsse in das Dorf abgegeben hatte. Einige Dachstühle waren beschädigt. Noch an diesem 6. April um 19.30 Uhr überquerten die Amerikaner bei Veckerhagen – Vaake die

Ein amerikanischer Beobachter fotografiert das soeben besetzte Hann. Münden (8. April 1945). Auf der alten Werrabrücke und den Straßen herrscht reger Verkehr. Die Brücke ist nicht gesprengt worden.

Weser, obwohl im Bramwald der Einsatzraum des deutschen 662. Gren.-Rgt. war. Eine wesentliche Behinderung des Weserübergangs hat es nicht gegeben, so daß zunächst Sturmboote übersetzen konnten. Eine Pontonbrücke wurde am nächsten Tage an der Fähranlegestelle mitten im Dorf Veckerhagen errichtet. Die 2. US-Div. überschritt hier (7. April) die Weser und weitete im Laufe des Tages ihren Brückenkopf bis Dransfeld aus. Amer. Kampfgruppen, die sich am Bramwald in südlicher Richtung über Volkmarhausen und Gimte vorkämpften, konnten sich Hann.-Münden nähern. In diesem Raum leistete die 326. VGD Widerstand, der bald gebrochen wurde. Eine andere amer. Einheit rückte von der Kasseler Straße in Hann. Münden ein. In den Verteidigungsstellungen weiträumig um Hann. Münden fielen an diesem 7. April allein 71 deutsche Soldaten. Sie gehörten hauptsächlich dem Pz.-Pionier-Ersatzbataillon 29 an. Auch das Heerespersonalamt des OKH befand sich zuletzt in Hann. Münden und hatte Verluste zu beklagen. Unter den zahlreichen Kriegstoten ruht eine bis heute unbekannt gebliebene Stabshelferin.

Nach der Einnahme von Hann. Münden (7. April) durch das 273. Regiment wurde das Gebiet Lippoldshausen und Wiershausen bis zum Abend noch besetzt. Daran anschließend hielt sich die Kampfgruppe Kaschner (326. VGD) in der Linie Meensen – Hedemünder Stadtwald – Berlepsch auf. Sie verfügte noch über vier einsatzbereite Panzer und einige Infanteriegruppen. Weiter nördlich durch den Bramwald von einem Weserübergang in Bursfelde aus stieß das 3. Batt. des 415. US-Regiments im Laufe des Tages vor. Hier war das deutsche Grenadier-Regiment 662 eingesetzt. Das LXVI. AK hatte sein Stabsquartier an diesem Nachmittag in Delliehausen (Forst Hardegsen) eingerichtet. Dieses startete einen Vorstoß von Offensen aus auf das Höhengelände nördl. Bursfelde. Es handelte sich um eine motorisierte Brigade, die die Amis noch erfolgreich stoppen konnte.

In Jühnde hatte sich eine Flakabteilung im Schloßpark einquartiert und beschoß sogleich die Amerikaner in dem benannten Raum. Der Kommandeur dieser Abteilung, ein Oberstleutnant, ließ den Jühnder Einwohnern ausrichten, daß sie die Keller aufsuchen möchten, da mit Feuererwiderung des Feindes zu rechnen sei. Nach einiger Zeit erschienen auch über dem Dorf amer. Aufklärer und stellten den Standort der Flakabteilung fest. Der Feind war inzwischen in die Nähe von Meensen vorgerückt. Von hier aus schoß er nach Anweisung des Aufklärers auf Jühnde. Eine Granate schlug in den Hängeboden des

US-Jeeps durchstreiften Wälder und Felder und griffen Gefangene auf. Um diese ständig beobachten zu können, wurden sie auf der Motorhaube sitzend abtransportiert.

Schlosses. Mehrere Stallungen, Scheunen und Häuser wurden im Ort getroffen. Fast sämtliche Fensterscheiben gingen zu Bruch. Da nur Sprengmunition verschossen wurde, sind Brände nicht entstanden. Ein deutscher Oberfeldwebel wurde auf der Straße durch Splitter tödlich getroffen.

Dieser Beschuß veranlaßte die Flakabteilung zum alsbaldigen Stellungswechsel. Amer. Truppen rückten erst am nächsten Tage (8. April) in Jühnde ein. August Brandenburg ging ihnen mit weißer Fahne entgegen. Einige versprengte Wehrmachtsangehörige gerieten hier in Gefangenschaft.

Die Stadt Göttingen, in der am Kriegsende über 2000 Verwundete lebten, sollte nach dem Willen des OKW verteidigt werden. Am Abend des 7. April, es war gerade ein Luftangriff auf den Güterbahnhof erfolgt, erteilte das Generalkommando eigenmächtig den Befehl, keinen Widerstand in der Stadt zu leisten. Es sollten sinnlose Zerstörungen vermieden werden.

Göttingen war vom Westen und vom Süden bedroht. Bei Veckerhagen über die Weser gesetzte Einheiten und auf der Reichsautobahn vor-

stoßende US-Panzer näherten sich. Die am 6. April noch bei Bad Sooden-Allendorf stehende 26. VGD hat sich dort nicht planmäßig vom Feind lösen können, so daß am 7. April der amer. Vorstoß in Richtung Göttingen Fortschritte machte. Die 26. VGD soll an diesem Tage noch über 30 Panzer und Sturmgeschütze, 2 Bataillone und einige Flakbatterien verfügt haben. Vordringende Amerikaner trafen nur noch auf schwachen Widerstand am Hedemündener Stadtwald (326. VGD), nachdem das Werratal überbrückt war. Die große Autobahnbrücke war zuvor von einem Leutnant und 15 Mann gesprengt worden.
Am Morgen des 8. April konnte das 23. US-Regiment von Dransfeld aus nach Rosdorf vorstoßen. Aus dem Raum Friedland war die andere Einheit herangerückt und beschoß den Stadtrand von Göttingen. Aber erst in den Mittagsstunden rückte das 23. US-Regiment kampflos in die Stadt ein und besetzte sie im Laufe des Nachmittags ganz. Am Vormittag vor der Besetzung hatte der anwesende General d. Inf. Hoßbach noch mit allen Mitteln versucht, Gefechte fernzuhalten. Auf seine Veranlassung wurden Offizierssstreifen eingesetzt, die zurückgehende Einheiten aus der Stadt heraushielten. Als unmittelbar der Einmarsch der Amerikaner bevorstand, wollten Bürger, Angehörige der Polizei und Soldaten, die mit der kampflosen Übergabe nicht einverstanden waren, sich des Generals bemächtigen. Dieser verteidigte sich mit der Waffe in seinem Haus in der Merkelstr. und verhinderte damit seine Festnahme. Die Kampfgruppe Goerbig (LXVI. AK), die sich in den Harz zurückziehen wollte, erreichte am Spätnachmittag (8. April) plötzlich mit ihrem ersten Panzer den Ortsrand von Weende. Bei den Amerikanern im benachbarten Göttingen war dadurch der Eindruck eines deutschen Gegenangriffs entstanden. Schnell bezogen US-Panzer Stellung und beschossen die Fahrzeuge. Bis auf einige letzte Fahrzeuge, die sich noch absetzen konnten, wurde die Kolonne zerstört. Göttingen blieb weiter durch das 3. Bataillon des 23. US-Infanterie-Regiments besetzt.
Im Landkreis Göttingen leisteten einzelne Kampfgruppen in den Orten Appenrode und Gr. Lengden Widerstand. Einige Bauernhöfe wurden in Brand geschossen. In Gladebeck setzte sich eine Gruppe Waffen-SS-Angehöriger zur Verteidigung fest. Mit den Amerikanern kam es am 8. April zum Gefecht, in dessen Verlauf zehn junge deutsche Soldaten fielen. Die Verluste der Amerikaner sind nicht bekannt. Durch Panzerbeschuß erlitten fünf Häuser unterschiedliche Schäden. Für die zehn Gefallenen ist eine Gedenktafel in der Turnhalle des Ortes angebracht worden.

In nördlicher Richtung, zwischen Nörten und Sudheim, stießen die Amerikaner noch einmal auf harten Widerstand. Bei dem Gefecht wurden zwölf amer. Panzer vernichtet. Der Tiger-Panzer, vermutlich bewegungsunfähig geschossen, wurde von der Besatzung aufgegeben.

Im ganzen gesehen, haben die Amerikaner nur in einzelnen Orten um Göttingen Widerstand gefunden, die Stadt selbst blieb von Gefechten verschont.

Während am frühen Morgen des 8. April 1945 das LXVI. AK in der Linie Uslar – Adelebsen stand, mußte es den Ausweichbewegungen des LXVI. AK folgend und um den Zusammenhang zu wahren, im Laufe des Vormittags in die Linie Fredelsloh – Hardegsen – Lenglern zurückgehen.

Amerikanische Einheiten, die Göttingen besetzt hatten, setzten am nächsten Tage ihren Vorstoß in den Harz fort.

Vom Brückenkopf Ohr zur Leine.
(2. US-Panzer-Division am 6. April 1945)

Das gesamte Gebiet östlich der Weser ist in der Nacht zum 6. April 1945 nicht zur Ruhe gekommen. Geschützdonner und MG-Feuer war überall zu hören. Die Weser von Hann.-Münden bis Schlüsselburg war zu diesem Zeitpunkt in das Frontgebiet eingeschlossen, wenn auch der Fluß an allen Stellen wegen deutschen Widerstandes noch nicht erreicht worden war.

Die 2. US-Panzer-Division und Teile der 30. Inf.-Div. setzten sich am 6. April früh in Bewegung, zunächst nach Bisperode. In diesen Ort hatten ihre Artilleristen über Nacht Granaten verfeuert und einige Brände entstehen lassen. Aus dem bewaldeten Gebiet der Obensburg hatten sich in den Ort einige deutsche Soldaten zurückgezogen und ihre Verfolger mit MG beschossen. Die Besetzung von Bisperode erfolgte unter ständigem Schießen aus Panzer-MG. Eine Verteidigung blieb aber aus, denn die Soldaten hatten sich abgesetzt. Andere amerikanische

Einheiten, die die Nacht am Schecken vor Diedersen verbracht hatten, setzten sich in Richtung Coppenbrügge in Marsch. In Behrensen gab es keinen Widerstand. In dem Bereich der Bahnüberführung (Reichsstraße 1) haben angeblich einige Verteidiger auf die Fahrzeugkolonne geschossen. In Coppenbrügge war keine Panzersperre besetzt. Die Bahnhofstraße wurde gegen 9.00 Uhr unter fortdauerndem Schießen befahren, obwohl niemand Anlaß gegeben hätte. Schwere Geschosse durchschlugen Fenster, Türen, Schränke, Betten und blieben in den Wänden stecken. Die Bewohner saßen in ihren Kellern und warteten, daß Ruhe eintrat. Nachdem die Panzerspitze durchgerollt war, trauten sich die Menschen wieder auf die Straße. Erst nach einiger Zeit erschien die Hauptkolonne mit zahlreichen LKW und Jeeps.

Auch Marienau passierte die Panzerspitze ohne jeglichen Widerstand. Es soll sich um eine Vorausabteilung von zehn Panzern gehandelt haben. Die Bevölkerung saß in Kellern und wagte höchstens einen Blick aus den Kellerfenstern. Vor Hemmendorf jedoch befand sich eine leichte Flakstellung (2 cm). Offenbar wurde aus dieser Stellung auf die Panzer geschossen. Das Feuer wurde dann nicht nur auf die Flak erwidert, sondern auch auf das erste Haus links im Ort. Es brannte völlig aus. Ein bei diesem Kampf gefallener deutscher Soldat ruhte jahrelang als „Unbekannter Soldat" auf dem Friedhof Hemmendorf. Er wurde inzwischen als Walter Pattloch identifiziert und nach Hameln umgebettet.

Die Oldendorfer Einwohner waren durch den Geschützdonner inzwischen auf Gefahren vorbereitet. Auch sie gingen bis auf Ausnahmen in die Keller. Der ansässige Kaufmann Theodor Ernst hatte das Glück, zu dieser Zeit als Soldat Urlaub zu haben und in seinem Heimatort weilen zu können. Um die Gefechte bei Hemmendorf zu beobachten, war er mit dem PKW in die Feldmark gefahren. Plötzlich bekam auch er Beschuß und wurde tödlich getroffen. Danach näherten sich die amerikanischen Panzer und besetzten Oldendorf. Bei den nun folgenden Hausdurchsuchungen ließen die Amis Fotoapparate und wertvoll erscheinende Sachen mitgehen. Als solche Sache sah ein Ami die Vereinsfahne der Schützengesellschaft Oldendorf an und nahm sie über den großen Teich mit, ohne daß ein Einwohner das bemerkt hätte. Fünfzehn Jahre später war ein deutscher Geschäftsmann in Amerika bei einer Familie zu Gast und bemerkte auf einem Tisch eine ungewöhnliche Tischdecke. Die Farben ließen in ihm den Verdacht aufkommen, daß es sich um ein Souvenir eines amerikanischen Soldaten handeln

Bei der Besetzung von Amis entwendet, nach 15 Jahren von deutschem Besucher zurückgebracht: Schützenvereinsfahne Oldendorf Kreis Hameln – Pyrmont.

könne. Während sich die Gastgeber mit anderen Gästen im Garten beschäftigten, untersuchte der deutsche Gast die Decke und fand die Anschrift der Herstellerfirma „Fahnen-Dreyer in Hildesheim". Der deutsche Gast nahm die Fahne unbemerkt mit und lieferte sie später bei der Firma Dreyer in Hildesheim ab. Dort stellte sich heraus, daß es die Vereinsfahne aus Oldendorf war. Somit gelangte sie nach Oldendorf zurück.

Benstorf wurde am Nachmittag widerstandslos besetzt.

In Mehle lagen seit dem 2. April 1945 (ebenso in Springe und Alvesrode) Offiziersanwärter (Pionier-Fahnenjunker) in Quartier. Auf Befehl ihres Kommandeurs sollte der Ort verteidigt werden. Der Volkssturm war in den Morgenstunden aufgerufen worden mit der Meldung, daß die Panzerspitzen nur einige Kilometer von Mehle entfernt seien. Die Fahnenjunker wurden in der Mittagszeit vor Mehle auf ihre Posten gestellt. Sie waren vor Tagen noch zum Leutnant befördert worden. Einige Einwohner versuchten den Führer der Einheit von seinem

Vorhaben abzubringen. Sie stießen aber auf Ablehnung. Die Soldaten hatten nur Panzerfäuste, MGs und sonstige Handfeuerwaffen. So warteten sie den ganzen Nachmittag auf den Feind. Geschützdonner war bereits von früh morgens zu hören. Zwischen 16 und 17 Uhr kamen die Panzer auf der Reichsstraße 1 auf den Ort zu. In Höhe der Schulenburgschen Gärtnerei eröffneten die Fahnenjunker MG-Feuer. Die Kugeln prasselten zwar auf die Panzerwände, beschädigten aber nichts. Sofort begann Panzerbeschuß in das Dorf. Schon nach kurzer Zeit brannten einige Häuser, Scheunen und Stallungen. Die Soldaten erkannten, daß sie nichts ausrichten konnten und zogen sich zurück. Vom Mehler Waldhaus hatte ihr Kommandeur die Schießerei beobachtet. Der Einwohner August Vahlbruch sah den Augenblick für gekommen, um den Amerikanern mit der weißen Fahne entgegenzugehen. Der Beschuß wurde darauf eingestellt. Nunmehr begann die Besetzung des Dorfes Mehle, die Einwohner halfen mit, die Brände zu löschen. Der Volkssturm, der gar nicht in die Verteidigung eingegriffen hatte, konnte sich jetzt nützlich machen. Beschädigungen erlitten die Häuser Friedrich Heuer, Friedrich August Heuer, Heinrich Nothvogel, E. Schrader, Wisserodt und Michaelis. Auf dem Marktplatz (vor Schökels Gasthof) fiel Feldwebel Jäger aus Augsburg. Der 10jährige Knabe Horst Heuermann wurde durch Kopfverletzung getötet. In Mehle sind an diesem Abend noch 234 schwere Fahrzeuge einschließlich Panzer gezählt worden. Zahlreiche Häuser wurden abends beschlagnahmt, die Amis wollten die Nacht darin verbringen.
Die Stadt Elze wurde im Laufe des Abends ohne jeglichen Widerstand besetzt. Das Stromnetz blieb sogar in Ordnung. Die Panzerspitzen hatten ihr Ziel noch nicht erreicht, sie wollten zur Leine vorstoßen.
Das Gebiet linksseitig der Reichsstraße 3 bis Wülfinghausen, Boitzum, Alferde und der Ort Schulenburg an der Leine wurden bis zum späten Abend besetzt. Auch Salzhemmendorf und Ahrenfeld waren noch nachmittags nach 17.30 Uhr besetzt worden. In den Dörfern hinter dem Osterwald fiel kein einziger Schuß. Eine Kolonne mit fünf Panzern erschien gegen 18 Uhr in Wülfinghausen. Die Einwohner schwebten in Ängsten. Der kleine Ort zählte nur 180 Leute, während dort 260 kriegsgefangene Ausländer untergebracht waren. Die Befreiung der Ausländer ging so vor sich, daß die Franzosen und Belgier bewaffnet und von den Amis beauftragt wurden, im Ort für Ordnung zu sorgen. Die befreiten Russen und Polen, die am liebsten geplündert hätten, wurden wenigstens im Dorfe in Schach gehalten.

Auch diese unbedeutende Leinebrücke zwischen Nordstemmen und der Marienburg war am Nachmittag des 6. April 1945 gesprengt worden. Amerikanische Panzer stießen währenddessen bereits über Wülfingen, Alferde, Adensen nach Schulenburg vor.

Die Orte Alferde, Hallerburg und Adensen wurden gegen 18 Uhr von Panzerspitzen durchfahren. Der nächste zu besetzende Ort war Schulenburg an der Leine, nördlich vom Marienberg. Zwischen Adensen und der Reichsstraße 3 kam den Panzern ein ziviler PKW entgegen. Darin saßen der Brennereibesitzer Konrad Kösel und der Landwirt Rudolf Ohlmer aus Adensen. Die bereits geladene Panzerkanone wurde auf sie abgefeuert. Die 7,5 cm Sprenggranate riß den PKW auseinander und verletzte beide Insassen tödlich. Im Schutze der Dunkelheit holten Einwohner die Toten aus dem Autowrack. Kösel wurde zunächst in seinem Park beerdigt, Ohlmer auf dem Ortsfriedhof. Beide kamen von der Marienburger Leinebrücke zurück, die sie vergeblich zu retten versucht hatten. Sie war vor ihrem Erscheinen gesprengt worden.

Die Sprengladung an der Leinebrücke bei Burgstemmen war noch nicht gezündet worden. Vor der Straßenbrücke existierte eine vom Volkssturm errichtete Panzersperre; sie war noch nicht geschlossen. Ständig passierten Fahrräder, Gespanne und Fahrzeuge die Sperre und die Brücke. Ein Major machte in den frühen Abendstunden dem Kommando Vorwürfe, weil noch nicht gesprengt war. Tatsächlich befanden sich die Amerikaner bei Elze. Es erschien auch noch ein Sankra (Sanitätskraftwagen) mit Verwundeten. Der Major schrie die Insassen an: „Was tun Sie hier, Sie haben zu kämpfen!" Während der Auseinandersetzung brauste im Tiefflug ein Jabo heran und warf in Straßennähe eine Bombe. Alles suchte Deckung. Als der Tiefangriff vorbei war, wurde der Major nicht mehr gesehen. Da die amerikanischen Truppen nur nördlich auf der Reichsstraße 3 über Wülfingen vorfühlten und in Poppenburg / Burgstemmen auch die Nacht ruhig verlief, löste sich der Volkssturm an der Panzersperre auf. Die erwartete Explosion der Brückensprengung blieb aus. Das Sprengkommando hatte sich abgesetzt.

In Schulenburg war gegen 19 Uhr eine Vorausabteilung der 30. US-Infanterie-Division erschienen. Sie wollte die Leinebrücke retten. Das

Aus dem Brückenkopf Ohr bis zu dieser Leinebrücke in Schulenburg (nördlich Elze) stießen Teile der 30. US-Inf.-Div. vor.
Noch in den späten Abendstunden entfernten amerikanische Pioniere (6. April 1945) die Sprengladung, die an dieser Brücke von deutschen Kommandos angebracht war. Sie blieb erhalten.

Kommando stellte fest, daß alles zur Sprengung vorbereitet war. Ob das plötzliche Eintreffen der Amerikaner die Sprengung vereitelte oder ob sich das Kommando abgesetzt hatte, ist nicht bekannt. Amerikanischen Berichten zufolge gelang es ihnen, das Zündkabel im letzten Augenblick zu entfernen. Das US-Kommando blieb über Nacht an dieser Brücke, um die Stellung zu halten. Bis zu diesem Punkt hatten die Einheiten einen Weg von etwa 45 km allein am 6. April zurückgelegt.

Einen anderen Weg mußte die Kampfgruppe CC „A" der 2. US-Panzer-Division nehmen. Sie war vormittags (6. April) noch im Brückenkopf um Ohr/Tündern als Reserve zurückgehalten worden. Gegen 12 Uhr erhielt die Gruppe plötzlich den Befehl, auf Eldagsen vorzustoßen. Auf dem Vormarschweg konnten die Amerikaner im Raum Coppenbrügge einige Gefangene machen. Bei der Befragung eines Hauptmanns ergab sich, daß es sich bei ihm um einen Kompanieführer der „11. Fahnenjunker-Kompanie mit 100 bis 150 Mann" handelte. Außerdem geriet hier ein Major in Gefangenschaft, der angab, Adjutant von General Klockenbrink zu sein. Er war bei Coppenbrügge unterwegs, um seine Truppe zu suchen. Eine kleine Störung gab es nur durch eine deutsche Jagdmaschine (Me 109) im Tiefflug, die auf die Fahrzeugkolonne feuerte. Nachdem sie Artilleriefeuer erhielt, drehte sie ab.

Die Kampfgruppe auf dem Weg nach Eldagsen durchfuhr Dörpe ohne Widerstand. Daß sich einige Fahnenjunker am Waldrand in Richtung Eldagsen am Vormittag festgesetzt hatten, war den Fremdarbeitern nicht verborgen geblieben. Ein bei dem Landwirt Marahrens beschäftigter Pole sprang auf einen Panzer und führte die Einheit zu der deutschen Stellung. Gegen 14 Uhr (6. April) erreichten sie die Panzersperre. Dort empfingen sie die Verteidiger mit Panzerfäusten und MGs. Ein Panzer brannte sofort. Eine große schwarze Rauchwolke bildete sich und zog über den Osterwald hinweg. Danach war starkes MG-Feuer zu hören. Die Amerikaner zogen sich in den Ort zurück. Diesen Zeitpunkt sahen auch die Fahnenjunker als günstig an, die Stellung zu wechseln. Sie waren ohne Verluste geblieben und setzten sich in Richtung Waldgaststätte „Holzmühle" ab. Ob und wie viele Amerikaner gefallen sind, ist nicht bekannt geworden. Der Pole ist unverletzt geblieben.

Die Bevölkerung von Dörpe saß in ihren Kellern und schaute nur zeitweise aus Fenstern oder Löchern, wenn sie glaubte, nicht gesehen zu werden. In ruhigen Minuten wagte sich alles nach oben in die Wohnungen. Als plötzlich wieder Granateinschläge und MG-Feuer zu hören waren, drängte sich alles auf den Kellertreppen. Schließlich wagten sich Einwohner auf die Straße und kamen mit den Besatzern ins Gespräch. Die Panzer standen nachmittags in Ruhestellung, um auf neuen Angriffsbefehl zu warten. Außerdem wurde die Lage durch Aufklärer erkundet. Auf dem „Ruhbrink", eine Erhöhung zwischen Dörpe und Brünnighausen, wurde ein einzelner Soldat mit Panzergranaten beschossen. Er starb an schwersten Verletzungen. Nach einigen Tagen wurde er nach Brünnighausen geholt, in eine Zeltplane gewickelt und auf dem Ortsfriedhof beerdigt. Es war ein Soldat aus Wien, der später überführt worden ist.

Auf der gegenüberliegenden Anhöhe eilten zwei 13jährige Jungen mit Fahrrädern zur Siedlung Salzburg. Sie waren eigentlich aus Neugierde nach Dörpe gefahren, hatten sich aber noch nützlich gemacht und Brote gekauft. Sie waren die ersten Kunden während der Besetzung des Ortes, denn das Kampfgeschehen war noch im Gange. An amerikanischen Schützenreihen waren sie vorbeigegangen, aber auf dem Heimweg drohte ihnen noch Gefahr. Soeben die Höhe erreicht, wurden sie beschossen. Nach Verweilen im Schutz bietenden Graben konnten sie mit ihren Fahrrädern in der Senke ungesehen verschwinden.

Inzwischen stellte sich auf Feldwegen südlich Dörpe das 14. US-Panzer-Artillerie-Bataillon bereit. Es war inzwischen 17.30 Uhr geworden und die Amerikaner erkannten, daß das Ziel Eldagsen nicht mehr zu erreichen war. Meldungen gingen an den Divisionsgefechtsstand: „Starkes Infanterie- und Panzerfaust-Feuer entlang der Straße im Walde." Das Artillerie-Bataillon setzte ab 18 Uhr mit Beschuß auf Saupark und den Raum Eldagsen – Springe ein. Er dauerte mit ständigen Unterbrechungen bis morgens früh um 5 Uhr an.

Der größte Teil des Combat Command „A" war von Dörpe zwischen 17 und 18 Uhr auf der Kreisstraße in den Wald vorgestoßen. Etwa 300 Meter vor der Holzmühle versperrten mehrere gefällte Bäume die Straße. Jetzt begann ein Kampf, zu dem kaum deutsche Zeugen noch etwas sagen könnten. Zehn schwerbewaffnete Soldaten kämpften hier, wenn auch zunächst mit Erfolgen, einen doch aussichtslosen Kampf gegen eine Übermacht. Mit Panzerfäusten, MG und Karabinern versuchten sie, die Stahlkolosse zum Halten zu bringen. Wieviel Panzer vernichtet wurden und welche Verluste die Amerikaner hatten, ist nicht

Kurt Herbert Neumann (Stud.-Assessor) Unteroffizier in der Dolmetscher-Kompanie Hameln, gef. 6. April 1945 Panzersperre Holzmühle.

Nur 65 km von seiner Heimatstadt Holzminden entfernt fiel am 6. April 1945 Fahnenjunker (Uffz.) Helmut Lages an der Panzersperre Holzmühle.

Leutnant Gerhard Glanert
(Pionier-Ers.-Btl. 5)
geb. 1. August 1924,
gef. 6. April 1945
Panzersperre Holzmühle

bekannt. Das Gefecht zog sich über einen längeren Zeitraum hin. Kampfspuren an Bäumen sind noch heute zu erkennen. Eldagser Einwohner können sich noch heute an die zehn „bis an die Zähne bewaffneten Fahnenjunker" erinnern, die sich vormittags noch im Ort verpflegen ließen, um dann gut gelaunt zur Holzmühle zu gehen. Der Älteste unter ihnen, Unteroffizier Hermann Bosse, beging seinen 44. Geburtstag (6. April 1945). Vielleicht war aus diesem Grunde die Stimmung so gut.
Nach einigen Tagen kam die Kunde von den Gefallenen nach Eldagsen. Feuerwehrleute holten die Toten mit einem Pferdewagen. Die Körper der Gefallenen waren von Kugeln durchsiebt. Nach der Art der Verletzungen wurden Vermutungen laut, daß die Soldaten nach der Beendigung des Kampfes von hinten erschossen worden sind. Ein Einwohner hatte sich in der Folgezeit um die Toten verdient gemacht und eine Gedenktafel mit Fotos erstellt. Er beschriftete sie:

Fahnenjunker (Obervormann)
Hans-Otto Kirsch
geb. 13. Mai 1927
gef. 6. April 1945
Panzersperre Holzmühle

„Am 6. April 1945 fielen im Kampf für Deutschland nach sechsstündigem Kampf an der Panzersperre Holzmühle bei Eldagsen..."

Bei den Gefallenen handelt es sich um
1. Leutnant Gerhard Glanert aus Berlin, 21 Jahre alt,
2. Leutnant Klaus Kamlah aus Berlin, 20 Jahre alt,
3. Uffz. Hermann Bosse, Studienrat, Stendal, 44 Jahre alt,
4. Uffz. Helmut Lages, Holzminden, 24 Jahre alt,
5. Obergefr. Max Pollok, Drahnsdorf, 35 Jahre alt,
6. Obergefr. Leo Grzecz, Pollnitz, 30 Jahre alt,
7. Obergefr. Ernst Gain, Prezier, 32 Jahre alt,
8. Obervormann Hans Kirsch, Krefeld, 17 Jahre alt,
9. Schütze Fritze aus Berlin, ohne Altersangabe
10. Uffz. Kurt Neumann, Stud.-Ass., Breslau, 33 Jahre alt.

Gegen 21.00 Uhr waren die Amerikaner bis zur Holzmühle vorgedrungen. Angeblich telefonierten sie von dort mit der Verwaltung. Diese hat ausweichende Antworten gegeben, eine Übergabe wurde jedenfalls nicht angeboten. Bis 23.00 Uhr tastete sich noch die Kampfgruppe bis zum „Elmscher Bruch" vor, um dann fünf Stunden Pause einzulegen.

Nach der Besetzung rasten unaufhörlich amerikanische LKW in Richtung Westen, um Tausende von Gefangenen in Lager zu transportieren. In Grießem (Krs. Hameln -Pyrmont) stürzten einmal bei hoher Geschwindigkeit in der Kurve mehrere deutsche Soldaten von der offenen Ladefläche. Es gab ein oder zwei Tote. In Coppenbrügge gelang es Georg Knoke bei kurzem Halt, seiner in der Nähe (Marienau-Salzburg) wohnenden Familie ein Lebenszeichen zukommen zu lassen.

Alliierter Vorstoß im Weserbergland am 6. April 1945.

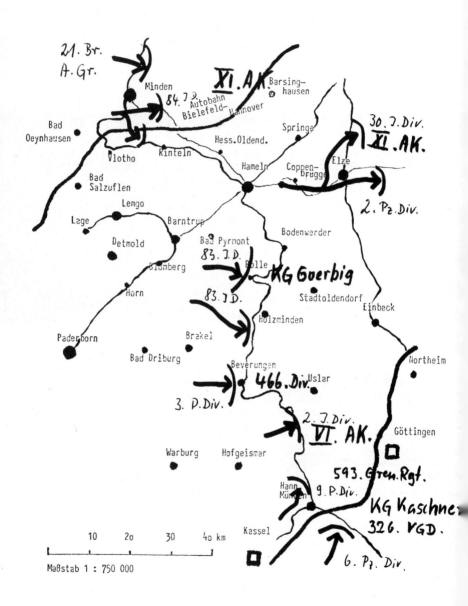

Brigadegeneral John H. Collier der 2. US-Panzer-Division. Er befahl den Einsatz der Artillerie, die am 6. April 1945 südlich Dörpe (Krs. Hameln-Pyrmont) in Stellung ging und von abends 18 Uhr bis morgens 5 Uhr im Saupark und Kreis Springe Ziele beschoß.

Keine Verteidigungsanstrengungen in den Trümmern von Hildesheim (7. April 1945).

Aus dem Raum Schulenburg sollte am Morgen des 7. April 1945 der weitere Vorstoß in Richtung Sarstedt – nördlich Hildesheim – erfolgen. Die Schulenburger Leinebrücke, die noch unversehrt am Vorabend genommen war, geriet diesen Morgen unter deutschen Artilleriebeschuß. Am Ostufer der Leine hielten sich amerikanische Einheiten auf und beseitigten auch noch vorhandene Panzersperren. Der Beschuß soll nach amerikanischen Berichten aus dem Raum Algermissen gekommen sein. Unmittelbar hinter der Brücke lagen die Einschläge. Eine Granate schlug an die Leinebrücke und beschädigte sie

leicht. Es soll sich um das Kaliber 150 mm und 105 mm gehandelt haben. Den gesamten Vormittag wurden die Amerikaner bei Schulenburg aufgehalten; eine Kompanie besetzte den Ort jetzt endgültig. Das 119. Regiment am rechten Ufer erhielt auch noch Direktbeschuß (8,8 cm) und mußte zunächst diese Stellungen bekämpfen. Als Erfolg meldete das Regiment: „Unbekannte Anzahl von Eisenbahnflak auf durchfahrendem Zug bei Sarstedt zerstört."
Am Nachmittag (7. April) hatte sich die Lage beruhigt, und das 1. Bataillon konnte auf die Orte Thiedenwiese, Vardegötzen und Jeinsen angesetzt werden. Der Panzeraufklärer „Piper" meldete, daß in diesen drei Orten Panzersperren festgestellt wurden (15.30 Uhr). Nach zwei Stunden meldet das Bataillon: „Wald bereinigt, nichts dort. Straßensperren eingenommen."
Die Einheit CC „A" hatte Auftrag, die nördlichen Leinebrücken von Sarstedt zu besetzen. Als dort die Kompanie „A" des Infanterie-Regiments 119 eintraf, war die Brücke zur Sprengung vorbereitet. Angeblich waren 1200 Pfund Sprengstoff angebracht. Ein Panzerkommandant gab den Infanteristen Auftrag zum Eingreifen. Wilhelm O. Jordan sprang vom Panzer und entfernte die Zündanlage. Der Gegenstand aber explodierte noch in seiner Hand; er verlor dabei zwei Finger.
Die Stadt Sarstedt ist nicht mehr verteidigt worden, ein Major soll die Übergabe erklärt haben. Soweit die amerikanische Darstellung. Aus deutschen Berichten geht folgendes hervor:
„Acht Kisten Sprengstoff mit 550 kg Inhalt wurden am 5. April 1945 auf Befehl der deutschen Wehrmacht unter die Pfeiler der großen Eisenbahnbrücke über die Innerste bei Sarstedt geschafft und die Brücke zur Sprengung vorbereitet. Sechs Soldaten führten den Auftrag aus und bewachten die Brücke.
Am 7. April hatte sich die Spitze der amerikanischen Truppen so weit der Stadt Sarstedt genähert, daß noch am gleichen Tage mit dem Einmarsch gerechnet werden mußte. Als gegen 14 Uhr die ersten Panzer bei Ruthe gesichtet wurden, glaubte der Führer des Wachkommandos den Zeitpunkt der Sprengung für gekommen.
In diesem Augenblick erfolgte ein Tiefliegerangriff von sechs amerikanischen Jagdmaschinen auf die Brücke. Die Jäger schossen mit MGs und Bordkanonen. Fünf Mann des Wachkommandos verschwanden in dem 80 m entfernt liegenden Erdbunker. Nur der Volkssturmmann Andreas Möhle und der Eisenbahnsekretär Josef Aselmeyer blieben bei

der Brücke. Aselmeyer hatte schon seit Tagen den Plan gefaßt, die Sprengung der Brücke unter allen Umständen zu verhindern, da sie den Vormarsch des Feindes doch nicht aufhalten konnte, dagegen aber der Eisenbahnverkehr auf lange Sicht zum Erliegen kam und außerdem die benachbarten Wohnhäuser stark gefährdet waren. Er entfernte mit Möhle zusammen alle Sprengladungen. Sie warfen die schweren Munitionskisten in die Innerste, während über den beiden Unerschrockenen in geringer Höhe die amerikanischen Tiefflieger kreisten. Bei der schweren Arbeit, die in wenigen Minuten durchgeführt werden mußte, zog sich Möhle Verletzungen zu. Als die Flieger sich entfernten, kam der Führer des Wachkommandos mit entsichertem Karabiner aus dem Bunker und wollte Aselmeyer und Möhle über den Haufen schießen, weil durch ihre mutige Tat die Sprengung der Brücke unmöglich geworden war. Nur dem Umstand, daß in diesem Augenblick amerikanische Infanterie heranrückte, verdanken die beiden Retter der Brücke ihr Leben, da sich angesichts des Feindes das deutsche Wachkommando eiligst zurückzog*)."

Die Einheit CC „A", die Sarstedt besetzte, meldete als ihre Frontlinie am Abend die Orte Ruthe, Sarstedt und Hasede. Als zerstört wurden im Raum Sarstedt angegeben: Eine 170 mm Eisenbahnflak, drei 2-cm-Flak auf Eisenbahnwagen, zwei 40 mm fahrbare Geschütze, sechs sonstige Geschütze. Im übrigen hatte diese Einheit 279 Gefangene zwischen Eldagsen und Sarstedt aufgegriffen.

Der amerikanische Divisionsbefehl lautete u.a. für den 8. 4:

„Artillerie-Abt. 66 beschießt zwei Straßensperren. Ab 8. 4. 1945 7 Uhr sind sämtliche Straßen, Städte und Wälder nach Militärpersonen abzusuchen.

TF „B" kontrolliert nachts 7./8. 4. den Zweigkanal nach Hildesheim und sucht nach Übergangsmöglichkeiten."

In Ahrbergen gab es am nächsten Morgen auch keinen Widerstand; es wurde um 9.45 Uhr besetzt. In einem Nachbarort jedoch wurde das 1. Bataillon mit Gewehrfeuer empfangen. Darauf folgte eine laute Explosion, „wie eine Brückensprengung". Bereits nach zehn Minuten ergeben sich 14 Deutsche und gehen in Gefangenschaft. Ein LKW wird erbeutet (12.35 Uhr). Der Ort Förste wird bereits um 13.03 Uhr „gereinigt", wie die Amerikaner berichten. Dort wurden 40 Gefangene gemacht.

---

*) Hannoversche Presse v. 19. Juni 1950

Heisede wurde am 8. April noch nicht besetzt. Ein Sturmgeschütz und mehrere Soldaten hielten sich dort auf. Um 17 Uhr erschien ein Panzeraufklärer über Heisede. Wahrscheinlich hat er die Verteidigungsbemühungen festgestellt. Denn um Mitternacht wurde der Ort plötzlich beschossen. Bis 6 Uhr morgens mit halbstündlicher Unterbrechung zischten Granaten in das Dorf. Zwei Zivilpersonen wurden tödlich getroffen. Als morgens um sieben Uhr (9.April) immer noch keine Amis im Ort waren, wurde der Weg zu einem hannoverschen Lebensmittellager in Heisede frei gemacht. Die Bevölkerung drang in die Räumlichkeiten ein und fand Nudeln, Zucker, Tee, Kaffee, Zigarren, Tabak und Säcke mit Mehl. Wagen und Fahrräder voll bepackt wurden abtransportiert. Bereits nach einer Stunde war das Lager ausgeräumt. Zwischen 8 Uhr und 9 Uhr wurde Heisede besetzt. Auf dem Dorfplatz gehen drei Deutsche den Amerikanern mit erhobenen Armen entgegen. Ein Jeep bringt sie zu den rückwärtigen Truppen.

In diesem nördlichen Hildesheimer Raum befanden sich zahlreiche Lebensmittellager, die durch Bevölkerung und Ostarbeiter ausgeräumt wurden, so in Bierbergen, Clauen, Hohenhameln, Lobke, Ummeln und Harsum. Neben Lebensmitteln gab es Teppiche, Tabakwaren in Kisten, Wäsche und Kleider. Eine Frau soll 200 Kleider mitgenommen haben. Es kam zu Schlägereien, auch ein Todesfall war zu beklagen.

Der Stadt Hildesheim näherten sich die Amerikaner am 7. April über Escherde (Reichsstraße 1) und Himmelsthür. Hier standen noch deutsche Flakgeschütze, die die Panzer bei Heyersum beschossen. Nach kurzer Zeit bereits schlugen Granaten in Himmelstühr ein. Ein deutsches Geschütz wurde erledigt, das andere zog sich zum Flugplatz zurück. Von dort und am Gallenberge wurden vorstoßende Amerikaner beschossen. Der Flughafen konnte noch bis zum nächsten Morgen von Verteidigern gehalten werden. Somit wurde Himmelsthür erst am 8. April besetzt.

Eine amerikanische Nebenkolonne, die Hildesheim aus südlicher Richtung nehmen sollte, befand sich am 7. April gegen 10.30 Uhr bei Gronau. Barfelde wurde genommen, um durch den Staatsforst nach Diekholzen vorzustoßen.

In der Mittagszeit dieses Tages erschien plötzlich in Wrisbergholzen ein Major und ein LKW voller deutscher Soldaten. Dieser wies seine Leute mit Panzerfäusten ein, sie sollten am Dorfausgang Stellung beziehen. Der Major fuhr mit seinem PKW fort. Als am Nachmittag

Dieses Bild zeigt eine Lagerhalle der Zuckerfabrik Hildesheim vor dem Brand. Wochen und Monate nach der Besetzung holte die Bevölkerung aus der näheren und weiteren Umgebung den braungebrannten Zucker mit Hand- und Pferdewagen.

Schüsse im Ort einschlugen und den Kuhstall des Gutes in Brand setzten, war aber von den Verteidigern nichts mehr zu sehen. Es waren nur drei amerikanische Panzer, die nach Segeste weiterfuhren. Erst am Sonntag wurde Wrisbergholzen offiziell besetzt.

Das 1. Bataillon des 41. US-Inf.-Regiments stieß nach Ochtersum vor und überquerte die Innerste. Sie wollte Hildesheim vom Osten einnehmen. Am späten Nachmittag standen 40 Panzer vor der Stadt, ließen aber zunächst nur einige Spähwagen vorfühlen. Die Amerikaner gaben bekannt, daß ein neuer Luftangriff erfolge, wenn Widerstand geleistet werde. Das Geschwader sei bereits unterwegs. Es war ein gut deutschsprechender Sergeant; er forderte die Bevölkerung auf, weiße Fahnen auszuhängen. Tatsächlich verteidigte auch niemand mehr. Der Volkssturm war nicht angetreten. Für die 3000 Volkssturm-Verpflichteten standen nur 270 Gewehre zur Verfügung.

Das 67. US-Panzer-Regiment traf zwischen Ochtersum und Diekholzen auf eine Panzersperre, die durch Hitler-Jugend verteidigt wurde. Einige Tote – sicherlich auf beiden Seiten – waren zu beklagen. Im Bereich Domäne Marienburg und Söhre kämpften einige Volkssturmleute. Auch unter ihnen gab es einige Verluste. Die schwersten Beschädigungen um Hildesheim gab es in Bettmar. Dort wurde ein Panzer abgeschossen. Als Antwort kam Artilleriefeuer aus allen Rohren. Zahlreiche Häuser brannten aus. Feuerwehrleute aus dem Nachbarort wurden von den Amerikanern zurückgewiesen, da hier „Krieg sei".

Der südlichste Bezirk von Hildesheim, nordöstlich Alfeld, wurde am 8. April 1945 besetzt. Die Ortschronik Bodenburg berichtet: „Sonniger Frühlingstag. Vom frühen Morgen bis zum Nachmittag eilten beutegierige Bewohner nach den Militärbaracken, um sich ihren Teil von den Vorräten zu holen. Mobiliar, Geschirr, Schreibmaschinen, Fenstervorhänge, Beleuchtungskörper, Wandschmuck, Brennmaterial usw. waren gar bald vergriffen. Nach dem Ausräumen boten die einst so sehr gepflegten Wehrmachtsunterkünfte ein Bild der Zerstörung und Verwüstung.

Im Raum Hildesheim durch die 2. Panzer-Division gefangengenommene 16jährige Hitlerjungen.

Am Nachmittag, 16.15 Uhr, trafen auf dem Marktplatz die ersten beiden amerikanischen Panzer ein. Die schwer bewaffnete Besatzung unternahm durch die menschenleeren Straßen einen kurzen Kontrollgang. Nach etwa 30 Minuten rollten die Panzer nach Oestrum zurück. Um 19 Uhr nahmen fünf feindliche Panzerspähwagen mit den über Bodenburg kreisenden Flugzeugen Funkverbindung auf. Nach der Meldung „Bodenburg besetzt, Einwohner friedlich!" zogen Flieger und Spähwagen nach Osten ab. Abends 20.45 Uhr fuhr ein amerikanischer Jeep mit dem Gemeindediener auf dem Kühler durch die Straßen und gab bekannt, daß 21.15 Uhr sämtliche Schußwaffen im Spritzenhaus am Markt abzugeben seien. Die Nacht verging unter dem Rollen schweren Artilleriefeuers aus Richtung Harz und Salzgittergebiet."
Das unweit entfernt liegende Bad Salzdetfurth war bereits vormittags ab 9 Uhr (8. April) kampflos besetzt worden. Deutsche Einheiten hatten sich auch in den Harz zurückgezogen, um dort neue Stellungen zu beziehen. Zeitweise erschienen an diesem schönen Frühlingstag noch deutsche Jagdmaschinen, um Tiefangriffe zu unternehmen. Um zehn Uhr griffen sieben FW 190 eine Fahrzeugkolonne an. Auch abends (17.30 Uhr) ließen sich nochmals fünf FW 190 sehen.

Gefechte um Vogler, Hils und Leine.
(Kreis Holzminden, 7. und 8. April 1945)

Aus den Weserbrückenköpfen Polle und Heinsen schoben sich amerikanische Einheiten am 7. April 1945 vor. Bevern war in den frühen Morgenstunden aus dieser Richtung bereits beschossen worden. Je eine Granate schlug links und rechts an der Kirche ein. An der Ecke Raiffeisenstraße und Reichsstraße 64 lag ein Treffer auf der Kreuzung. Es wurden eine Frau und ihre 17jährige Tochter getötet. Eine Granate traf in einen Keller und tötete vier Erwachsene und zwei 9jährige Jungen.
Zwischen Forst und Bevern setzten sich einige deutsche Soldaten zur Wehr. Sechs Soldaten fielen und ruhen noch heute auf dem Ortsfried-

hof Bevern. Die in den Vortagen errichteten Barrikaden und Schützenlöcher wurden nicht mehr verteidigt. Zahlreiche Bewohner Beverns hatten sich in Steinbrüchen und im Burgberg versteckt.
Am 7. April waren die 2. Kompanie und die 2. Batterie (331. Regiment der 83. US-Inf.-Division) über Eschershausen und Halle nach Bremke vorgestoßen. Auch der Ith-Paß nach Capellenhagen wurde durch diese Einheit genommen. Dort hatte ein Unbekannter am außerhalb des Ortes befindlichen Denkmal eine weiße Fahne befestigt. Auch von Wallensen kamen zur gleichen Zeit amerikanische Fahrzeuge auf Capellenhagen zu. Die Besetzung erschien zunächst problemlos, aber in der Mittagszeit schossen einige deutsche Tiefflieger in die Fahrzeugkolonnen. Nach dem Ruf „Germans" waren plötzlich alle Amis in Häusern und unter Fahrzeugen verschwunden. Überhaupt an diesem 7. April setzten sich noch zahlreiche Jagdflieger ein, um den Vormarsch wenigstens etwas zu stören. Mittags rasten zwei deutsche Me 109 im Tiefflug über den Osterwald, um hinter Coppenbrügge am Ith entlangzufliegen. Im Raum Bessingen – Bisperode gerieten sie in starkes Abwehrfeuer, so daß eine Maschine in der dortigen Feldmark abstürzte. Der Pilot, Unteroffizier Günther Sitzler, 22 Jahre alt, wurde tot geborgen. Er gehörte zum Jagdgeschwader 27, das in diesen Tagen hauptsächlich Einsätze gegen Panzerspitzen flog. Bei Goslar und bei Braunschweig waren die Einsatzhäfen. Das Geschwader verlor in den Tagen vom 30. März bis 9. April 1945 in dem Raum westlich Hannover/-Weserbergland noch zwölf Flugzeugführer. Trotz kühner Einsätze war das Kriegsgeschehen nicht zu beeinflussen. Allein am 7. April schoß das Geschwader drei amer. Aufklärer und vier Jagdflugzeuge zwischen Harz und Weser ab.
Amerikanische Spitzenverbände erreichten am 7. April sogar Imsen/-Gut Wispenstein an der Leine und ließen sich durch örtliche Gefechte im rückwärtigen Gebiet (Amelungsborn) nicht aufhalten.
Im Raum Halle/Bodenwerder sollte sich am 6. April 1945 eine Kompanie des Bataillons Ostermann mit 2-cm-Geschützen und eine Eisenbahn-Flak-Batterie einfinden. So lautete ein Befehl des Generalkommandos VI. AK vom 5. April 1945, 23 Uhr. Dieser Verband sollte Oberst Wiese, dem Kommandeur der Weserbrücken, unterstellt werden. Angeblich befanden sich in Holzminden zu diesem Zeitpunkt noch 19 Sturmgeschütze, die Oberst Wiese zugeteilt werden konnten. Es war geplant, mit diesen Kräften den Feind bei Ohr zurückzuwerfen. Die Morgenmeldung vom 6. April lautete, daß das Gen. Kdo. XI (Han-

nover) die Gruppe Wiese inzwischen über Eschershausen – Halle auf Kirchohsen gegen den Feind ostwärts der Weser ansetzt. Nach tatsächlichen Feststellungen wird diese Einheit aber nur aus dem Raum Bodenwerder (Linse) amerikanische Truppen beschossen haben, die bei Kemnade die Weser erreichten. Bei Kirchohsen ist die Gruppe Wiese nicht in Erscheinung getreten. Sie war im Laufe des 6. April dem Gen.-Kommando VI unterstellt worden, da die Verbindung mit dem Wehrkreis XI unterbrochen war. (Die 2. US-Panzer-Division stieß auf Elze vor.) Und am 7. April 1945, an dem die Amerikaner zwischen Weser und Leine große Geländegewinne machten, war von der Gruppe Wiese keine Rede mehr. Möglicherweise sind die Teile in der Kampfgruppe Goerbig aufgegangen, die sich zäh kämpfend absetzte. Die „Sturmgeschütz-Brigade Allwörden" befand sich am 7. April südlich von Eschershausen im Kampf und sollte in der Nacht Stadtoldendorf und die Straße Eschershausen – Holzminden sperren. Diese Einheit gehörte zur Kampfgruppe Goerbig.

Auf Stahle stießen die Amerikaner am 7. April 1945 nachts vor, um die Weserbrücke nach Holzminden zu sichern. Sie kamen zu spät, die Brücke war bereits gesprengt worden. Am 8. April war Stahle voller Besatzungstruppen, zahlreiche Häuser mußten geräumt werden. Befreite ausländische Arbeiter holten den 51 Jahre alten NSDAP-Zellenleiter und Polizeioberleutnant a. D. Wilhelm Schwache aus seiner Wohnung. Er wurde kurz danach im „Kleinen Bruche" durch vier Pistolenschüsse getötet. Schlechte Behandlung von Ausländern während des Krieges soll ihm zur Last gelegt worden sein.

In dem Tal zwischen Ith, Kahnstein und Duinger Berg wurden bis zur Mittagszeit sämtliche Dörfer besetzt, es war wieder die 2. Kompanie mit der Artillerieunterstützung (329. C.T.). Über die Besetzung Duingens wird berichtet: „Am Sonnabendmittag um 12 Uhr, es war ein herrlich warmer und sonniger Frühlingstag, erschienen am Ende der Triftstraße, wo sie in Richtung Kapellnhagen in den Wald einmündet, plötzlich amerikanische Panzer; sie schwenkten zur Wallenser Straße ein, es waren zwölf Kolosse, und richteten – dort stehenbleibend – ihre langen Geschützrohre drohend auf Duingen, das in der Mittagsstille friedlich im Sonnenschein vor ihnen lag. Ein einzelner vollbesetzter Jeep sauste dann die lange Triftstraße herunter ins Dorf hinein. Für Duingen war es ein Glück, daß unten im Dorf niemand auf die Idee kam, diesen einzelnen Jeep anzugreifen, denn man kann sich denken, wie die wartenden zwölf Panzer reagiert hätten, wenn auch nur ein

Schuß gefallen wäre!. . .Nach kurzer Zeit setzten die zwölf Panzer sich wieder in Bewegung, donnerten durch Duingen hindurch und rollten in Richtung Coppengrave davon."

Der nächste Ort Coppengrave wurde ebenfalls nicht verteidigt. Deutsche Truppen waren nur durchgezogen und hatten sich in den Harz abgesetzt. Zwei HJ-Jungen aus Hohenbüchen, die in Alfeld nicht mehr zum Einsatz kommen konnten und sich hier bei Bekannten aufhielten, wollten im letzten Augenblick ihren Heimweg antreten. Um nicht den Amis in die Hände zu laufen, flüchteten sie über das Feld. Eine MG-Garbe wurde hinter ihnen hergeschossen. Der 17jährige Heini Heuer wurde tödlich getroffen, sein Freund konnte Deckung nehmen und entkommen. Deutsche riefen den schießenden Amis zu: „Das sind doch Kinder, nicht schießen!" Diese wehrten den Hinweis oberflächlich ab. Ein weiteres Todesopfer war am nächsten Tag auf dem Odenberg zu beklagen. In dem einzelnen Bauernhaus saßen einige deutsche Soldaten und frühstückten, als plötzlich Amerikaner auftauchten. Der Feldwebel Karl Jahn sprang unüberlegt aus dem Fenster, um in den Wald zu flüchten. Eine MPi-Garbe streckte ihn nieder. Seine Kameraden kamen in Gefangenschaft. Der Gefallene erhielt auf dem Acker ein Feldgrab, das der Bauer jahrelang pflegte. Nunmehr ruht er auf dem Soldatenfriedhof Salzderhelden.

In Brunkensen wurden die Einwohner in der Mittagszeit durch eine heftige Detonation erschreckt. Was war geschehen? Am Dorfrand beim „Englischen Garten" war ein 4-mot.-Bomber zerschellt. Eine Tragfläche hatte auf dem Grundstück eines Bauern (Paland) Sachschaden angerichtet. Die Besatzung hatte das Flugzeug vorher verlassen können. Die amerik. Panzerspitze befand sich zu dieser Zeit bereits bei der Lippoldshöhle. Zwei Einwohner hatten zuvor den Bürgermeister vergeblich gebeten, den Ort zu übergeben. Somit gingen sie auf eigene Faust los und trafen die Amerikaner bereits beim „Krug zum Lippold". Einige deutsche Landser waren gefangengenommen und auf die Kühler der Jeeps gesetzt worden. Die Ausrüstung der Gefangenen wurde kurzerhand vor die rollenden Panzerketten geworfen.

In Delligsen war in den Vormittagsstunden des 7. April im Gespräch: Heute kommen die Amerikaner. Einmal kamen noch deutsche LKWs mit Gefangenen durch den Ort. Ein Russe, der vom Wagen gesprungen war und im Eingang eines Hauses Schutz suchte, wurde erschossen. Er war auf Anruf nicht stehengeblieben. Gegen 13 Uhr kamen die ersten Amerikaner in den Ort und besetzten zahlreiche Häuser.

Am Osthang des Duinger Berges liegt der kleine Ort Rott. Die Amerikaner waren schon über Marienhagen durchgestoßen. Der Bürgermeister Glenewinkel beabsichtigte keine Verteidigung und hatte die Waffen des Volksturms bereits abziehenden Wehrmachtseinheiten mitgegeben.
Eine Überraschung für die Dorfbewohner kam am 7. April nachmittags, als ein Traktor (Eigentümer: Bauer Wassmann Deinsen) mit drei Negern und einigen französischen Kriegsgefangenen im Ort erschien und auf dem Hof des Bürgermeisters Glenewinkel hielt. „Du Burmester? Du Pistol!", so wurde der Bürgermeister in seinem Haus hart angesprochen. Als er das verneinte, wurde er von dem Neger mit der Maschinenpistole derart über den Kopf gehauen, daß er zu Boden stürzte. Ihm wurde jetzt deutlich gemacht, daß er bis um 20 Uhr im Ort sämtliche Ferngläser, Waffen und Fotoapparate einzusammeln habe. Die eingeschüchterten Einwohner lieferten prompt alles ab. Als die Neger später zurückkamen, hatten sie eine große Auswahl wertvoller Sachen. Weniger wertvolle Artikel wurden entzweigeschlagen. Die Neger hatten sich inzwischen einen Alkoholrausch angetrunken.
„Meine Frau", so sagt der ehem. Bürgermeister Glenewinkel, „war während dieses Vorganges in die Tür getreten und sah verängstigt dem Treiben der Schwarzen zu. Als diese sie bemerkten, stürzte einer von ihnen auf sie zu. Sie erfaßte sofort die Situation und flüchtete. Der Neger verfolgte sie brüllend, konnte meine Frau aber nicht mehr erreichen. In blinder Wut sandte er ihr daraufhin einige Schüsse aus seiner Maschinenpistole nach, die aber, Gott sei Dank, ihr Ziel verfehlten. Der angriffswütige Neger versuchte daraufhin in der Stube zu plündern, wurde aber in diesem Tun durch einen anderen Farbigen behindert." Der Ort wurde an diesem Tage noch nicht besetzt. Es waren nur räuberische Sonderlinge, die sich von der Truppe entfernt hatten, um sich zu bereichern. Erst zwei Tage später erschien die ordentliche Besatzung.
Auf Stadtoldendorf stieß das 330. CT am 8. April morgens vor. Am Vortag waren dort deutsche Verteidigungskräfte festgestellt worden, ebenso bei Amelungsborn. Ein im alten Kloster Amelungsborn untergebrachtes Verpflegungslager war kurz vor dem Einmarsch der Amerikaner für die Bevölkerung freigegeben worden. Es sprach sich schnell in den umliegenden Dörfern herum. Die Bevölkerung kam mit Koffern und Taschen, um zu holen, was irgend noch zu tragen oder zu fahren war. Im Gewölbe der Klosterkirche zu Amelungsborn befanden sich in

zwei großen Kisten ausgelagerte Wertsachen des ostfriesischen Landesmuseums in Emden: Mittelalterliche Kunst- und Schmuckgegenstände, Ringe, Broschen, Ketten und Diademe, Becher, Schalen und Pokale. Auch hiervon wurden Schmuckstücke entwendet.
Vor Annäherung der Amerikaner wurden in der Nähe des Klosters deutsche Soldaten beobachtet. Aus diesem Grunde hat die Panzerartillerie das Klostergelände beschossen. Die Kirche erhielt auch Treffer. Dabei ist die Turmuhr stehengeblieben und hat die Zeit des Angriffs festgehalten: Zehn Minuten nach 13 Uhr.

Bei Stadtoldendorf war eine Panzersperre am „Bockelberg" errichtet worden. Sechs fast neue deutsche Panzer, aus Holzminden herangeführt, hatten sich nördlich der Stadt im Walde getarnt festgesetzt. Als um 9 Uhr am 8. April 1945 die ersten Panzer in die Stadt einfuhren, bekamen sie aus der Friedhofsnähe MG-Feuer. Dieser leichte Beschuß hinderte sie nicht an der Weiterfahrt. Ein deutsches gepanzertes Fahrzeug (Pz-Spähwagen?) wurde in der Burgtorstraße gesichtet und beschossen, konnte aber noch entkommen. In der Eschershäuser Straße dagegen blieb ein deutscher Panzer liegen und brannte aus. Der Fahrer kam in den Flammen um. Bei diesen Kämpfen fielen in Friedhofsnähe, am Bahnübergang und Ecke Mühlanger/Hoop insgesamt acht Soldaten.
Der Einwohner Karl Blume, der sich auf die Straße gewagt hatte, wurde ebenso vom einfahrenden Panzer beim Friedhof erschossen. Zahlreiche Häuser erlitten durch Beschuß Beschädigungen. Brände entstanden nicht.
Um 12.15 Uhr berichtete die in diesem Raum operierende amer. Einheit: „Auf dem Weg nach Stadtoldendorf vormittags drei bis fünf Panzer zerstört. Negenborn vorhin durch 2. Bn. bereinigt. Dort befand sich heute morgen ein Panzer im Gebirge, nach Mitteilung von verschiedenen Gefangenen. 2. Bn. kam durch Holenberg. Gekämpft direkt südlich Negenborn. Eine Straßensperre war dort außer Gefecht zu setzen nordöstl. des Ortes. Gefangenenbericht zufolge sind 60 Mann im Walde, bewaffnet mit Gewehren. 113. Cav. traf auf Artillerie und Panzerabwehr 700 Yards südöstl. von Wangelnstedt. Um 4 Uhr heute früh fuhr das 3. Bat. in ein Minenfeld. A und Cn. Komp. feuern auf eine gesicherte Stellung. Bombardierungsauftrag vorgesehen. Gefangenenzahl bis 12 Uhr: 44, aber es werden laufend mehr." Am Nachmittag dieses 8. April wird um 14.30 Uhr bei der Siedlung Braak eine Straßen-

sperre und ein Tigerpanzer gemeldet. Soweit die amerikanischen Berichte.

Ein deutscher Unteroffizier, der in diesem Gebiet eingesetzt war, sollte die Straße Negenborn – Golmbach mit einem Unteroffizier, drei Obergefreiten und 30 „Jünglingen" verteidigen. Ihm war auch aufgetragen, die Panzersperre zwischen Lobach und Negenborn zu besetzen und im letzten Augenblick zu schließen. Tatsächlich setzte der Zugführer zwei Gruppenführer mit je zehn Jungen bei Negenborn ein. Er selbst blieb mit den letzten zehn Jungen in Amelungsborn. Dort richteten sich noch 30 SS-Männer ein. Der Einsatz in Amelungsborn wird vom Zugführer wie folgt geschildert:
„Bis um 16 Uhr waren die gegnerischen Truppen bis zum Waldrand zwischen Eschershausen und Stadtoldendorf vorgerückt, und Negenborn wurde bereits mit leichter Artillerie beschossen. Die 30 SS-Männer hatten sich auf dem Gut zur Verteidigung eingerichtet. Immer wieder griffen Sturmgeschützfahrzeuge der Amerikaner an. Die große Flachsdieme auf der anderen Straßenseite, die neben dem Wohngebäude stand, gab dem Angreifer immer wieder Schutz gegen die verbissenen Deutschen. Die vor dem Eingang des Gutes stehenden großen Bäume an der Straße wurden bei jeder sich bietenden Gefechtspause, die oft nur einige Minuten dauerte, als Straßensperre umgelegt. Ich selbst befand mich den ganzen Nachmittag im Gut und stellte mich dem bereits schwerverwundeten Wehrmachts-Hauptmann zur Verfügung. Er lehnte jede Hilfe der Kinder ab, nachdem ich ihm meine ‚Truppe' eingehend geschildert hatte. Doch lobend sprach er immer wieder von dem Mut der kleinen Kerls, die helfend besorgt um die Verwundeten sich bemühten. Die letzten Granatwerfer waren bald ohne Munition, lediglich noch ein schwerer war einsatzfähig. Ununterbrochen, fast alle 10 Minuten griff der Gegner mit immer wieder erneuter Zähigkeit an, als wolle er uns keinen Augenblick Ruhe gönnen. Nicht minder aber sind unsere deutschen Verteidiger, die alles tun, um nur ja noch die Dunkelheit der Nacht für sich erkämpfen zu können. Denn bei einbrechender Dunkelheit sollte sich erst abgesetzt werden, um der Gefangenschaft zu entgehen. Zum Solling war noch ein rettender Ausweg frei. Ein kampflos geschossener Panzerwagen – ein Sturmgeschütz des Gegners – lag an der Abzweigung nach Stadtoldendorf unmittelbar hinter dem Gut. Auch diesen nahmen sich die Gegner bei einem der immer wiederkehrenden Angriffe mit. Kein feindlicher Soldat fiel während der mindestens über 25 Kleinangriffe in unsere Hand. Doch

unsererseits mußte mancher Kamerad den Weg als Verwundeter nach drüben antreten. Human war der Gegner trotz seiner Verbissenheit und stellte sich in einem Fall mit seinem Panzerwagen schützend vor einen liegengebliebenen deutschen Kameraden, um ihn während des Gefechtes vor weiteren Schäden zu bewahren. Er hißte die weiße Flagge, nahm ihn auf und fuhr mit ihm zurück."

Als gegen 20 Uhr der Kampf seitens der Amerikaner eingestellt wurde, hatten die Deutschen ihre Munition verschossen. Nur noch einige Pistolenschüsse waren vorhanden, der letzte Granatwerfer war ausgefallen, und auch Karabinermunition gab es nicht mehr.

Als die Dunkelheit angebrochen war, wurde das Gut noch einmal mit Leuchtspurmunition beschossen. Die Flachsdieme geriet dadurch in Brand und leuchtete weithin. Dann war endgültig Ruhe. Sämtliche Soldaten zogen sich in der Dunkelheit zurück. Das Gut brannte zum Teil, und man hörte weithin noch die brüllenden Kühe. Die Besetzung dieses heißumkämpften Abschnittes erfolgte am nächsten Vormittag (9. April) ohne geringsten Widerstand.

Eschershausen und andere Orte in dem hier beschriebenen Raum zwischen Weser und Leine waren zwar mit Straßensperren versehen, aber eine Verteidigung fand nicht statt. Colonel Smith, der mit seinem 331. Inf.-Regiment bei Polle über die Weser gekommen war, konnte einige Orte mit seinem Jeep passieren, die noch nicht besetzt waren, aber die weiße Fahne zeigten. „Er konnte keine Kapitulation annehmen, so schnell kam er durch", wurde am Abend berichtet. Die Sperre

In Polle übergesetzte Truppen stießen über Bevern nach Holzminden vor. Hier wird bei Domäne Allersheim eine Straßensperre beseitigt. Sie besteht aus Baumstämmen und einer Minenfalle.

bei Wangelnstedt jedoch wurde kurz verteidigt, als die Amis dort erschienen. Ein amerikanischer Panzer brannte aus, er war mit der Panzerfaust erledigt worden. Der Schütze mußte diesen Einsatz anschließend mit seinem Leben bezahlen.

Holzminden: Eine Gruppe amerikanischer Landser am Haarmannplatz. Das im Dritten Reich aufgestellte Denkmal (links im Bild) ist nach Kriegsende entfernt worden.

Das 3. Bataillon des 331. Regiments drang gegen 8 Uhr von Bevern aus nach Holzminden vor, das vom Westen wegen der gesprengten Brücke nicht besetzt werden konnte. Wehrmachtseinheiten gab es nicht mehr in der Stadt, die waren im Solling untergetaucht. Diese im Hinterland liegende Enclave konnte ohne Todesopfer besetzt werden. Vom Solling her war zwar noch vereinzelt Gewehrfeuer und Kanonendonner zu hören, aber für die Holzmindener war der Krieg beendet. Amis liefen von Haus zu Haus, durchsuchten Wohnungen und ließen auch einiges mitgehen. Auf dem Haarmannplatz wurden vorbeikommende Zivilisten kontrolliert. Darunter befand sich auch der 15 jährige Wilhelm Knoop, der seinen Jungvolk-Ausweis zeigte (siehe Bild, „Ich wußte gar nicht, daß ich fotografiert worden bin", sagte er nach 35 Jahren). Die Amerikaner nahmen mehrere Passanten in ihr Quartier in der Mittleren Straße mit, auch Wilhelm Knoop. Bis in die Mittagsstunden mußten die Männer Aufräumungsarbeiten ausführen. Sie wurden dann mit einem „go on" entlassen.
Zurück blieb in Holzminden ein Stab, der mit deutschen Hilfspolizisten zusammenarbeitete, das 331. Regiment folgte den Vorausabteilungen in den Harz.

Unmittelbar nach der Besetzung der Stadt Holzminden (9. April 1945) fand gegen 9 Uhr eine Ausweiskontrolle am Haarmannplatz statt. Der 15jährige (Bildmitte) wurde anschließend in einer Kommandantur vernommen und bis mittags gefangengehalten. Er ist der jetzige Oberstudiendirektor Wilhelm Knoop.

Die gesprengte Weserbrücke in Holzminden. Die Stadt wurde erst am 9. April 1945 besetzt, und zwar durch die 331. Kampfgruppe. Sie hatte in Polle die Weser überschritten und war über Bevern in die Stadt eingedrungen.

(Foto: Fa. Foto-Liebert, Holzminden)

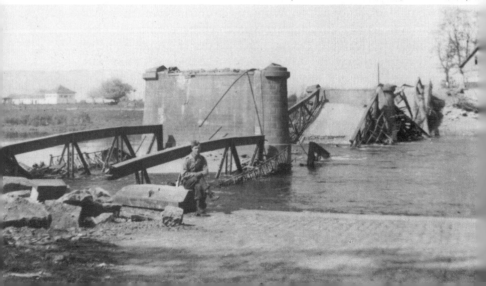

Lt.Col. Leniel E. MacDonald
2nd Bn Cmdr.

Lt.Col. Frederick J. Bailey
3rd Bn Cmdr.

Lt.Col. Martin L. Kuhlman
1st Bn Cmdr.

Maj. Kenneth L. Scott
1st Bn Exec Off.

Maj. William W. Sellers
3rd Bn Exec Off.

Maj. Lawrence A. Laliberte
2nd Bn Exec Off.

Batt.-Kommandeure des 331. Combat Teams (Inf.-Reg.). Ihr Operationsgebiet reichte zum Zeitpunkt des Weserübergangs – 7./8. April 1945 – von Brevörde bis Höxter einschließlich. Anschließend führten sie ihre Truppen über Eschershausen, Stadtoldendorf und Alfeld/Leine.

Alliierter Vorstoß im Weserbergland am 8. April 1945.

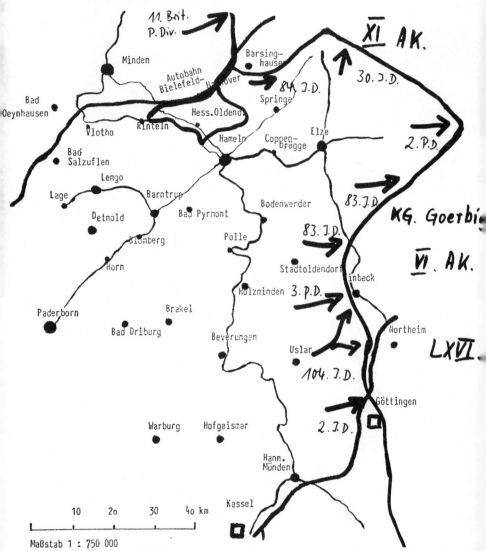

Es hatte sich ein Kessel im Raum Rinteln – Steinbergen – Hess. Oldendorf und den Weserbergen gebildet. Am 10. April 1945 erfolgte der Vorstoß von Steinbergen aus. Nach der kampflosen Übergabe von Hess. Oldendorf am 11. April wurde auch dieses Gebiet besetzt.

Besichtigung der soeben besetzten Fabrikationsanlagen in Holzen bei Eschershausen (83. US-Inf.-Div.). Hier wurden Flugzeugteile und Kurbelwellen für U-Boot-Motore hergestellt.

Alfeld sollte „bis zum letzten Mann" verteidigt werden.

Im März/Anfang April 1945 befand sich in Alfeld ein Ausbildungs- und Ersatzbataillon des Waffen-SS-Regiments „Wallonien". Es handelte sich hauptsächlich um Wallonen, die sich freiwillig zur Waffen-SS gemeldet hatten. Ihr Kommandeur wurde am 30. März 1945 (Karfreitag) beim Alfelder Bürgermeister Dr. Siegmund vorstellig, um mit ihm die Verteidigung der Stadt Alfeld zu besprechen. Es war die Rede von 10000 anzufordernden Papiersandsäcken und vom Bau der Panzersperren im Stadtgebiet. Der Bürgermeister erkannte Gefahr für die

Stadt, konnte aber dem SS-Kommandeur noch nicht ernsthaft widersprechen.
Am 3. April 1945 stationierte sich noch eine SS-Einheit aus Braunschweig in Alfeld. Ihr Standartenführer hatte dem Bürgermeister erklärt, daß seine Leute zurückflutende Truppenteile aufzufangen und Kampfverbände zu bilden haben. Westlich Alfeld solle eine Verteidigungslinie eingerichtet werden. Diese Einheit setzte sich aber in der Nacht zum 5. April 1945 nach Gandersheim ab, ohne aktiv in Erscheinung getreten zu sein. Auch die Wallonen verließen zum größten Teil Alfeld. Es befand sich jetzt nur noch eine Landesschützenkompanie im Gasthaus „Hörsumer Tor". An diesem 5. April entschied der neue Landrat des Kreises, Oberregierungsrat Bernhard, daß sich auch die leitenden Beamten der Stadtverwaltung abzusetzen hätten. Der Bürgermeister erwiderte ihm, daß er nur durch seine Anwesenheit Blutvergießen verhindern könne. Am nächsten Tage (6. April) hielten der Bürgermeister, der Kampfkommandant und der Kreisleiter der NSDAP, Kurt Koch, eine Lagebesprechung ab. Sie waren sich sämtlich darüber einig, daß eine Verteidigung unsinnig sei. Die Volkssturm- und Hitlerjugendeinheiten sollten aufgelöst werden.
Der Bannführer von Alfeld betrieb aber noch die Ausbildung von etwa 200 HJ-Angehörigen in den Unterkünften bei der Badeanstalt. Zu Ostern 1945 waren sie einberufen worden und wurden in Waffen-SS-Uniformen gesteckt. Jeder „Soldat" erhielt einen Karabiner und drei Handgranaten. Die vorhandenen 30 Panzerfäuste mußten aufgeteilt werden. Das Lager unterstand wirtschaftlich der HJ, die Ausbilder waren aber Wehrmachtsangehörige (Feldwebel, Unteroffiziere des Heeres, vorübergehend auch der Waffen-SS). Der Bannführer, vor dem Kriege Sportlehrer der Hitler-Jugend, war im Rußland-Feldzug Leutnant geworden, erhielt das EK II, das Infanterie-Sturmabzeichen und das Verwundetenabzeichen. Im Jahre 1943 wurde ihm, als er im Begriff war, eine Handgranate abzuziehen, durch einen Granatsplitter der linke Arm völlig weggerissen. Nach seiner Genesung wurde er zum Leiter von Wehrertüchtigungslagern ausgebildet. Als solcher war er zuletzt in Alfeld eingesetzt und erhielt auch 1944 die kommissarische Leitung des Bannes Alfeld der HJ übertragen. Anfang April 1945 erteilte das Stellv. Generalkommando XI AK in Hannover den Befehl, aus den ihm unterstellten Angehörigen des Wehrertüchtigungslagers eine Panzerjagdeinheit aufzustellen. Diesem Befehl war Bannführer P. nachgekommen.

Offiziere einer Kampfgruppe setzen im Weserbergland mit dem Floß über. Am 3. April 1945 wurden vom Generalkommando XI (Hannover) Richtlinien zur Versorgung der Weserlinie herausgegeben.

Als die Lage bedrohlicher wurde und der Feind nach Gesprächen bereits die Weser überschritten hatte, wurden die Eltern der Hilerjungen besorgt. Am Freitag, dem 6. April, hatten sich einige Mütter der Jungen vor dem Tor des Wehrertüchtigungslagers eingefunden. Die kriegsmäßig ausgerüstete Kompanie wollte gerade mit der Bannfahne in die Stadt Alfeld marschieren. Die Eltern erschraken; sie hatten ihre Jungen in dieser Aufmachung noch nicht gesehen. Sie vergaßen, die Hakenkreuzfahne zu grüßen. Der Bannführer schrie die Mütter aus diesem Grunde an. Auf dem Marktplatz wurde den jungen Soldaten nochmals eindringlich erklärt, daß Alfeld „bis zum letzten Mann" verteidigt werde. Am selben Abend führte dieses „Panzerjagdkommando" noch ein bewaffnetes Stoßtruppunternehmen nach Elze durch. Feindberührung hatten sie nicht, obwohl zu dieser Zeit in dem Raum die 2. US-Pz.-Div. operierte und auch ab 21 Uhr die Stadt Elze besetzte. Am nächsten Morgen (7. April) hatte ein Teil der jungen Soldaten mit ihrem Bannführer die erste Feindberührung. Sechs Soldaten unter Führung eines Luftwaffen-Unteroffiziers waren zur Limmerburg kommandiert. Dort trafen sie auf ihren Bannführer mit zehn Wehrmachtsangehörigen.

Von hier sollte ein weiteres Unternehmen gestartet werden. Es wurde versucht, Fahrzeuge anzuhalten, damit sie und ihre Waffen transportiert werden konnten. Als niemand anhielt, wurde einmal von ihnen ein LKW beschossen.

Bürgermeister Dr. Siegmund hatte von diesem bevorstehenden Einsatz Kenntnis erhalten. Um ihn zu stoppen, entsandte er den Polizeileutnant Barleben und einen weiteren Polizeibeamten. Diese erklärten dem Bannführer, daß Alfeld sich kampflos ergeben wolle, nannten aber nicht ihren Auftraggeber, den Bürgermeister. Vor Wut sprang der Bannführer auf und schoß eine Panzerfaust in Richtung der Polizisten ab. Das Geschoß schlug ca. zehn Meter neben den Beamten in die Erde. Sofort zogen die Beamten ihre Pistolen, die Soldaten legten ihre Karabiner an. Darauf erklärte der Bannführer, daß sie zunächst den Rückzug nach Alfeld antreten würden. „Die Polizei leistet Widerstand". Weitere Befehle sollten abgewartet werden.

Auf dem Rückweg fuhren einige Jungen mit einem fremden Wehrmachts-PKW mit. Ein darin befindlicher höherer Offizier der Luftwaf-

Am 8. April 1945 in Alfeld/Leine: „Wir konnten endlich eine Ruhepause einlegen", berichteten die Amerikaner. Die Stadt wurde ohne Widerstand genommen. Soldaten der 83. US-Inf.-Div. vor einem Sherman-Tank.

fe ließ sich ihre „Geschichte" erzählen. Danach zur Einsicht gekommen, nahm er ihnen die Waffen ab und sagte, daß sie so schnell als möglich nach Hause laufen sollten. Diesem Befehl sind sie nachgekommen. Ein anderer Teil der Jungen befand sich aber noch in der Befehlsgewalt des Bannführers. In der Stadt stellte er noch fest, daß ein ihm unterstellter Stabsfeldwebel ohne sein Wissen einen Zug nach Haus entlassen hatte. Sehr erregt rannte Bannführer P. mit einigen HJ-Angehörigen zum Bürgermeister und richtete die Pistole auf ihn: „Warum hindern Sie mich an der Verteidigung der Stadt?" Die ruhige Aufforderung des Bürgermeisters, erst einmal die Waffen wegzustellen und sich zu setzen, machte sie unschlüssig. Zufällig trat auch noch der Leiter des Ernährungsamtes, Henke, ins Zimmer. Es wurde nunmehr eine Unterhaltung geführt, worin letztlich allseitig Einigkeit bestand, daß eine Verteidigung Alfelds nicht erfolge. Auf dem Flur hat der HJ-Führer doch noch gerufen „Diese Memmen, diese Feiglinge!" Danach hat er mit seinen Jungen Alfeld verlassen.

Für den Nachmittag (7. April) war eine Gruppe in Stärke von 10 bis 15 Mann des WE-Lagers von ihrem Bannführer nach Everode beordert worden. Als diese im Ort lagerten, um zu warten, war unter den Einwohnern das Gerücht aufgekommen, daß der Ort verteidigt werden sollte. In Wirklichkeit waren derartige Befehle nicht gegeben worden. Auch der Bürgermeister von Everode, Strottmann, hörte von dieser angeblich beabsichtigten Verteidigung. Er wollte diese unter allen Umständen verhüten und trat deshalb zu der Gruppe und sagte, der Ort würde nicht verteidigt. Sie sollten den Ort verlassen und vor dem Dorf auf ihren Führer warten. Er sagte auch, die Jungen sollten zu ihrer Mutter gehen und sich an deren Schürzenzipfel hängen. Die Jungen weigerten sich zunächst, den Ort zu verlassen. Einer von ihnen nannte den Bürgermeister einen Feigling. Darauf sagte der Bürgermeister: „Dummer Schnuttjunge, raus hier!" Er hielt zwei mit Polizei besetzte LKW an, um durch die Polizisten die Jungen aus dem Dorf entfernen zu lassen. Diese lehnten das aber ab. Erst als er den Volkssturm anrufen lassen wollte, verließen die Jungen ihren bisherigen Lagerplatz und zogen in Richtung Dorfausgang. Mehrere Einwohner und in weiterem Abstand der Bürgermeister folgten ihnen. Ein zu der Gruppe gehörender Wallone (Waffen-SS) gab noch ein oder zwei Schüsse in die Luft ab, als der Einwohner T., der den Jungen folgte, sich weigerte, seine Hand aus der Tasche zu nehmen. Darauf zogen sich die Einwohner und der Bürgermeister zurück.

Am Ortsausgang stieß die Gruppe alsbald auf ihren Bannführer. Aufgeregt wurden ihm die Zwischenfälle geschildert, insbesondere das Verhalten des Bürgermeisters. Die Jungen zogen nun wieder in den Ort. In Nähe des Kriegerdenkmals hielt der HJ-Führer eine Ansprache und erklärte sinngemäß, daß er den Bürgermeister erschießen werde, denn wenn er vor ein Kriegsgericht käme, würde er doch erschossen. Darauf ging Bannführer P. mit drei weiteren Soldaten zum Haus des Bürgermeisters. Dieser stand an der Gartenpforte zu seinem Vorgarten. P. hielt seine Selbstladepistole P 38 in der rechten Hand nach unten, seine Begleiter trugen Karabiner umgehängt. Der Bannführer sagte dann zum Bürgermeister: „Was haben Sie zu meinen Männern gesagt? Feiglinge können wir nicht brauchen!" Der Bürgermeister hob dann die Hand zum Schlage und sagte zu P.: „Du Schnuttjunge." In diesem Augenblick hob der Bannführer die Pistole und schoß. Der Bürgermeister wurde getroffen und sackte zusammen. Danach wurden noch einige Schüsse auf den am Boden liegenden Bürgermeister abgegeben.

Diese Tat kann nur aus der damaligen gesamten Situation heraus verstanden werden. Es war eine aufgeregte Zeit, die immer wieder Leute zu unüberlegtem Handeln verleitet hat. Es sind zahlreiche Selbstmorde geschehen von Menschen, die nach der Besetzung nichts hätten zu fürchten brauchen, nach späterer Erkenntnis! Dem HJ-Führer brachen damals sämtliche Ideale zusammen. Er sah den Feind mitten in Deutschland, für das er seine körperliche Unversehrtheit geopfert hatte. Er stellte fest, daß die Heimatbehörden, an deren Loyalität er bis dahin geglaubt hatte, ihn im Stich ließen. Sogar in seiner Einheit mußte er feststellen, daß ein Unterführer einen Teil seiner Jungen eigenmächtig entlassen hatte. Als nun noch die Geschehnisse in Everode dazu kamen und er dort durch den Bürgermeister selbst beschimpft wurde, geriet er in größte Erregung und beging die unbedachtsame Tat.

Eine Verteidigung des Ortes Everode, das am nächsten Tage besetzt wurde, ist nicht erfolgt. Ob die jungen Soldaten überhaupt noch Feindberührung gehabt haben, ist auch nicht bekannt.* Der Bannführer ist nur noch einmal in Erscheinung getreten: In der Nacht vom 7. zum 8. April erschien er mit einem Oberleutnant, der sich als NS-Führungsoffizier vorstellte, beim Bürgermeister in Alfeld. Es sollte gegen diesen und den Polizeileutnant Barleben ermittelt werden. Wieder gelang es Bürgermeister Dr. Siegmund, die Situation zu retten und erklärte, daß er die Anweisung zur Auflösung der HJ gegeben habe. Barleben habe nur im Auftrage gehandelt. Auch zwei in seiner Wohnung erschienene

Offiziere (Hauptmann und Oberleutnant), die vorgaben, ein Kriegsgerichtsverfahren einleiten zu müssen, konnte Dr. Siegmund beschwichtigen.

Am Morgen des 8. April begab sich der Bürgermeister wieder in das Rathaus. Es war ziemlich still in der Stadt geworden. Die Einwohnerschaft verhielt sich diszipliniert. Erst gegen Mittag rollten die ersten gepanzerten amer. Fahrzeuge des 331. Regiments der 83. Inf.-Div. über die Göttinger Straße in die Stadt Alfeld. Am Stadtrand sprangen Amis mit MGs von den Fahrzeugen und gingen in Deckung. Es blieb ruhig, kein deutscher Soldat oder Einwohner war zu sehen. Erst nach einer Weile gesellten sich 10- bis 12jährige Jungen auf die Straße. Jetzt war auch für die Amis klar, daß hier kein Krieg stattfand. Sogar die Leinebrücke war unversehrt. (Die Anbringung von Sprengkörpern war auch dem Bürgermeister nicht bekannt geworden.)

Auch östlich der Weser beim Vorstoß auf den Harz behindern vom Volkssturm errichtete Straßensperren geringfügig. Hier passiert ein Panzer der 83. US-Division eine Sperre.

Die Besetzung der Stadt erfolgte nach vielen Hausdurchsuchungen. Eine Seite der Göttinger Straße mußte geräumt werden, damit die Amis die Häuser belegen konnten. Sie setzten sich sofort in die Fensterbänke und ließen ihre Beine auf die Straße baumeln. Eine große Hakenkreuzfahne, die sie irgendwo gefunden hatten, hing tagelang vom Haus herunter.

Am Nachmittag mußten die Amis noch einmal in Deckung gehen, als ein deutsches Jagdflugzeug „Me 109" im Tiefflug über Alfeld hinwegfegte und auf die Fahrzeuge schoß. Bekannt geworden ist nur eine Verwundung eines amer. Soldaten. Das Flugzeug soll alsbald danach in der Umgebung gelandet sein. Einwohner halfen dem Piloten zur Flucht. Die ereignisreichen Tage waren mit dem Sonnabend, dem 8. April, für Alfeld nicht vorüber, aber vor Kampfhandlungen brauchte sich die Einwohnerschaft nicht mehr zu fürchten. Ohne Verluste auf beiden Seiten war die Stadt besetzt worden. Das 331. Regiment schreibt in seiner Kriegsgeschichte, daß sie hier die erste Atempause nach sechs harten Tagen und Nächten einlegen konnte. „Wenn wir eine Stunde auf LKWs oder haltenden Panzern schlafen wollten, fuhren sie an. Wir waren müde Männer, als wir bei Hamm, Polle und Höxter kämpften, aber unser Mut verließ uns nicht."

Am nächsten Morgen, dem 9. April 1945, fand die erste Besprechung im Rathaus mit Besatzungsoffizieren statt. Ein geladener Einwohner erhob in alter Gewohnheit die rechte Hand zum Gruß, wie im Dritten Reich üblich. Glücklicherweise konnte der amerik. Major darüber noch lachen. Es wurden die ersten Vorkehrungen getroffen, damit in der Stadt wieder alles weitergehe. Die Bekanntmachungen, insbesondere über die Sperrzeiten, wurden ausgehängt. Deutsche Hilfspolizisten wurden bestellt. Es waren Einwohner, die im III. Reich politisch nicht in Erscheinung getreten sind.

Kampfhandlungen im Solling und die Besetzung von Einbeck. (Weserübergang Gieselwerder)

Neben dem Weserübergang bei Beverungen wurde auch in Gieselwerder an der gesprengten Brücke ein Übergang aus Pontons geschaffen. In den Vormittagsstunden des 8. April 1945 setzte die 104. US-Division über. Im nächsten Ort Lippoldsberg stieß sie auf ca. 25 bis 30 Soldaten der Kampfgruppe Holzer, die im Sennelager aufgestellt worden war. Die jungen Waffen-SS-Angehörigen waren gut ausgerüstet und kämpften bis in die Abendstunden. Teile der amerik. Einheit umgingen den Ort, um nach Bodenfelde zu gelangen. Auch hier waren SS-Angehörige und wehrten sich ebenso hartnäckig. In Lippoldsberg waren am Abend zwölf Soldaten gefallen, der jüngste davon im Alter von 17 Jahren. Die Amerikaner sollen 40 bis 50 Tote gehabt haben. Bodenfelde wurde gegen 18 Uhr besetzt. Sieben Soldaten, die dort gefallen sind, ruhen jetzt auf dem Soldatenfriedhof in Salzderhelden. Der jüngste SS-Schütze starb dort mit 16 1/2 Jahren.
Unter den Gefallenen in Bodenfelde befand sich ein „unbekannter Soldat". Angehörige eines SS-Uscha. Günter Stoffmeister (geb. 1922) suchten noch 20 Jahre nach Kriegsende nach ihrem Vermißten. Als letzte Nachricht war angegeben: „Bodenfelde/Weser".
Wiensen bei Uslar erreichten die Amerikaner am 8. April. Hier hatten sich einige Wehrmachtsangehörige zur Verteidigung festgesetzt. Bei dem Gefecht fielen fünf Soldaten: Schütze Heinz Prancer, Schütze Günther Siewert aus Stargard, Grenadier Hans Beckmann aus Ibbenbüren, ein unbekannter Soldat und Leutnant Maack aus Hamburg. (Inzwischen ist Beckmann in seine Heimat überführt und die anderen nach Salzderhelden umgebettet). Der Ort wurde mit Panzergranaten beschossen. Dabei gerieten fünf Scheunen in Brand.
Der Ort Sohlingen wurde ebenfalls mit Brandmunition beschossen. Hier fielen neun Gebäude den Flammen zum Opfer.
Verwundete aus diesen Kämpfen in den Sollingdörfern (Wiensen, Sohlingen und Bodenfelde), zusammen zwölf Soldaten, wurden in Uslar vom Roten Kreuz in einem schnellstens eingerichteten Hilfslazarett in der Landwirtschaftlichen Winterschule versorgt. Sie gerieten dort am nächsten Tag in Gefangenschaft.
Die ehemalige Kreisstadt im Solling, Uslar, war während des Krieges noch verschont geblieben. Nur zum Kriegsende wurde das Leben be-

In Uslar (Solling) wurde ein großes Verpflegungslager kurz vor der Besetzung aufgelöst. Die Ausgabe mußte zeitweilig eingestellt werden, da die Menschenmenge das Lager stürmen wollte.

unruhigend. Am 6. April hatte der Bürgermeister Dauer bereits das Reservelager der Organisation Todt in der „Auschnippe" zur Verteilung an die Bevölkerung freigegeben. Es war noch unbekannt, was sich im Lager befand. Jeder Haushalt bekam eine bestimmte Menge. Hauptsächlich Lebens- und Genußmittel kamen zur Verteilung, dann Stiefel, Wäsche, Tabakwaren und Likör. Der Vorrat war so groß, daß am nächsten Tag noch verteilt wurde. Die Menschenmenge wollte einmal die Verteiler überrennen und sich selbst bedienen. Einige SS-Offiziere, die von der Straße den Lärm hörten, beschlossen, dem Trubel ein Ende zu bereiten. Sie bildeten eine Kette, verlängert mit Schulterriemen, und drängten die Menschen aus dem Raum. Die Bevölkerung brach gerade einige Kisten auf, um diese auszurauben. Nachdem Schreckschüsse abgefeuert waren, war der Raum in Kürze leer. Nach einer Stunde Wartens wurden die Leute wieder bedient, unter Aufsicht der Soldaten nach Haushaltskarten. Auf dem „Ziegenbusch" wurden zu gleicher Zeit Tau-

sende von Litern Doppelkorn verkauft. Die Menschen achteten kaum auf die zahlreichen Tiefflieger, die gerade die Wehrmachtsfahrzeuge auf den Straßen angriffen. Ein LKW mit Wurst und Fleisch wurde nur 200 Meter entfernt in Brand geschossen.
In Uslar stellten sich am 8. April vier oder fünf Tiger-Panzer der Kampfgruppe Holzer bereit. Sie standen auf der Sohnreystraße, da sie von hier die Wienser Straße leicht unter Feuer halten konnten. Angehörige der Waffen-SS hatten sich in der Verlängerung der Sohnreystraße bis zur Höhe in Schützenlöchern festgesetzt. Weit mehr Soldaten lagen auf dem Wiensener Berg bis Reitliehausen. Für die Versorgung der Soldaten war gut gesorgt, das Rote Kreuz kochte für sie, die Werksküche der Firma Ilse & Co. stellte Essen bereit, und die Bäcker und Schlachter spendierten ihre Erzeugnisse. Vom Bürgermeister Dauer bereitgestellter Bohnenkaffee wurde kannenweise zu den jungen Soldaten in die Kampflinie gebracht.
In der Mittagszeit (8. April) begann heftiger Gefechtslärm. Heulende Geschosse flogen über Uslar hinweg. Wer sich auf die Straße wagte, mußte von Hauseingang zu Hauseingang springen. Nach einiger Zeit wurden leicht- und schwerverwundete Soldaten zur Rote-Kreuz-Station gebracht.
Die Nacht zum 9. April sollte die unruhigste für die Stadt Uslar werden: Zwischen 3 und 4 Uhr befanden sich im Rathaus Bürgermeister Dauer, einige Ratsherren und mehrere Bürger. Sie besprachen die ernste Lage, sie wollten unnötiges Blutvergießen vermeiden. Plötzlich wurde die Tür des Sitzungszimmers aufgerissen, herein trat ein Angehöriger der Waffen-SS und feuerte auf den Bürgermeister Dauer. Die Kugel streifte das rechte Ohr und schlug in die Wand. Eine hinzukommende DRK-Schwester schrie er an: „Kommen Sie nur herein, sie gehören wohl auch zu der Gesellschaft!" Der Bürgermeister mußte sich mit seinen Männern mit dem Gesicht zur Wand stellen, die Hände erhoben. Drei SS-Männer mit Pistolen in den Händen standen dahinter. Da der Ortskommandant geholt werden sollte, rührte sich zunächst nichts. Herr Dauer fragte, was man ihnen denn vorwerfe. Die Antwort war: „Verrat, Du mein Gott!" Danach wieder Schweigen. Einige ältere Herren konnten in dieser Stellung nicht länger aushalten. Die DRK-Schwester durfte einen Schluck Wasser bringen. So lockerte sich die Aufstellung allmählich. Der SS-Hauptscharführer kam alsbald mit dem Ortskommandanten. Jetzt konnte der Fall untersucht werden. Der SS-Hauptscharführer berichtete: „Unsere Leute lagen gruppenweise am Wien-

sener Berg in Stellung. Die Seitensicherung hatte der Uslarer Volkssturm, ungefähr 40 Mann (360 Mann gehörten zum Soll). Da ist ein Mann gekommen mit dem Auftrag, der Bürgermeister ließ sagen, der Volkssturm sollte sich zurückziehen. Uslar würde nicht verteidigt. Darauf war der Volkssturm zurückgegangen. Der Ami hat das sofort gemerkt und sich in die Lücke geschoben. Ehe unseren Leuten klar war, was gespielt wurde, war die am weitesten rechts stehende SS-Gruppe umzingelt und gefangengenommen. Erst durch Handgemenge sind die übrigen Gruppen aufmerksam geworden und dem gleichen Schicksal entgangen." Die Verteidigung des Bürgermeisters ging dahin, daß er die Anweisung zum Rückzug nur gegeben habe, da nach erhaltenen Äußerungen die Soldaten auch ausgewichen seien. Er wollte den Volkssturm retten, da dieser nicht uniformiert und als Partisanen hätte behandelt werden können. Danach war noch zu klären, wer die Parole des betreffenden Tages verraten habe. Davon war den Ratsherren bisher nichts bekannt. Es wurde geforscht und eine Frau herangeholt. Sie gab zu, die Parole gehört zu haben, als der SS-Hauptscharführer sie den Essenträgern sagte. Der Verräter wäre dann fast gefaßt worden, wenn er nicht getürmt und vom Dunkel der Nacht verschluckt worden wäre. Es wurde noch hinter ihm hergeschossen. Als Verdächtiger war ein achtbarer Uslarer Bürger erkannt worden.

In diesen frühen Morgenstunden fuhren Tierarzt Dr. Bauer und Fabrikant Karl Ilse mit dem PKW zum Donnershagener Forsthaus, wo sich der Abschnittskommandant befand. Sie baten ihn, die Truppen zurückzuziehen und Uslar nicht zu verteidigen. Der Kommandeur lehnte ab.

Der SS-Hauptscharführer, der auf den Bürgermeister geschossen hatte, erschien gegen 4.30 Uhr wieder am Rathaus und rief: „Schwester, Verbandszeug, aber schnell!" Er ging in das Sitzungszimmer des Rathauses, während die DRK-Schwester Verbandszeug holte. Mit blutüberströmtem Gesicht und blutigen Händen saß er dort und begann seine Geschichte zu erzählen: „Ich hatte vorhin, als wir die junge Dame aus dem Luftschutzkeller holten, dem Führer der fremden SS-Gruppe gesagt, sie möchten sich sofort fertig machen und auf dem Rathaus melden, damit sie für den ausgefallenen Volkssturm eingesetzt werden könnten. Nach einer Stunde waren sie noch nicht hier. Da ging ich hin, um sie zu holen. Sie dachten gar nicht daran zu kommen und schliefen wieder. Da packte mich die Wut. Mit einem Schuß vor die Füße weckte ich den verantwortungslosen Führer. Er entschuldigte sich und seine

Leute mit Übermüdung und erklärte ganz offen, daß er gar nicht daran dächte, sich jetzt noch für nichts und wieder nichts abknallen zu lassen. Da wollte ich dem Fahnenflüchtigen seinen Lohn geben. Ich hob die Waffe – Ladehemmung –, weil ich wegen meines gebrochenen Fingers nur mit dem Mittelfinger abziehen konnte. Diesen Vorteil erfaßte der andere sofort, riß mir die Pistole am Lauf aus der Hand und knallte mir den Kolben mehrmals rechts und links um den Schädel." Seine Kameraden, die ihn sahen, waren fassungslos: „Alles haben wir zusammen gemacht, immer ist es gutgegangen. Jetzt gehst Du mal allein, muß Dir das passieren." Der SS-Hauptscharführer mußte beruhigend auf seine aufgebrachten Kameraden einreden, danach ging er mit in die Unfallhilfsstelle. Die Haut am Kopf war an mehreren Stellen lang aufgeplatzt. Schweigend ließ er sich waschen und verbinden. Plötzlich brach ein lautes Lachen aus ihm heraus: „Stellen sie sich das mal vor, Schwester! Jahrelang im Felde gestanden, jahrelang, immer da, wo es am dicksten war, immer gut durchgekommen, wozu? Um jetzt hier in der Heimat von einem pflichtvergessenen Kameraden zusammengeschlagen zu werden. Wenn man da nicht wahnsinnig werden will, kann man eben nur darüber lachen, nichts als lachen." Die DRK-Schwester, die das Lachen nicht mehr hören mochte, gab ihm eine Flasche Eierlikör. Er trank sie halb aus. Seine „Jungens" schliefen oben in der Wachstube, er setzte sich dazu. Dann hörte man in Uslar nichts mehr von ihm. Sein „Tiger" soll im Harz erledigt worden sein. Die Besatzung kam ums Leben.

Bürgermeister Dauer hatte nach stundenlangen Verhandlungn mit seinen Leuten das Rathaus am frühen Morgen verlassen dürfen. Der Kommandant hatte noch versichert, daß Uslar mit dem Volkssturm bis zum letzten Schuß verteidigt werden würde. Das sprach sich in der Stadt schnell herum. Den ganzen Vormittag waren Einwohner mit Sack und Pack unterwegs, um im Walde Schutz zu suchen. In der Mittagszeit hatten sich die meisten deutschen Soldaten aber abgesetzt. Vormittags war von den vorhandenen fünf Tigern bereits ein nicht fahrbereiter (Motordefekt) von Tiefffliegern zerstört worden. Die zwei letzten Tiger-Panzer fuhren gegen 14 Uhr in Richtung Osten.
Es war ruhig in der Stadt geworden. Nur das Brummen des amer. Aufklärers war zu hören. Er kreiste einige Male über der Stadt, um festzustellen, ob Verteidigungsmaßnahmen zu erkennen waren.
In den Nachmittagsstunden rückten die Amerikaner in Uslar ein. Der Bürgermeister Dauer stand vor dem Rathaus. Er wurde zunächst mit

auf ihn gerichteten Waffen von amer. Soldaten in Schach gehalten. Nach späterer Unterredung mit dem Kommandanten durfte der Bürgermeister weiterhin die Stadt verwalten.

Eine Abteilung der vordringenden Amerikaner hielt sich in Uslar nicht länger auf, sondern befuhr ohne Widerstand die Straße in Richtung Hardegsen und besetzte noch am 9. April nacheinander Bollensen, Volpriehausen, Schlarpe, Lichtenborn und Ellierode. Bei der Besetzung von Hardegsen (9. April) wurde ein Zivilist (Fröhlich aus Trögen) in der Bahnhofstraße erschossen. Auch ein Soldat mußte sein Leben lassen (Fr. Menschenmoser aus Meersburg/Bodensee) und wurde auf dem Friedhof beigesetzt.

In Moringen hatte eine deutsche Einheit an diesem Tage noch eine Panzersperre bauen wollen. Es wurden nur Bäume herangefahren. Die Ereignisse überstürzten sich, so daß die Sperre nicht fertig wurde. Gegen Abend wurde Moringen besetzt.

Seit Ostern war auch Nienhagen (Krs. Northeim) täglich von zurückflutenden Wehrmachtsfahrzeugen berührt worden. In allen Scheunen und Schuppen hatten LKWs und PKWs Deckung gesucht. Danach kam auch noch deutsche Artillerie. Der Kommandeur gab dem Bürgermeister Auftrag, die Straße nach Moringen durch eine Panzersperre zu

Als das letzte Geschoß das Rohr verlassen hatte, setzte sich die „Tiger"-Besatzung ab. (Kampfraum Weserbergland – Solling)

blockieren. Zunächst lehnte dieser ab. Es wurde nunmehr eine Frist bis 16 Uhr gesetzt, anderenfalls der Bürgermeister „an die Wand gestellt" würde. Der Offizier wies darauf hin, daß das mit ihm auch geschehen würde, wenn er Befehle nicht ausführe. Nunmehr ließ der Bürgermeister Fichten an die Straße rücken. Fertig geworden ist die Sperre nicht mehr; die Artillerie-Abteilung rückte ab. Nur zwei Geschütze blieben zurück. Der Feind soll zu dieser Zeit bereits im Raum Ellierode und Fredelsloh-Markoldendorf gestanden haben. Ein Einwohner, Willi Sp., hatte mit dem Offizier reden wollen, damit die Geschütze abgezogen würden. Darauf habe der Offizier auf seine Pistole gewiesen und die entsprechende Aufklärung erteilt. In der Mittagszeit konnte der Bürgermeister Wilhelm Böker mit dem Offizier nochmals sprechen. Nach einer Stunde setzten sich auch die beiden letzten Geschütze ab, und zwar zum Oldenröder Wald. Am gleichen Abend gab es aber im Ort einen weiteren Zwischenfall: Es meldeten sich einige deutsche Soldaten beim Bürgermeister und verlangten acht Fahrräder oder Motorräder mit der Begründung, sie wollten Verwundete holen. Da offensichtlich war, daß sie die Fahrzeuge nur zur Flucht haben wollten, bekamen sie keine. Sie drohten, den Bürgermeister niederzuschießen. Auf einem Bauernhof in nächster Nähe standen einige Einwohner, die dem Volkssturm angehörten. In seiner Not rief der Bürgermeister den Volkssturm zusammen. Die Soldaten verließen nunmehr den Ort. Nienhagen wurde am 9. April besetzt, nachdem nur ein gepanzertes Fahrzeug im Ort erschien und die Besatzung durch den Bürgermeister sämtliche Waffen, Ferngläser und Fotoapparate einsammeln ließ. Ein schwerer Angriff am 7. April auf den Bahnhof Northeim ließ die Einwohner noch in große Unruhe versetzen. Es waren 30 Tote zu beklagen. Die Einwohner und zahlreiche Ausländer waren schon seit dem Vortage unterwegs, um große Lagerbestände auf Handwagen und Fahrrädern nach Hause zu bringen. Es gab auch hier alles: Fett, Tabakwaren, Bohnenkaffe, Wein, alles Artikel, auf die im Kriege verzichtet werden mußte. Aus der Rhumemühle wurden Mehl und Zucker säckeweise weggefahren. Die deutschen Soldaten warfen die kostbaren Güter unter die johlende Menge. Die Menschen sind wie eine losgelassene Horde. Es kam fast zur Schlägerei, aber plötzlich gab ein Soldat einen Schuß ab. Dann kam mehr Disziplin auf. Am nächsten Tag, Sonntag, dem 8. April, wurden die Geschäfte in Northeim wieder geöffnet. Die Bevölkerung konnte sich für die ungewisse Zeit eindecken. Am Mittag läuteten die Kirchenglocken; das bedeutete Panzeralarm. Aber noch ist in der Stadt alles ruhig, nur von Ferne ist Geschützfeuer zu hören. Am Spätnachmittag waren wieder beladene Handwagen unterwegs. Diesmal wurden Bestände der Viehverwertung verteilt. Eilig hasteten die Menschen nach Haus, wenn sie etwas erbeutet hatten. Erbsentüten, Nudelpakete und ausgelaufene Zuckersäcke zeichneten den Weg der Plünderer. Der für diesen Montag vermutete Feind kam noch nicht. Tagsüber beherrschten Tiefflieger das Frontgebiet. Erst in der Nacht (9./10. April) gegen 1 Uhr schien die Stadt Northeim für die Amerikaner sturmreif. Eine Panzerspitze drang ein, während der Hauptvorstoß erst am Morgen gegen 9 Uhr erfolgte.

Eine Kampfgruppe bewegte sich von Northeim auf der Reichsstraße 3 nach Edesheim fort. Der Ort wurde aber erst am Mittwoch (11. April) nachmittags gegen 15 Uhr besetzt. Anschließend rollte Panzer auf Panzer durch; die Einwohner kamen zum ersten Mal mit Negern in Kontakt.

In Nörten-Hardenberg waren vier Panzersperren gebaut worden: Im Rodetal (große Kurve), beim Sägewerk Kurre, beim Eiskeller und bei der Burgwirtschaft. Am Mittwoch (9. April) heulten gegen 16 Uhr die ersten feindl. Granaten über den Flecken hinweg. Der Feind stand zu dieser Zeit in Hardegsen (nordwestl.) und in Göttingen (südlich). In der Nacht kam erneut aus nördlicher Richtung Artilleriebeschuß (9./10. April). Zwei Tiger-Panzer befanden sich im Ort, die zunächst zurückschossen. Einige Einwohner baten zunächst die Panzerbesatzungen vergeblich darum, neue Stellungen zu beziehen, damit weiteres Unheil vermieden werde. Die Bevölkerung saß im Keller, als etwa über 200 Granateinschläge den Westteil des Fleckens bedeckten. Ungefähr 100 Gebäude, die kath. Kirche und die kath. Volksschule wurden mehr oder weniger beschädigt. Auch ein Soldat der Waffen-SS erlitt tödliche Verletzungen, wahrscheinlich wurde auch jemand verwundet. Die Besatzungen sprengten ihre Panzer und setzten sich unter Mitnahme ihres toten Kameraden ab. Die Amerikaner stellten ihr Feuer ein, nachdem sie keinen Widerstand mehr feststellten. Gegen 4.30 Uhr (10. April) besetzten die gegnerischen Panzer Nörten-Hardenberg.

In Sievershausen am Solling bezog die Funkabteilung des Stellvertr. Generalkommandos VI aus Münster am 7. April Stellung. Es hatte sich vor dem Feind absetzen müssen. Ein Oberst war mit seinen Leuten ins Pfarrhaus gezogen, der General nahm Quartier auf Gut Friedrichshausen am Sollingrand. Auch hier versuchte der Bürgermeister August

Schwerdtfeger, den Oberst von seinem Vorhaben der Verteidigung abzubringen. Das Gespräch gipfelte in der Drohung, daß der Bürgermeister erschossen werden sollte. Nach einem Gespräch mit dem General ist die Abteilung aber abgezogen.
Aus dem Solling sind die Amerikaner über Abbecke auf Sievershausen am Dienstag, dem 10. April zugestoßen. Ohne Widerstand fuhren die Fahrzeuge nach Relliehausen und Dassel weiter. Ein Einwohner war den Amerikanern mit weißer Fahne entgegengegangen.
Im Nachbarort Dassel, ebenfalls am 10. April besetzt, geschah in diesen Tagen folgendes: Die Einwohner hatten erfahren, daß der Kommandeur einer Waffen-SS-Einheit den Ort verteidigen lassen wollte. Zahlreiche Einwohner gingen darauf zu ihm, um das zu verhindern. Er ließ sich aber von seinem Vorhaben nicht abbringen. Der Befehl zum Bau der Panzersperre mußte ausgeführt werden. An den Ausfallstraßen buddelten die Dasseler somit Deckungslöcher und Panzersperren. Als aber der Feind von Sievershausen und aus der Erholungsheimstraße heranrückte, waren die Stellungen nicht mehr besetzt. Auf einige Soldaten, die in den Wald liefen, wurde noch geschossen. An der Kirche wehte die weiße Fahne. Der Ort wurde widerstandslos besetzt. Die errichteten Sperren mußten die Einwohner auf Anordnung der Amerikaner wieder entfernen.
Die zum Burgberg geflüchteten Einwohner kamen alsbald in den Ort zurück. Schon im 30jährigen Krieg hatte die Bevölkerung vor Tilly dort Schutz gesucht. Es kann wohl als Ironie des Schicksals angesehen werden, daß wenige Jahre vor Kriegsschluß ein Bühnenspiel dort über den Einzug Tillys aufgeführt und dabei auch die Flucht dargestellt wurde.

Ängste um die Erhaltung ihres Ortes hatten auch die Einwohner von Markoldendorf auszustehen. Am zweiten Ostertag (2. April) wurde um 15 Uhr noch eine Kundgebung in der Kirche abgehalten. Sie war überfüllt und mit Fahnen ausgestattet. Volkssturmführer und Ortsgruppenleiter sprachen über Verhaltensmaßregeln für die nächste Zeit. Der Sinn der Reden war: „Es gibt nur zwei Wege: Siegen oder Sterben! Eine Kapitulation kommt nicht in Frage." Mit dem Führergruß wurde diese Kundgebung geschlossen. Im Laufe der nächsten Woche wurden noch vier Panzersperren gebaut: Bei Schmied Dehne, im Bruchtor, bei Eicke und bei Keunecke. Einige Soldaten, die den Ort verteidigen wollen, haben ihr Quartier u.a. im Ratskeller. Ein Major ist der Befehlshabende.

Nachts um 3 Uhr des 9. April wird der Volkssturm in Markoldendorf zusammengerufen. Es sollen Stellungen bezogen werden. Die Leute stehen fassungslos vor ihren Türen und hören aus der Ferne Geschützdonner. Wie sinnlos die Verteidigung, sagen sie sich. Über dem Solling ist der Himmel blutrot. Aber schon um 4 Uhr wird der Volkssturm wieder nach Hause geschickt. Die Soldaten sind nach wie vor mit MGs in ihren Stellungen bei der Bruchmühle und bei einigen Feldscheunen. Sie machen einen müden und abgespannten Eindruck.
Im Laufe des Tages (9. April) verlassen Einwohner den Ort, versehen mit ihrer notwendigsten Habe. In den Geschäften ist noch reger Betrieb. Als gegen 19 Uhr die Soldaten abrücken, werden auf dem Kirchturm zwei weiße Fahnen gehißt. Die Bevölkerung sieht eine Erleichterung in dieser Maßnahme.
Am nächsten Morgen (10. April) gegen 8.30 Uhr nähern sich zwei amer. Panzer und schießen sofort zwei Feldscheunen in Brand. Dort befindliche deutsche Soldaten schießen mit MGs. Die Bruchmühle erhält Treffer durch Sprenggranaten. Am Steinberg gerät Müllers Scheune in Brand. Der Beschuß dauert etwa 20 Minuten. Alsdann fahren die Panzer in den Ort und suchen nach Soldaten. Bei diesem Gefecht sind drei deutsche Soldaten gefallen. Sie wurden am 13. April 1945 auf dem örtlichen Friedhof beigesetzt. Es nahm die ganze Gemeinde teil; Pastor Ziegenmeier und der Kaplan haben die Trauerfeier gehalten.
Den hier beschriebenen Vorstoß im Raum Dassel bis Einbeck und südlich bis Northeim führte die 1. US-Division. In der nördlichen Flanke kämpfte zu ihrer Unterstützung die „4. Cavalry Group". Die Besetzung der Stadt Einbeck sollte für sie einfacher sein als angenommen. Zur Verfügung stand hier ein Bataillon Volkssturm mit etwa 600 Mann. Für diese Einheit waren nur 80 Gewehre und je 10 Schuß Munition und Panzerfäuste vorhanden.
Vom Wehrkreis-Befehlshaber in Hannover, General Lichel, wurde zum Kampfkommandanten von Einbeck der Generalleutnant und Inspekteur des Wehrersatz-Bezirks Hannover, W. Behschnitt, ernannt (Wehrkreiskommando XI). Er bezog deshalb in Einbeck Quartier. Am 6. und 7. April rückte der Amerikaner über Elze nach Hildesheim vor und sperrte der WE I den beabsichtigten Weg nach Gifhorn. In dieser Notlage wurde Gen.Lt. Behschnitt dem Generalkommando VI. AK unterstellt. Dieses kämpfte an der Weser bei Holzminden und hatte in Sievershausen am Solling im Gutsgebäude Fried-

richshausen den Korps-Gefechtsstand. Gen.Lt. Behschnitt mußte sich dort am 6. April morgens persönlich vorstellen. Kommandierender General war General Mattenklott. Ihm wurde die militärische Lage in Einbeck dargestellt: Es waren nur vorhanden der Stab der WE I, ein SS-Lazarett und ein unbewaffnetes Volkssturm-Bataillon. General Mattenklott hatte bereits in der letzten Nacht über die Leine ausweichen wollen, war jedoch durch persönlichen Befehl des Generalfeldmarschalls Kesselring daran gehindert und erneut verpflichtet worden, den Weserabschnitt zu halten. Mattenklott hielt aber angesichts des Vormarsches der Amerikaner auf Eschershausen seine rechte Flanke bedroht und sah späteres Ausweichen über die Leine als gefährdet an. Offensichtlich aus diesem Grunde befahl er dem Gen.Lt. Behschnitt, die Stadt Einbeck mit dem letzten Mann zu halten. Der Hinweis auf die militärische Unmöglichkeit, diesen Auftrag auszuführen, ließ Gen. Mattenklott seinen Befehl auch nicht ändern. Es entstand zwischen beiden eine scharfe Auseinandersetzung. Trotzdem blieb es bei dem Befehl, Einbeck zu verteidigen, allerdings mit der Zusage, daß er noch einige Einheiten seines Abschnittes zuführen wolle.

Nach der Rückkehr nach Einbeck war Gen.Lt. Behschnitt immer noch entschlossen, die Stadt zu schonen. In der Nacht zum 7. April 1945 sandte General Mattenklott bereits einen Offizier nach Einbeck, um einen schriftlichen Bericht über die getroffenen Maßnahmen zur Verteidigung der Stadt zu holen. Es blieb Generalleutnant Behschnitt nichts anderes übrig, als Verteidigungsanstrengungen wenigstens einzuleiten.

Die Stadt wurde in fünf Verteidigungssektoren eingeteilt. Am Morgen des 8. April soll eine Gruppe des Einbecker Volkssturms ohne Wissen des Stadtkommandanten durch den Wald zur Brücke Kuventhal gestoßen sein, um dort Sicherungen der amerik. Marschkolonne zu beschießen. Luftbeobachtungen und dieses Gefecht haben die Amerikaner veranlaßt, an diesem Tage die Stadt Einbeck mit Artillerie zu beschießen (13 bis 14 Uhr). Der Standort-Arzt von Einbeck, Dr. Beulshausen, begab sich mit einigen Bekannten in seinen Keller, bei ihm befanden sich General Bonstedt und Oberstleutnant von Calm, San.-Hauptfeldwebel Lüttge und Uffz. Keim vom Stellvertr. Generalkommando XI, der sich seit einigen Tagen als Patient im Lazarett befand. Dieser setzte sich intensiv dafür ein, daß diese Stadt, die Lazarett-Stadt, nicht verteidigt werden sollte. Nach seiner Information sei dies vom

Kommandierenden des XI. AK verfügt worden. Gen.Lt. Behschnitt hat diesen ihm zugegangenen Hinweis unbeachtet gelassen, da er ja jetzt als Untergebener des XI. AK Verteidigungsbefehl hatte. An diesem Nachmittag (8. April) fuhren Hauptfeldwebel Lüttge und Uffz. Keim auf eigene Verantwortung mit einem Leichtmotorrad (Sachs 98 ccm) zu den amer. Linien. Beide hatten Dr. Beulshausen unterrichtet. Sie fuhren über die Hubestraße nach Andershausen, dann durch den Wald über die Reichsstraße 3 nach Brunsen. Am Ortseingang standen bereits die Amerikaner. Mit wenigen englischen Sprachkenntnissen konnten sie klarmachen, daß sie zu Offizieren wollten, um die Feuereinstellung auf Einbeck zu erreichen. Aus der Lazarett-Abt. in Brunsen konnten sie noch den englisch sprechenden Gefr. Hinz hinzuziehen. Die Verständigung war jetzt besser. Es war gegen 16.30 Uhr, als die drei Deutschen zur Feuerstellung nach Stroit geführt wurden. Auf einem Bauernhofe war dort der Gefechtsstand. Das Feuer auf Einbeck war inzwischen eingestellt worden. Die drei Soldaten mußten sich etwa 20 Minuten in eine Hofecke stellen, bis der zuständige Offizier erschien. Danach wurden sie nach Wenzen gefahren, auch dort mußten sie Aufstellung in einer Ecke nehmen. Als endlich ein Offizier erschien, versuchte Gefreiter Hinz, auf englisch sein Anliegen vorzubringen. Der Cpt. winkte ab und sagte: „Sprechen Sie ruhig deutsch, ich verstehe Sie sehr gut." Als im Laufe des Gesprächs die Deutschen sich über die klare deutsche Aussprache wunderten, erzählte er: Ich heiße Ernest Kaufmann und stamme aus der Nähe von Düsseldorf, meine Eltern kamen ins Konzentrationslager, und ich ging 1934 nach Amerika." In der weiteren Unterhaltung sagte der Captain, daß sie in Einbeck organisierten Widerstand festgestellt hätten. Es käme ihnen auf einige tausend Schuß Munition nicht an, wenn sie dadurch einem amerik. Soldaten das Leben retten könnten. Als nun die drei „Parlamentäre" nach Einbeck zurück wollten, wurde ihnen dieses verwehrt mit dem Hinweis, daß sie mit offenen Augen durch die Stellungen gegangen seien. Inzwischen wurde es dunkel. Es war nach 18 Uhr geworden. Cpt. Kaufmann, der inzwischen wieder eine Stunde fort war, erklärte, daß es für einen Einmarsch in Einbeck schon zu spät sei. Die Besetzung solle auf Montag (9. April) verschoben werden. Cpt. Kaufmann ließ die Einbecker nicht zurück und sagte: „Bleiben Sie ruhig diese Nacht bei uns. Sie haben die Gewißheit, daß wir vorerst nicht mehr auf Einbeck schießen." In der Küche des Wenzer Bürgermeisters sollten die Deutschen schlafen. Cpt. Kaufmann hatte ihnen noch Verpflegung gegeben und darauf hingewiesen, die Küche nicht über Nacht zu verlassen, da sie von den Wachen leicht erschossen werden könnten. Auf dem Küchenherd bereiteten sie sich warmes Essen zu. Alsdann wurden noch zwei amerik. Soldaten als Wache in die Küche gesetzt, die am Tisch bei Kerzenlicht Briefe schrieben. Etwa eine halbe Stunde unterhielten sich die Einbecker mit Cpt. Kaufmann noch privat. Die Nacht verbrachten sie auf Stühlen, zeitweise mit geschlossenen Augen. Am anderen Morgen (9. April) kam gegen 8 Uhr Cpt. Kaufmann. Er ließ das Motorrad von Brunsen holen, damit die Rückfahrt angetreten werden könne. Gleichzeitig brachte er einen weiteren Einbecker mit, der dem Hauptfeldwebel Lüttge bekannt war, nämlich den Samengroßhändler Karl Dörnte. Mit zwei Gefechtswagen wurden sie nunmehr über Eimen, Vorwohle, Mainzholzen, Wangelstedt, Lüthorst, Amelsen nach Kohnsen gebracht. Beim Gastwirt Jordan sagte Cpt. Kaufmann: „Hier ist nun unsere vorderste Linie, nun fahren Sie in die Stadt und kehren nach zwei Stunden zurück." Es war 10.30 Uhr. Wunschgemäß wurde die Frist bis 13.30 Uhr verlängert. „Sollten Sie bis 13.30 Uhr nicht zurück sein, marschieren wir ein. Wird geschossen, schießen wir wieder", sagte der amerikanische Hauptmann. Uffz. Keim und Hauptfeldwebel Lüttge fuhren mit ihrem Motorrad in die Stadt. Sie wunderten sich, daß schon zahlreiche weiße Fahnen wehten. Ihr Weg führte sie zu Stabsarzt Dr. Beulshausen und General Bohnstedt, wo sie Bericht erstatteten. Der General sagte beiden, daß sie unmöglich Generalleutnant Behschnitt mit Gewalt zur Übergabe zwingen könnten. Als Lüttge und Keim zu ihrem Motorrad wollten, war dieses bereits entwendet. Sie eilten zu Fuß in die Stadt und beschafften sich beim Bekannten zwei Pistolen. Danach begaben sie sich zur Wehrersatzinspektion. Am Tor wurde ihnen bereits durch einen bewaffneten Oberleutnant erklärt, daß General Behschnitt soeben mit einem amerikanischen Offizier in Gefangenschaft gegangen sei. Sie beide konnten nun dort nichts mehr erreichen. Ein zufällig vorbeifahrender LKW des SS-Lazaretts brachte sie wieder nach Kohnsen zu den amer. Linien. Um 13.25 Uhr erreichten sie den Gefechtsstand bei Gastwirt Jordan in Kohnsen. Nach Berichterstattung setzte sich die Kampfgruppe nach Einbeck in Bewegung. Vorn im ersten Fahrzeug saßen Lüttge, Keim, Hinz und Karl Dörnte. Durch das Hullerser Tor fuhr die Kolonne in Einbeck ein und besetzte die Stadt in den frühen Nachmittagsstunden. Was geschah aber bei der WE I, Gen.Lt. Behschnitt? In der Nacht zum 9. April hatte er durch General Mattenklott noch Nachricht erhalten, daß dieser seine Weserfront zurückverlege. Der Kampfkommandant von Einbeck habe in der Linie Hullersen – Markoldendorf eine Flankensicherung aufzubauen. Einbeck sei weiter zu halten. Auf Grund dieses Befehls wurde dem besonders einsatzbegeisterten Oberst Müller mit seinen Leuten (120 Infanteristen, Leichtverwundete und aufgegriffene Versprengte) ein anderer Abschnitt zugewiesen.

An diesem frühen Morgen drang auch eine erregte Menge Aachener Flüchtlinge (meist Frauen) in die Landjäger-Kaserne ein und forderte vom Kampfkommandanten die Übergabe der Stadt. Diensthabende Offiziere konnten diese nur mit Mühe wieder hinausdrängen. Eine Sprecherin wurde zum Gen.Lt. Behschnitt vorgelassen. Dieser wurde erklärt, daß die Stadt übergeben würde. Im Laufe des Vormittags beriet der Stab der WE I (Oberste). Sie waren für eine Kapitulation. Alle in der Kaserne befindlichen Wehrmachtsangehörigen mußten darauf auf dem Hofe antreten. Gen.Lt. Behschnitt gab ihnen seinen Entschluß bekannt und bat, ihre Waffen abzulegen (etwa 10.30 Uhr). Ohne sein Wissen hatte aber der soeben eingetroffene Ordonnanz-Offizier des Gen.Kdo. VI, Leutnant Tantzen, die Ansprache mitgehört. Das hielt diesen nicht ab, noch auftragsgemäß einen erneuten Befehl zu übergeben, wonach Einbeck unter allen Umständen zu halten sei. Der Leutnant bat um eine schriftliche Erklärung für das Vorgehen vom Kampfkommandanten. Diese wurde aber abgelehnt. Der Ord.-Offizier entfernte sich mit Äußerungen, die auf die schweren Folgen seines Handels hinwiesen. Zu seinem Gen.Kdo. soll er nicht mehr gekommen sein, da er vorher in amer. Gefangenschaft geriet.

Gegen 12 Uhr traf beim Gen.Lt. Behschnitt ein amer. Parlamentär ein, es war Captain Kaufmann. Dieser forderte die Übergabe, aber erst nach kurzer Bedenkzeit wurde angenommen. Behschnitt erklärte sich bereit, sogleich mit ihm zu seinem Stabe zu fahren, um seinem General die Stadt offiziell zu übergeben. Somit fuhr der Kampfkommandant mit dem amer. Parlamentär sogleich in Gefangenschaft.

Der Einsatz der Volkssturmmänner hat unter ihnen noch einige Todesopfer gefordert. Am 8. April fielen fünf Soldaten, am 9. April zwei weitere. Zwölf Soldaten und Volkssturmmänner starben an ihren schweren Verwundungen, die sie in diesem Verteidigungsraum erlitten hatten.

In Hullersen erschienen die ersten Amerikaner am späten Nachmittag des 9. April. Der übrige Landkreis Einbeck konnte erst am 10. und 11. April besetzt werden. Überall zogen auf den noch freien Landstraßen

erschöpfte deutsche Soldaten entlang, 17 und 18jährige. Vor der Leinebrücke bei Buensen ein merkwürdiger Anblick: Viele, viele Fahrzeuge jeder Art, vom größten LKW bis zum Motorrad standen in wirrem Durcheinander. Ein Hauptmann, der sich mit seinen Männern nachts über die Leine zu Fuß absetzen wollte, leuchtete in eine Kiste hinein: Ein Haufen weggeworfener Soldbücher lag darin.
Am 10. April wurde der Raum Edemissen besetzt. An der Straßenkreuzung Iber – Edemissen befand sich noch ein Tiger-Panzer, der abgeschossen oder von seiner Besatzung aufgegeben war. Als riesige Fackel brannte er viele Stunden. In den Orten Rotenkirchen und Edemissen waren durch Beschuß Brände entstanden. Durch das Dorf Buensen fuhren erst am 11. April nachmittags die ersten amer. Fahrzeuge. Zwischen Naensen und Greene stießen in der Mittagszeit (14 Uhr) drei amer. Panzer vor, blieben stehen und schossen einige Granaten ab. Sie zogen sich aber alsbald wieder zurück. Nach kurzer Zeit kamen im Leinetal von Freden über Esbeck-Erzhausen etwa zehn deutsche Soldaten mit Fahrrädern nach Greene, schwer beladen mit Panzerfäusten. Angeblich suchten sie die Panzerspitze. Sie fuhren aber in Richtung Gandersheim weiter.
In Greene stand eine kleine Flakabteilung. Am Morgen des 9. April gegen 10 Uhr befahl ihr Kommandeur, Hauptmann Haunschild, die Sprengung der Geschütze. Angesichts der Überlegenheit des Feindes – dieser stand vor Einbeck – wollte er unnötiges Blutvergießen vermeiden. Bei seinem Rückzug wurde er aber noch von einem unbekannt gebliebenen Offizier gestellt und verhaftet. Am Aufgang zur Greener Burg an der Neuenreihe wurde er meuchlings erschossen. So fand ein verantwortungsbewußter Mann durch die Hand eines Fanatikers einen sinnlosen Tod. Er wurde auf dem Friedhof Greene beigesetzt.
Am 10. April war bereits der nördl. Kreis Einbeck besetzt, über Northeim stießen ebenfalls die Amerikaner weiter vor. Reste aus dem Solling konnten nur noch in Hollenstedt über die Leinebrücke fahren, um in den Harz zu gelangen. Als die vor der Leinebrücke errichtete Panzersperre am Vormittag (10. April) geschlossen wurde, stauten sich die zurückflutenden Truppen im Ort. LKW, PKW, Panzer und bespannte Fahrzeuge warteten darauf, daß sie durchgelassen wurden. Beunruhigend war für sie, daß in der Mittagszeit alliierte Aufklärer über den Ort flogen. Nach langen Auseinandersetzungen unter Offizieren wurde die Sperre geöffnet, und die Masse setzte sich in Bewegung. Bereits nach 20 Minuten erschienen Jabos und griffen die Kolonnen –

außerhalb der Ortschaften – mit Bomben und Bordwaffen an. Zahlreiche Fahrzeuge brannten aus.
Am nächsten Morgen (11. April) gegen 7 Uhr fuhren aus Richtung Stöckheim drei amerikanische Panzer in Hollenstedt ein. Im Unterdorf, kurz vor der Leine, schossen einige deutsche Soldaten auf ihre Gegner. Bei diesem Gefecht fielen zwei junge Deutsche.

Besetzung der Gauhauptstadt Hannover.
(10. April 1945)

Der verhältnismäßig noch starke Widerstand im Wesergebiet um Eisbergen und Bückeburg war gebrochen. Jetzt sollte Hannover genommen werden. Teile des 333. Regiments hatten die Nacht vom 7. zum 8. April 1945 in Luhden (Nähe Autobahnabfahrt Bad Eilsen) verbracht. Als sie am Morgen um 8 Uhr in östlicher Richtung weiterzogen, trat ihnen aus dem Ort Heeßen heftiges Feuer entgegen. Von Panzerfäusten, MG-Feuer und Nebelwerfern wissen die Amerikaner zu berichten. Das 2. Bataillon kämpfte sich darauf zu Fuß bis zur Ortsmitte vor. Rechtsseitig bis zur Autobahn mußte die Kompanie G gegen 50 deutsche Soldaten über einen Zeitraum von zwei Stunden erbittert kämpfen. Die Kompanie E hatte auf der linken Seite ebenso harten Widerstand. Südöstlich Heeßen, im bewaldeten Gebiet, befanden sich etwa 75 deutsche Soldaten, die ebenfalls hartnäckige Kämpfe lieferten. Etwa drei Stunden dauerte das Gefecht. Von keiner Seite wurde nachgegeben. Wie viele Verluste es gegeben hatte, ist nicht bekannt. Nach amerikanischer Angabe ist jedenfalls nicht ein einziger Gefangener in ihre Hände gefallen.
Über Buchholz stießen die Amerikaner dann ab 15 Uhr widerstandslos etwa 30 Meilen vor. Sie erreichten am Abend Weetzen, wo die nächste Nachtruhe eingelegt wurde.
Die beiden anderen Regimenter der 84. US-Inf.-Division waren über Scheie, Warber, Stemmen, Enzen nach Stadthagen vorgedrungen. Schon um 6 Uhr früh nahm in Stadthagen ein Deutschamerikaner, der fließend deutsch sprach, die Übergabe der Stadt an. Die Verteidiger

waren verschwunden. Vor zwei Tagen waren noch etwa 50 Soldaten und ein Tiger-Panzer erschienen. Auch hohe Parteifunktionäre aus Nordrhein-Westfalen mit Gauleiter Dr. Meyer, die sich hier einige Tage aufhielten, wurden nicht mehr gesehen. An Polizei und Volkssturm war am Vortag noch Schnaps verteilt worden. Sie wurden dann als Bewachung für Kriegsgefangene mitgegeben. Daraus ist auch zu verstehen, daß die Panzersperre nicht mehr geschlossen wurde, die bereits vorbereitet war.

Eine andere Einheit benutzte die Reichsstraße 65 über Gelldorf, Süllbeck, Nienstädt. In der Feldmark nahmen sie zwei Radfahrer wahr. Eine MG-Garbe warf beide von ihren Rädern. Einer war unverletzt, der andere hatte einen Hackenschuß erlitten. Dann peitschten weitere Schüsse herüber und töteten den bisher Unverletzten. Ein Spähwagen kam näher und stellte fest, daß es sich um Zivilisten handelte. Es waren zwei Einwohner aus Wendthagen, die zum Verpflegungslager Beerenbusch unterwegs waren.

Von Rodenberg/Deister konnte man am Vormittag (8. April 1945) die endlosen Schlangen von amerikanischen Panzern, LKW und Jeeps auf der Reichsstraße 65 beobachten. Erst gegen 14 Uhr kam ein einzelner LKW, drehte aber bereits vor dem Hotel „Stockholm". Viele Häuser waren schon weiß beflaggt worden. Nachmittags fuhr ein Jeep durch die menschenleeren Straßen; die endgültige Besetzung der Stadt in Anwesenheit des Bürgermeisters vor dem Rathaus erfolgte jedoch erst gegen 18 Uhr.

Zwei Volkssturmmänner, die von Rodenberg kommend über Heidbrink in Zivilkleidung zu ihren Familien zurückkehren wollten, suchten in den Abendstunden im Gehölz Schutz. Sie wollten der Gefangenschaft entgehen und wurden von einer amerikanischen Streife beschossen. Einer erhielt einen Bauchschuß, der andere konnte unverletzt entkommen. Als die Amerikaner fort waren, holte der Kamerad Hilfe aus Heidbrink. Auf Stroh und Decken gebettet, mußte der Verletzte bis zum nächsten Morgen verweilen. Auf dem Milchwagen Botermann konnte der Verwundete am frühen Morgen zum Krankenhaus Stadthagen befördert werden. Nach Operation und Behandlung wurde der Volkssturmmann später geheilt entlassen.

Das 333. Regiment in Weetzen hat in der Nacht zum 9. April 1945 Beschuß auf sich gezogen. Eine in Wettbergen befindliche Flakbatterie schoß mit ihren 8,8 cm-Geschützen auf die Panzer. Auch der Ort Weetzen hat dadurch Zerstörungen hinnehmen müssen. Der Vorstoß auf

Gehrden wurde schon um 3 Uhr gestartet. Die Panzer fuhren aber auf Everloh weiter. Die Besetzung der Stadt Gehrden erfolgte um 7 Uhr. In der linken Flanke stieß das 334. Regiment bis Engelbostel, nordwestlich Hannover, vor (9. April). Es richtete sich dort für die Nacht ein. Zuvor war diese Einheit noch auf drei deutsche Panzer und 50 bis 75 Soldaten gestoßen. Ein Panzer wurde im Direktbeschuß erledigt. Ein Teil der Soldaten ging in Gefangenschaft.

Von Gehrden und Everloh wurde das 333. Regiment über Ditterke, Götze, Stemmen und Groß Munzel letztlich nach Meyenfeld (19.30 Uhr) beordert. Eine Brücke über den Mittellandkanal nordwestlich Hannover war gerade gesprengt worden.

Das 335. Regiment postierte sich bei Kirchwehren und Döteberg. Bis zu dieser Ausgangsposition zum Angriff auf Hannover hatte es am letzten Tag keine Schwierigkeiten für die Amerikaner gegeben. Sie meinten nur, ihre Division habe Probleme mit dem Nachschub. Am Rhein standen noch 264 zweieinhalb-Tonner (sechs Kompanien) zur Verfügung. Inzwischen waren aber zwei Kompanien mit LKW auf höherem Befehl abgeordnet worden. In Bad Nenndorf gab es eine provisiorische Lösung. Eine Karawane von erbeuteten deutschen Fahrzeugen, welche ziemlich ein vollständiges Regiment befördern konnte, stand ständig in der 784. Kompanie bereit, u.a. vier Omnibusse, acht Halbkettenfahrzeuge, 35 LKW und 55 vierräderige Anhänger.

Die Amerikaner standen jetzt zur Eroberung der „Gauhauptstadt" Hannover bereit. Wie konnte aber aus deutscher Sicht verteidigt werden?

Die Verteidigung oblag dem stellvertretenden Generalkommando XI in Hannover. Um Ostern 1945 erschien dort der Fallschirmjäger-General Kurt Student. Er hatte tags zuvor in Berlin im Führerbunker mit Adolf Hitler Verteidigungsmaßnahmen besprochen. Um diese ausführen zu können, unterrichtete sich Student in Hannover über seine Möglichkeiten. Da das Generalkommando ständig Ersatzabteilungen für die Kämpfe in Westen abgegeben hatte, konnten hier nur Reste mobil gemacht werden. Ganze 725 Mann, welche sechs Genesenen-Marschkompanien bildeten, standen als Wehrmachtsangehörige bereit. Man rechnete zwar noch mit zurückflutenden Einheiten, die in den Kampf geworfen werden könnten. Nennenswert waren noch einige hundert Mann Polizei. Schließlich gab es noch Flakbatterien, die bisher zur Flugzeugabwehr eingesetzt waren und 8,8 und 10,5 cm-Geschütze besaßen. Student, der sich auch bis Rinteln und

Hameln orientierte, sah die Aussichtslosigkeit ein. Als Kommandant für das Kampfgebiet Hannover wurde der Stadtkommandant, General Löhning, eingesetzt. Der Stab befand sich zunächst im Friederikenschlößchen, wurde aber ab 6. April in den Gaubefehlsstand verlegt. Der Stab des Gauleiters widersetzte sich zunächst, mußte dann aber Räume freigeben.
In den Abendstunden des 9. April 1945 erschienen beim Kampfkommandanten Löhning die Herren Oberbürgermeister Börner, Regierungspräsident Binding und Polizeipräsident Deutschbein. Sie setzten sich für die kampflose Übergabe der Stadt ein. Es wurde den Herren bedeutet, daß Hannover kampflos übergeben werde. Tatsächlich hatte der Stab mit Rittmeister von Treuenfels und Hauptmann Schulze-Kaiser angesichts der Lage die kampflose Übergabe beschlossen. Aus einem Telefongespräch mit dem Oberkommando West und dem Generalkommando in Anwesenheit der Herren ergab sich jedoch die forsche Ablehnung; sie drohten mit Kriegsgericht, wenn Hannover kampflos übergeben werde. General Löhning beruhigte die Herren: „Gehen Sie ruhig nach Hause, Hannover wird nicht verteidigt."

Wenn auch praktisch zunächst Einsätze befohlen wurden, kam es dennoch nicht zu Kämpfen. In der Nacht vom 5. zum 6. April waren in Hannover etwa 100 Polizisten – in ihren grünen Uniformen – unter Führung eines Major Müller zusammengestellt und mit LKW auf der R 217 in Richtung Hameln befördert worden. Sie sollten im Raume Ihme-Roloven – Ronnenberg eine Abwehrstellung aufbauen. Außer ein paar Panzerfäusten besaßen die Polizisten ihre Pistolen und Beutekarabiner mit je zehn Schuß Munition, sowie zwei leichte MGs. Ein Beteiligter sagt: „Der moralische Kampfwert war gleich Null. Jeder dachte nur daran, wie er sich mit heiler Haut aus diesem Wahnsinn ziehen konnte."
Männer im Volkssturmalter zwischen 48 und 60 Jahren wurden am 26. März 1945 zur Feuerlöschpolizei einberufen, um entweder als Feuerwehrmann oder im Volkssturm Dienst zu tun. Am Kirchröder Turm war Sammelpunkt. Es traten dort etwa 500 bis 600 Mann an. Nach Ansprachen wurde diese „Streitmacht" ausgerüstet. Mangels Waffen wurden Gruppen zu je 15 Mann gebildet, die sich dann in sechs holländischen Gewehren und einer Panzerfaust teilen mußten. In den nächsten Tagen wurden diese Männer im Raume Weetzen, Arnum und Pattensen eingesetzt. Sie hielten dort bis zum 10. April 1945 in Erdlöchern

aus. Feindberührung gab es nicht. Als die Nachricht kam, daß der Ami bereits in der Stadtmitte von Hannover sei, suchten die Männer in ihrer Ratlosigkeit ihre Vorgesetzten. Diese waren aber nicht mehr zu finden. Nach Entledigung von Waffen und Soldbüchern zogen sich die Männer truppweise zurück. Ein Teil davon mußte für wenige Tage in Gefangenschaft.
In der Anordnung über die Sprengung von Anlagen und Brücken war auch die Schleusenbrücke bei Anderten aufgeführt. Sprengmittel waren bereits angebracht und zwei Doppel-Wachtposten patrouillierten. Das Ostufer des Kanals glich einem Ameisenhaufen. Dort befand sich ein Zuckerkahn, der geplündert wurde. Knietief watete man an Bord schon im Zucker. In diesem Durcheinander gelang es einigen Männern, an den Sprengkabeln zu hantieren, um dadurch die Sprengung unmöglich zu machen. Die Wasserstraßendirektion setzte sich auch inzwischen für die Erhaltung ein. Das Sprengkommando wurde in der Nacht gegen 23 Uhr abberufen. Durch eine Sprengung wäre ein größeres Gebiet überschwemmt worden.

Hier gab es Käse, Wein, Fett, Mehl und Reis ohne Bezahlung. Deutsche und Ausländer plündern ein Transportschiff auf dem Mittellandkanal.

In der Nacht zum 10. April 1945 sandte das 2. US-Bataillon (333. Reg.) Spähtrupps aus. Es konnte zwei Kanalbrücken unbeschädigt nordwestlich Hannover besetzen. An einer Brücke war bereits eine 500-Pfund-Bombe zur Sprengung befestigt. Das Industriegebiet östlich des Kanals wurde gegen 6 Uhr durch die Kompanie F besetzt. Ein politischer Gegner gab Amerikanern Hinweise auf fünf Deutsche hinter einer 2-cm-Flak. Ein Spähtrupp griff sogleich an, tötete drei deutsche Soldaten und nahm zwei weitere gefangen. Inzwischen setzten sich die Panzer in Bewegung, fuhren fortlaufend schießend in Richtung Stöcken. Hier gab es keinen Widerstand. An ihrer Vormarschstraße lag ein französisches Kriegsgefangenenlager. Dort strömten etwa 500 Franzosen auf den Vorplatz.

Im Vordergrund drei gefallene deutsche Soldaten beim Vorstoß auf Hannover. Amerikaner besetzten am Morgen des 10. April 1945 das Gebiet zwischen Deister und Hannover.

In Limmer, am Westufer der Leine, wurde gegen 5.50 Uhr das 2. Bataillon des 335. Regiments beim Vorstoß beschossen. Etwa 75 Deutsche lagen hier in Erdlöchern. Sie besaßen ein MG, Panzerfäuste und Maschinenpistolen. Erst nach Einsatz von Mörsergranaten wurden die Deutschen zur Aufgabe des Kampfes gezwungen. In der Stellung wurden 29 Tote gezählt. Der Weg nach Limmer war nun frei. Ein alter Mann, der seinen Garten aufsuchen wollte, wurde erschossen, weil er vermutlich das „hands up" überhört hatte.
Sämtliche Bataillone der 84. US-Inf.-Division traten ihren Vormarsch zwischen Schulenburg und Döteberg an. Einmal jedoch – etwa gegen 7 Uhr – sollen die Fahrzeuge gehalten haben, um einen Luftangriff abzuwarten. Zu diesem Zeitpunkt kam in Hainholz der stehenden Kolonne ein Feuerwehrwagen der Werksfeuerwehr Conti entgegen. Es

Amerikaner im Schutz einer Hecke beim Wegabzweig zum Limmer Brunnen. Der Tote ist ein deutscher Zivilist, der seinen Kleingarten am Limmer Brunnen aufsuchen wollte. Er wurde von den Amerikanern erschossen.

wurde zunächst keine Notiz davon genommen. Als vor dem Kurhaus „Mecklenheide" ein Panzer quer auf der Straße stand, mußte der Wagen halten. Vier Männer stiegen aus. Die Amis wunderten sich, daß sie einen gut englisch sprechenden Deutschen vor sich hatten. Aus dem Gespräch ergab sich, daß die Amerikaner noch einen Bombenangriff abwarten wollten. Der Deutsche versuchte nun unbedingt davon zu überzeugen, daß ein Luftangriff sinnlos sei und keine Truppen im Stadtgebiet liegen. Schließlich hatte das Gespräch Erfolg. Über Funk verständigte der Offizier seine Division, die danach den Angriff abblies. Der Vormarsch in die Stadt wurde fortgesetzt. Das war kurz vor 8 Uhr.

Einmal reihte sich im Morgennebel ein deutscher Panzer aus einer Seitenstraße in die Marschkolonne ein, ohne zunächst festzustellen, daß er bei der „falschen Feldpostnummer" gelandet war. Ein paar Schüsse, die aber wirkungslos waren, machten auf den Fehler aufmerksam. In der nächsten Straße konnte der deutsche Panzer entkommen.

Amerikanische Landser besetzen die Limmerstraße in Hannover (10. April 1945).

Über einen weiteren Fall berichtet Frau Lene Meyer:
„Bis Kröpcke kamen wir ungehindert, um 11.30 Uhr war alles mit Besatzungstruppen besetzt, die Bahnhofstraße und um Kröpcke. Wir blieben vor dem ehemaligen Wiener Cafe stehen. Plötzlich sahen wir aus Richtung Herrenhausen kommend eine Panzerspitze. Näherkommend fuhren ca. sechs bis acht Panzer an uns vorbei, Soldaten hinter MGs in Stellung, schwarze Uniformen. Zuerst glaubte ich, es seien englische Truppen, sah dann aber rückwärts das deutsche Hoheitszeichen, und dann auch, daß es sich um Totenkopf-SS handelte. Die Spitze mochte den Conti-Block erreicht haben, als eine wüste Knallerei losging. Alles ging in Deckung, auch die Amerikaner, die sich dort aufhielten. Wir flüchteten in die Andreaestraße, in einen Trümmerkeller. Es dauerte aber nur kurze Zeit, dann trat wieder Ruhe ein, und die Panzerkolonne fuhr in Richtung Aegi."
Im übrigen Stadtgebiet fielen kaum Schüsse. Kampfkommandant Generalmajor Löhning hatte schon früh um 8 Uhr seine restlichen Soldaten vor dem Befehlsbunker verabschiedet mit den Worten: „Meine Herren, der Kampf ist zu Ende. Wer Zivil hat, gehe nach Hause. Wer weiterkämpfen will, schlage sich in Richtung Celle durch." Die ersten Amerikaner trafen dort nach 9.30 Uhr ein und nahmen den Stab der Kampfkommandantur gefangen. Das gesamte Stadtgebiet von Hannover war etwa gegen 11.30 Uhr besetzt worden. Am Südrand Hannovers operierte die 5. US-Panzer-Division und brauchte nicht in den Kampf um das Stadtgebiet einzugreifen; sie stieß über Sehnde nach Lehrte vor. Diese Einheit hatte zwar aus Wülferode und Bemerode Artilleriefeuer (9. April 1945) erhalten, welches sie durch amerikanische Jagdbomber umgehend hatte ausschalten lassen.
Bereits am ersten Tage nimmt die britische Besatzungsmacht das Rathaus in Beschlag. Ein britischer Offizier traf den Oberbürgermeister persönlich an und sagte ihm: „Wir haben soeben Ihre Stadt besetzt. Sie haben sich unseren Anordnungen sofort und ohne Widerspruch zu fügen."
Die wichtigsten Anordnungen betrafen zunächst abzuliefernde Gegenstände (Waffen) und festgesetzte Zeiten zum Verlassen der Wohnungen.
Die Besetzung der Stadt Hannover hat nur geringe Verluste unter den Streitkräften gefordert. Ob der Artilleriebeschuß aus dem Raum Ahlem am 10. April 1945 in der Zeit zwischen 2.45 Uhr und 5 Uhr noch Opfer unter der Zivilbevölkerung gefordert hat, ist nicht bekannt. Etliche

Wohnungen, die bisher erhalten geblieben waren, so an der Südseite des Geibelplatzes, wurden zerstört. Die Bewohner saßen in ihren Kellern.

Öffnung der „Deisterpforte".
Weiße Fahnen zwischen Deister und Leine

Der hier behandelte Kampfraum ist etwa identisch mit dem früheren Kreis Springe. Nach Überwindung des Deisters lag das weite fruchtbare Flachland vor den amerikanischen Verbänden; es sollte nun Kriegsgebiet werden. An diesem 7. April 1945 kam oft die schon wärmende Frühlingssonne durch.

In diesem Forsthaus „Morgenruhe" am Saupark befand sich der letzte Befehlsstand des Inf.-Regiments „Deister" mit Oberst von Osterott (5. bis 8. April 1945).

Im Saupark zwischen dem Forsthaus „Morgenruhe" und der „Wolfsbuche" lagerte an diesem Morgen wohl die in diesem Raum eingesetzte stärkste geschlossene Einheit. Vor mehreren Tagen hatte das Stellvertretende Generalkommando XI in Hannover in das Gebiet um Springe das Infanterie-Regiment „Deister" abgeordnet. Regimentskommandeur war Oberst von Osterott. Die Einheit war teilweise noch pferdebespannt. Der Stab hatte sich im Forsthaus „Morgenruhe" einquartiert. Westlich und östlich der Stadt Springe waren Flakgeschütze eingesetzt. Diese Verteidigungsmaßnahmen und vor allem die mit großem Aufwand fertiggestellte „Panzersperre" zwischen Deister und Saupark – an der engsten Stelle – mag dazu beigetragen haben, daß über die Reichsstraße 217 bisher kein Vorstoß stattfand. Die Sperre hatte eine Länge von etwa 200 bis 300 Meter.

Südlich Dörpe standen Geschütze, die in der Nacht zum 7. April 1945 das Gebiet hinter Saupark und Osterwald beschossen. Gegen 6 Uhr wurde das Feuer eingestellt. Teile der 2. US-Panzer-Division befanden

Das vom Generalkommando Hannover zur Verteidigung des Tales zwischen Deister und Saupark eingesetzte Infanterie-Regiment „Deister" lag mit seinen Fahrzeugen und Pferdegespannen zwischen „Morgenruhe" und „Wolfsbuche" im Saupark. Hier ein Überbleibsel dieser Einheit im Saupark.

sich im Gehölz „Elmscher Bruch". Sie traten um diese Zeit ihren Vorstoß auf Eldagsen an. Im Ort fuhren sie zu ihrer Sicherheit hintereinander an den Häusern auf dem Bürgersteig entlang. Der erste Panzer stieß dabei einen Baum nach dem anderen um. Eldagsen war gegen 8 Uhr besetzt worden. Die öffentlichen Gebäude wurden zuerst besetzt. Einwohner berichten, daß die Fernsprechzentrale mutwillig zerstört worden ist. Um 150 Kampfwagen verschiedener Größen wurden um diese Zeit im Ort gezählt. Es schien sich alles etwas zu beruhigen, aber plötzlich jagten einige deutsche Flugzeuge im Tiefflug heran und beschossen die Fahrzeuge. Die Amerikaner erwiderten das Feuer. Da drei Brände (zwei Scheunen, ein Wohnhaus) entstanden, wurde die Feuerwehr eingesetzt, wenn auch diesmal die Leute nicht so schnell und reibungslos ihre Arbeit verrichten konnten.

Über die Besetzung von Eldagsen besagt ein amerikanischer Funkspruch vom 7. April 1945:

„Spähtrupps waren letzte Nacht nach Eldagsen gesandt worden. Es wurden Panzer festgestellt. Die Stadt wurde heute morgen von außen eingenommen, noch dazu sehr schwierig. Die festgestellten Panzer waren während der Nacht zurückgezogen.

Viele Gefangene*)."

Von den in Eldagsen befindlichen Panzern stießen zunächst zehn nach Völksen vor, ein Teil der Fahrzeuge fuhr nach Alverde und ein Rest verblieb in Eldagsen. In Völksen wehte bereits eine weiße Fahne vom Kirchturm. Beschossen wurde dennoch ein am Waldrand befindliches Wochenendhaus. Dort sollen sich deutsche Soldaten aufgehalten haben. Nach der Besetzung des Ortes kehrten die Panzer nach Eldagsen zurück.

In dem „befestigten" Springe wuchs die Unruhe unter der Bevölkerung. Artilleriebeschuß und MG-Feuer war ringsherum zu hören. Bürgermeister Jürgens aus Springe versuchte Oberst von Osterott zu bewegen, von der Verteidigung abzusehen. Als er keinen Erfolg hatte, sprach er mit dem Generalkommando in Hannover. Auch dieses beharrte auf Verteidigung.

---

*) Aus welchen Gründen der amerikanische Bericht die Einnahme von Eldagsen als „schwierig" bezeichnet, war nicht festzustellen. Ortsverteidigung ist angeblich – nach deutschen Berichten – nicht erfolgt. Vermutlich bezieht sich dieser Bericht auch auf die Kämpfe vom Vortage bei der Holzmühle.

Als am 7. April auch die Hitlerjugend bewaffnet werden sollte, fanden sich mehrere Einwohner zusammen, um zu protestieren. Schließlich stand zu diesem Zeitpunkt der Feind bei Bückeburg und im Nachbarort Eldagsen. Der amtierende Kreisleiter ließ nicht nach, er wollte noch ein Standgericht bilden, um einige Einwohner aburteilen zu lassen. Dazu kam es aber nicht mehr, da von einem Wehrmachtsoffizier mehrere Männer angefordert wurden, die aus Bückeburg Geräte abholen sollten. Die in Frage kommenden Springer Einwohner wurden bei dieser Aktion eingesetzt.

Die Nacht und auch der Sonntagvormittag verlief für Springe sehr ruhig. Erst nach 16 Uhr eröffneten plötzlich einige Flakgeschütze das Feuer auf amerikanische Fahrzeuge bei der „Kaiserrampe", die sich vortasten wollten. Das gab für die Amerikaner Veranlassung, Luftunterstützung anzufordern, um diese Enklave – um Springe war inzwischen der Kessel geschlossen – stürmen zu können. Gegen 17 Uhr kamen dann auch 12 bis 14 Jagdbomber. Sie warfen zahlreiche Spreng- und

Die einige hundert Meter lange Panzersperre zwischen Deister und Saupark wurde nicht verteidigt. Ein amerikanischer Jeep fuhr auf eine Mine vor Springe und wurde zertrümmert.

Brandbomben und schossen mit Bordwaffen. Die ersten Bomben trafen die Domänengebäude, in deren Nähe die Flakstellungen zerstört werden sollten. Auch mit Bordwaffen wurde auf diese Stellungen geschossen. Die Bedienungsmannschaften suchten Deckung in Häusern und Bombentrichtern. Als die Jabos entladen abkehrten, lagen elf Todesopfer unter den Trümmern. Jetzt traten die Amerikaner von zwei Seiten in Aktion, und zwar näherten sich die Panzer von Eldagsen und von der Hamelner Straße in die Stadt Springe. Die deutschen Geschütze waren nicht mehr besetzt. Nur an einer Panzersperre fand noch ein kurzes Gefecht statt, in dessen Verlauf Oberfeldwebel Begemann fiel. Der Feldmeister Fritz Remy aus Gummersbach war durch Bauchschuß schwer verwundet, wurde noch in ein Lazarett gebracht und starb dort am 10. April 1945. Die Stadt Springe war gegen 19 Uhr bereits besetzt.

In der „Gauhauptstadt" Hannover erschien an diesem Sonntag (8. April) zum letzten Mal aus Hahnenklee/Harz der Gauleiter Hartmann Lauterbacher, um über Drahtfunk an die Bevölkerung eine Durchhalteparole zu senden. Er gibt deutlich zu verstehen, daß noch immer die Befehlsgewalt von ihm und seinem Stellvertreter, Kreisleiter Deinert, ausgeht. Am Abend setzte sich der Gauleiter wieder nach Hahnenklee ab, wo er bereits einige Tage vorher im Hotel „Tannhäuser" seinen letzten Amtssitz eingerichtet hatte.

Der deutsche Wehrmachtsbericht sagt über die jetzige Lage: „Nördlich Hameln wurde der Feind wieder über die Weser zurückgeworfen, doch gelang es ihm südlich davon in einem schmalen Abschnitt bis westlich Hildesheim vorzustoßen." Der Bericht, daß der Feind über die Weser zurückgeworfen wurde, trifft nicht zu. Richtig war vielmehr, daß der Vorstoß zwischen Bückeburg und Hess. Oldendorf aufgehalten wurde. Über die Kämpfe im Oberwesergebiet Raum Polle und Höxter besagt der Wehrmachtsbericht nichts.

Wenn auch am Abend des 6. April bereits Schulenburg besetzt war, waren im rückwärtigen Gebiet bis zum Deister noch zahlreiche Dörfer unberührt geblieben. Am 7. April nahm das 1. Bataillon gegen 15.30 Uhr den Funkspruch auf: „Straßensperren in Jeinsen, Vardegötzen und Thiedenwiese festgestellt." Bereits um 17.43 Uhr meldete das Bataillon zurück: „Straßensperren eingenommen, Wald bereinigt, nichts dort." Ein weiterer Spruch um 19.54 Uhr: „Weitere Sperre festgestellt in einer Straße südwestl. von Schliekum. Minen und Hindernisse." Aber nach ein paar Minuten kam die Antwort: „Straßensperre eingenommen."

Den Rest könnt ihr morgen früh in Griff nehmen." Eine zwischen Gestorf und Eldagsen befindliche Straßensperre war noch immer umgangen worden. Ein Spähtrupp der 30. Inf. Div. meldete um 17 Uhr, daß die Sperre noch gehalten würde, und kehrte nach Eldagsen zurück. Dagegen wurden Völksen und Mittelrode vom 82. Regiment um 18.15 Uhr bereinigt vorgefunden. Ein Teil dieses Regiments meldete um 21.00 Uhr die Orte Bennigsen und Hüpede feindfrei.
Ein deutscher Panzer, der sich zunächst im Raum Eldagsen aufhielt und am 6. April nach Elze abrückte, ist am 7. April zerstört worden. Gerade in diesem Raum meldeten die Amerikaner „starke Luftangriffe" am Morgen und am späten Nachmittag. Zunächst wurden über Elze um 18.15 Uhr vier FW 190 festgestellt, die die amer. Fahrzeuge beschossen. Zwischen 18.30 Uhr bis 19.00 Uhr griffen ständig 15 Me 109 und FW 190 aus 4000 Fuß Höhe an. Sie warfen leichte Bomben und schossen mit Bordwaffen. Die amerikanische Artillerie-Abteilung meldete „eine Zerstörung", auch eine FW 190 sei abgeschossen.
Von Bennigsen war nach Steinkrug in den Abendstunden des 7. April ein amer. Stoßtrupp vorgestoßen. Die Gaststätte Reese hatte weiß geflaggt. Der Wirt sprach noch kurz mit den Besetzern, bevor sie wieder zurückfuhren. Am späten Abend erschienen wieder deutsche Soldaten und machten Reese Vorwürfe wegen der weißen Fahne. Nach ernsthaften Drohungen zog Reese die Fahne wieder ein. Das veranlaßte offenbar die Amerikaner am nächsten Morgen mit Artillerie in die Siedlung Steinkrug zu schießen. Die Gaststätte Reese und das Haus Kasten erhielten Treffer. Dieser unnötige Beschuß forderte drei Todesopfer, die Eheleute Reese und ein Kind.
Im benachbarten Bredenbeck waren am „Holtenser Berge", etwa 300 m vor der früheren Reichsstraße 217 durch den örtlichen Volkssturm Schützengräben ausgehoben worden. Als am 8. April in den umliegenden Orten die amer. Panzer bereits erschienen waren, ließ Heinrich Volker als erster weiße Fahnen an zwei Gebäuden anbringen. Einige ortsfremde fanatische Verteidiger entfernten diese aber wieder. Diese kleine Truppe mußte dann eine Überraschung erleben: Sie waren in der Gaststätte Wendtes eingekehrt. Als sie wieder herauskamen, waren ihnen die Fahrräder mit den angehängten Panzerfäusten gestohlen. Jetzt wurde der Volkssturm beauftragt, die Häuser nach den gestohlenen Waffen zu durchsuchen. Die Täter wurden aber nicht gefunden. Die Bemühungen um die Verteidigung Bredenbecks waren ohnehin zwecklos: Obwohl die Dörfer und Straßen ringsherum besetzt waren,

Diese Ju 87 „Stukas" erreichten ihren Bestimmungsort nicht mehr. Auf dem Nebengleis befindet sich auf einem Waggon eine 2-cm-Vierlingsflak. Die Aufnahme stammt vom 8. April 1945 (Bahnhof Hasperde bei Hameln).

erschienen hier gar keine Amerikaner. Sie ließen Bredenbeck eine ganze Woche lang unberührt, sie hatten dieses eine Dorf vergessen.

Alversrode, im Schutze des „befestigten Springe" liegend, wurde auch erst am 8. April mittags besetzt. Im Ort befanden sich fünf englische Kriegsgefangene, die während eines Luftangriffs in Hameln fliehen konnten. Ein Bauer hatte ihnen hier Unterkunft und Verpflegung gewährt. Die Engländer gingen den Amerikanern bei ihrer Annäherung entgegen und berichteten ihnen, daß der Ort nicht verteidigt würde. Somit kamen die Panzer in den Ort, ohne auch nur einen Schuß abgegeben zu haben.

An diesem Sonntag, 8. April, wurden eigentlich die meisten Orte um Deister und den Vorraum Hannover besetzt. Gegen Mittag besetzten

Panzertruppen Hachmühlen/Neustadt und rollten durch das Tal zwischen Süntel und Deister. Es waren zwar einige Panzersperren errichtet, aber verteidigt wurde nicht. Nur in Nettelrede hatte es eine scharfe Auseinandersetzung im Dorfkrug gegeben. Es ging um die Verteidigung der Sperren zwischen Bad Münder und Eimbeckhausen. Aus dem Kirchturm war die weiße Fahne gezeigt worden. Ein Parteiführer sah als Täter den Bürgermeister und zwei Einwohner an. Die Verdächtigen wurden aufgefordert, die Fahne herunterzuholen. Sie lehnten aber ab. Infolgedessen wurde der Bürgermeister sofort vom Parteiführer seines Amtes enthoben. Außerdem drohte er an, aus Springe ein Erschießungskommando zu holen. Tatsächlich begab er sich auch auf den Weg nach Springe. Die drei Nettelreder indessen packten Verpflegung ein und begaben sich sofort in den Wald, um sich zu verstecken. Der Parteiführer kam aber nach einiger Zeit ohne Erschießungskommando zurück. Von der Einwohnerschaft wurde er dann so bedrängt, daß er sich zurückzog und nichts mehr unternahm. Nach der Besetzung des Ortes wurde er mit seinem Sohn als erster festgenommen.

An diesem Sonntagnachmittag wurde auch Flegessen besetzt. Aus einem gepanzerten Fahrzeug wurde durch Lautsprecher bekanntgegeben, daß Ausgangssperre von 7 Uhr abends bis 9 Uhr morgens bestehe. Die Orte Hachmühlen und Neustadt wurden an diesem Nachmittag nach deutschen Soldaten durchsucht. In einem Haus fanden sie auch einige; sie waren verraten worden. Die Amis rissen ihnen die Uhren von den Armen und plünderten sie sonst noch aus. In Bad Münder wurden die in Lazaretten untergebrachten deutschen Soldaten nunmehr Kriegsgefangene und verblieben dort. Es wurde ein neuer Bürgermeister bestellt und eine kleine Hilfspolizeitruppe aus Feuerwehrmännern eingesetzt.

Beim Vordringen auf Eimbeckhausen leuchtete den Panzerbesatzungen bereits am Ortseingang eine weiße Fahne entgegen. Diese hatte Bürgermeister Möller im Einvernehmen mit NS-Parteiangehörigen persönlich angebracht. Möller war kein Parteimitglied gewesen; er verblieb somit weiter im Amt.

Bis zum Abend wurden die Orte Egestorf, Bakede, Beber und Rohrsen besetzt. Bei Nienstedt am Deister stieß diese Einheit in den Operationsbereich der 84. US-Inf.-Division.

Im östlichen Bereich waren Vorhuten der 2. Pz.-Div. nach Pattensen vorgestoßen. Dort befand sich ein Ersatztruppenteil aus dem Senne-

lager, der sich über Hameln nach hier zurückgezogen hatte. Es handelte sich durchweg um junge Leute, in erster Linie Fahnenjunker, die kampfmutig waren. Sie schossen einige amerikanische Fahrzeuge in Brand. Das Abwehrfeuer lag so gut, daß die übrigen Fahrzeuge umkehrten. In dieses Gefecht geriet zufällig der vor vier Tagen eingesetzte Befehlshaber für die Weserfront, Generaloberst Kurt Student, mit seinem Mercedes. Er wollte im Süden von Hannover die Lage erkunden. Student suchte rechtzeitig Schutz. Aus einigen erbeuteten Fahrzeugen konnten sich die deutschen Soldaten und Zivilisten mit seit langer Zeit entbehrten Tabakwaren und Schokoladen versorgen.
Die Bereinigung der Dörfer im rückwärtigen Gebiet wurde fortgesetzt. Durch Lüdersen fuhren die Amerikaner am Sonntag, dem 8. April 1945, ohne jegliches Militär festgestellt zu haben. Sie hinterließen aber die mündliche Anweisung, jetzt die weißen Fahnen herauszuhängen. Die Einwohner befolgten diese Anweisung nicht. Es kam unter ihnen zu Meinungsverschiedenheiten. Einige bemerkten, daß es ehrlos und verräterisch sei, weiße Fahnen zu hissen. Es blieb schließlich dabei, daß weiße Fahnen nicht gezeigt wurden. Die Amerikaner wurden in den nächsten Tagen ungeduldig und drohten mit der Beschießung des Ortes. Auch Einwohner aus dem Nachbarort Bennigsen sollen sich dafür eingesetzt haben, daß endlich weiße Fahnen gezeigt wurden. Erst auf dieses Drängen hin, haben sich die Lüderser „ergeben".
In Hüpede trafen am 8. April um 11.30 Uhr Panzer ein. Ein Offizier suchte zunächst den bisherigen Bürgermeister auf und beauftragte ihn, im Ort bekanntzugeben, daß sämtliche Waffen abzuliefern seien. Auf den Straßen standen inzwischen zahlreiche Polen und nahmen eine drohende Haltung ein. Auch sie wußten wahrscheinlich, daß sich im Ort ein großes Ausweichlager mit Schuhen aus Hannover befand. Um eine Plünderung zu vermeiden, gab der Bürgermeister Marken für Schuhe aus. Für jedes Paar mußten RM 20,− bezahlt werden.
Der Nachbarort Pattensen wurde gegen 17 Uhr (8. April) durch Jabos angegriffen. Dabei wurden mehrere Häuser zerstört. Auch die Schule war getroffen, in der sich etliche deutsche Soldaten befanden. Es gab mehrere Tote, auch unter der Zivilbevölkerung. Der Vorstoß durch Panzer und Infanterie auf die Stadt Pattensen erfolgte am Montag, nachdem zahlreiche Häuser weiß geflaggt hatten. Es gab auch hier keinen Widerstand mehr.
Die in den letzten Tagen nur langsam nachstoßende 5. US-Pz.Div. sollte nunmehr südlich Hannover aktiv werden. Zur Besetzung der

Hauptstadt Hannover brauchte die Einheit nicht herangezogen werden; diese Aufgabe oblag der 84. US-Inf.Div. Beide Einheiten standen in Funkverbindung und unterrichteten sich wie folgt: „Es gab eine preußische Provinz Hannover mit etwa dreieinhalb Millionen Einwohnern, sie war vor 1866 Königreich Hannover. Englische Geschichtsstudenten wollen wissen, daß vor vielen Jahren der König von Hannover auch König von England war."
Der Widerstand in diesem Gebiet war unbedeutend. Am 9. April wurden jedoch in diesem Bereich 336, am 10. April 518 Deutsche gefangengenommen. Neben zahlreichen Geschützen erbeuteten die Amerikaner am 9. April zwei Panzer und am 10. April zwei Tiger und fünf Jagd-Panther.
Die Bevölkerung von Sehnde war in den Tagen vor der Besetzung ständig auf den Beinen, um Bekleidung und Schnaps aus Vorratslagern zu holen. Die Straßen waren bevölkert, jeder wollte noch seinen Bedarf decken. In der Mittagszeit des 10. April ertönte dann der 5-Min.-Alarm als Zeichen dafür, daß der Feind in nächster Nähe war. Die Bevölkerung geriet in größte Aufregung. Als sich die Panzer näherten, waren die Straßen längst nicht frei. Inzwischen flogen Geschosse heran. Es gab Tote und Verwundete. Eine Frau, die trotz Beschuß mit dem Rad weitergefahren war, erhielt einen Kopfschuß. Irgendwo war ein Pferd getroffen. Und am Ende dieser Straße lag ein toter Junge. Die Panzer wälzten Gartenzäune nieder. Die Ortschronik sagt dazu weiter aus: „Als wir noch zwischen Gretenberg und Sehnde waren, kamen uns die Panzer entgegen. Einige Panzer fuhren vorn. In der Mitte gingen deutsche Soldaten. Hinter den Soldaten fuhr noch ein Panzer, damit sie nicht ausrücken sollten. Auf dem letzten Panzer stand ein Amerikaner mit seinem Gewehr. Der schoß aus Mutwillen einen Deutschen einfach an. Er fing an zu weinen. Einige Soldaten mußten ihre Kameraden tragen, weil sie verwundet waren. Es war ein schauriger Anblick. Ich hatte noch immer Angst, daß sie mir etwas tun würden. Auf einmal hieß es: Die Kanalbrücke ist gesprengt worden. Wir kamen näher und sahen, daß das nicht der Fall war. Da kam mir auch schon mein Vater entgegen. Wir freuten uns beide, daß wir uns gesund wiedersahen."
Dieser Ort Sehnde hat leider in den letzten Kriegstagen noch Opfer unter der Zivilbevölkerung gehabt. Mit dem Ende der Kampfhandlungen war auch hier die schwere Zeit noch nicht zu Ende. Es folgten die zahlreichen Plünderungen durch Polen und Russen.

Waffenstillstand und seine Folgen

Gab es den „Werwolf"?

Nach der Besetzung des Weserberglandes verging noch ein Monat, bis die deutsche Wehrmacht am 8. Mai 1945 kapitulierte. Im besetzten Gebiet wurde während dieser Zeit vereinzelt geäußert, daß Wunderwaffen zum Einsatz kommen werden. Einige dem Feinde überlegene Waffen befanden sich tatsächlich in der Entwicklung oder waren sogar produktionsreif. Die Herstellung stand jedoch zu sehr unter Zeitdruck und war wegen des Vordringens der Gegner im Osten und im Westen nicht mehr möglich.

Am 1. April 1945 rief der neue Sender „Werwolf" zum Widerstand gegen die Besatzungstruppen hinter der Front auf. Im besetzten Gebiet war kaum an einen Erfolg zu glauben, nachdem man die gutausgerüsteten Alliierten aus nächster Nähe gesehen hatte. Tatsächlich rührte sich auch in dieser Beziehung im Raum Weserbergland nichts, was nach „Werwolf" hätte aussehen können. Wer sollte auch schon antreten? Die Bevölkerung bestand aus Kindern, Frauen und Greisen. In der Hannoverschen Zeitung las man am 3. April 1945 folgendes:

„Am Ostersonntag erklang aus dem Aether erstmalig der Ruf eines neuen Senders, der sich ‚Werwolf' nennt und als Organ einer Bewegung der nationalsozialistischen Freiheitskämpfer an die Öffentlichkeit tritt, die sich in den besetzten West- und Ostgebieten des Reiches gebildet hat. Das Hauptquartier dieser Bewegung wandte sich über den Sender mit einer Proklamation an das deutsche Volk, die den fanatischen Willen deutscher Männer und Frauen, deutscher Jungen und Mädel in den besetzten Gebieten betont, hinter dem Rücken des Feindes den Kampf für Freiheit und Ehre unseres Volkes fortzusetzen und dem Feinde blutig heimzuzahlen, was er dem deutschen Volke angetan hat."

Der Versuch, für einen solchen Einsatz deutsche Menschen zu gewinnen, mußte scheitern, von Ausnahmen immer abgesehen. Es liegt nicht im allgemeinen Charakterbild der Deutschen, sich als Partisan im Hinterlande zu betätigen. Anschläge gegen Alliierte, die als Werwolf-Taten zu bewerten wären, sind im Raum Teutoburger Wald, Weser und Leine auch nicht bekannt geworden. Dennoch ist wohl der einzige im früheren Deutschen Reich vorbereitete „Werwolf-Einsatz" aus diesem Gebiet gestartet worden, noch bevor die hiesige Bevölkerung aufgerufen war: Am 22. März 1945 starteten nachts vom Flughafen Hildesheim mit einem erbeuteten amerikanischen Bombenflugzeug B 17 vier

Männer und eine Frau, mit Verpflegung und Waffen versehen, um in der Nähe von Aachen mit dem Fallschirm abzuspringen. In den Wäldern hielten sie sich auf, bis sie am 25. März 1945 in die Wohnung des von Alliierten eingesetzten Bürgermeisters von Aachen eindrangen. Dieser war jedoch im Nachbarhause und mußte erst durch Boten geholt werden. Bei seinem Erscheinen wurde er kurzerhand erschossen. Dieser Einsatz wird, wenn in der Nachkriegszeit darüber Berichte erschienen, als „Werwolf"-Tat bezeichnet.

Vom Eingreifen des „Werwolf" ist in der Bevölkerung die Rede gewesen, wenn vor dem Einmarsch der Alliierten wegen Kriegsdienstverweigerung oder Widerstandes Einzelpersonen festgenommen und standgerichtlich verurteilt wurden. Das ist sicher eine falsche Auslegung, denn in dem noch nicht besetzten deutschen Reichsgebiet fanden Reichsgesetze Anwendung. Diese beinhalteten auch die Bildung von Standgerichten.

Die Verwaltung nach der Besetzung.

Für die einrückenden Amerikaner war es nicht immer einfach, sogleich einen geeigneten Bürgermeister für den besetzten Ort zu finden. Die bisherigen Verwaltungsbeamten waren zum größten Teil aus politischen Gründen nicht mehr einzusetzen. Man bestellte deshalb oft vorläufige Bürgermeister in der Hoffnung, daß „die nachrückenden Truppen einen besseren finden". Noch vor der Kapitulation, also im April 1945, erschienen bereits britische Besatzungsangehörige, um die Amerikaner von den Verwaltungsaufgaben zu entbinden. Nach den Konferenzen von Jalta 1944 wußten die vier Mächte, wo die Grenzen der Besatzungszonen verlaufen sollten. Durch Amerikaner eingesetzte Bürgermeister und Hilfspolizisten wurden zum Teil wieder abgesetzt, da sich inzwischen die politische Unzuverlässigkeit herausgestellt hatte. Diese Leute waren praktisch nur das erste Hilfspersonal, das für die Ausführung der militärischen Anordnungen verantwortlich war. „Die Besatzungsarmee wird nicht verwalten, sie wird die Kontrolle aus-

führen", erklärte Oberst Thoma, Mitglied der Operations- und Planungsabteilung der britischen Militärregierung. Er äußerte sich weiter:
„Wir werden Posten vom Oberbürgermeister aufwärts mit geeigneten Deutschen besetzen. Vorläufig kontrollieren die Briten einen Teil der Rheinprovinz, Westfalen, Hannover und Schleswig-Holstein. Etwa fünf Millionen Deutsche werden von einem Stab von 1000 Mann beaufsichtigt. Nach Festsetzung der endgültigen Grenzen werden es etwa 18 Millionen sein. Natürlich werden die Kosten der Besatzung und der Militärregierung durch das deutsche Steuereinkommen getragen werden müssen.
In der britischen Besatzungszone ist fast die Hälfte der Nazi-Bürgermeister geflohen. Ein Drittel der zurückgebliebenen Bürgermeister wurde gleich nach der Besetzung von der Militärregierung des Amtes enthoben."
In sämtlichen Orten war eine Anzahl von Bekanntmachungen der Militärregierung angeschlagen worden. Sie enthielten in erster Linie Verhaltensmaßregeln, insbesondere das Verbot des Waffenbesitzes. In der zahlreiche Punkte enthaltenden Bestimmung waren u. a. die Sperrzeiten festgelegt. Es gehörte praktisch zu den ersten Amtshandlungen der Bürgermeister, die von den Einwohnern abzuliefernden Waffen entgegenzunehmen.
In den ersten Monaten nach der Besetzung gab es im Weserland keine Zeitungen. In Hannover erschienen am 29. Mai 1945 der „Neue Hannoversche Kurier – Nachrichtenblatt der Alliierten Militärregierung –" und am 30. Mai 1945 das „Hannoversche Nachrichtenblatt der Alliierten Militärregierung". In einem Artikel vom 5. Juni 1945 „Deutsche Presse unter Zensur" wird der Direktor des amerikanischen Informationsamtes, Elmer Davies, wörtlich zitiert: „. . . daß deutsche Journalisten unter strenge Zensur gestellt werden müssen. In den ersten Stadien der Besetzung wird den Deutschen überhaupt nicht gestattet sein, eigene Blätter zu veröffentlichen. Später mögen wir einige vertrauenswürdige Deutsche finden, aber bisher kennen wir keinen Deutschen, dem wir vertrauen könnten." Neben Bekanntmachungen der Militärregierung erschienen auch Berichte über den Krieg mit Japan, über Verhaftungen von „Nazi-Größen" oder Verurteilungen. Eine Nachricht vom 26. Mai 1945 lautet:
„Wegen feindseligen Benehmens gegenüber einem Angehörigen der alliierten Militärbehörde wurde heute ein 74jähriger Friseur

Persönliche Botschaft des Britischen Oberbefehlshabers
(an die Bevölkerung des britischen Besatzungsgebietes in Deutschland.)

1. Ich bin von der britischen Regierung mit der Befehlsgewalt und Kontrolle des britischen Besatzungsgebietes in Deutschland betraut worden.
In diesem Gebiet waltet zunächst eine Militärregierung unter meinem Befehl.

2. Mein unmittelbares Ziel ist es, für Alle ein einfaches und geregeltes Leben zu schaffen.

    In erster Hinsicht ist dafür zu sorgen, dass die Bevölkerung folgendes hat:

    a) Nahrung,
    b) Obdach,
    c) Freisein von Krankheit.

    Die Ernte muß eingebracht werden.
    Das Verkehrswesen muß neu aufgebaut werden.
    Das Postwesen muß in Gang gebracht werden.
    Gewisse Industrien müssen wieder die Arbeit aufnehmen.
    Dieses wird für Jedermann viel schwere Arbeit bedeuten.

3. Diejenigen, die nach internationalem Recht Kriegsverbrechen begangen haben, werden gesetzmäßig abgeurteilt und bestraft werden.
Das deutsche Volk wird unter meinen Befehlen arbeiten, um das, was zum Leben der Volksgemeinschaft notwendig ist, zu schaffen und um das wirtschaftliche Leben des Landes wieder aufzubauen.

4. In dem britischen Besatzungsgebiete sind viele deutsche Soldaten, Flieger und Matrosen. Sie werden zur Zeit in besonderen Gebieten versammelt.
Die deutsche Wehrmacht, sowie alle anderen bewaffneten Verbände, werden entwaffnet und aufgelöst.
Alle deutschen Soldaten, Flieger und Matrosen werden nach ihren Handwerken und Berufen gemustert. In wenigen Tagen wird damit angefangen werden, sie von der Wehrmacht zu verabschieden, damit sie mit der Arbeit beginnen können. Vorrecht in der Dringlichkeit hat die Ernte; darum werden Landarbeiter zuerst entlassen. Die Entlassung von Männern in anderen Handwerken und Berufen erfolgt, sobald es praktisch möglich ist.

5. Ich werde dafür sorgen, daß alle deutschen Soldaten und Zivilisten mittels Rundfunk u. Presse über den Fortgang der Arbeit auf dem Laufenden gehalten werden. Der Bevölkerung wird aufgetragen, was zu tun ist.
Ich erwarte, daß sie es bereitwillig und wirksam tut.

Deutschland, 30. Mai 1945.

Gez. B. L. Montgomery
Feldmarschall
Oberbefehlshaber des britischen Besatzungsgebietes.

**MILITARY GOVERNMENT—GERMANY
BRITISH ZONE OF CONTROL**

ORDINANCE No. 91

PREVENTION OF THEFT OF ALLIED PROPERTY
WHEREAS the prevalence of the offence of stealing property of the Allied Forces is such as to render it expedient to make further and more stringent provision for the prevention of the said offence;

IT IS HEREBY ORDERED AS FOLLOWS:

ARTICLE I
Being found on Premises for Unlawful Purposes

1. Every person being found in or upon any building or vessel or on any railway wharf, dock or basin or in any enclosed yard, garden or place occupied by the Allied Forces or any member thereof, without lawful excuse, shall be guilty of an offence.

ARTICLE II
Night Offences

2. Every person who shall be found between 9 o'clock in the evening and 6 o'clock in the morning on the next succeeding day;

(a) armed with any dangerous or offensive weapon or instrument; or

(b) having in his possession without lawful excuse (the proof whereon shall lie on such person) any key, picklock, crow, jack, bit or other implement of house-breaking; or

(c) having his face disguised with intent to commit any offence;

shall be guilty of an offence.

ARTICLE III
Day Offences

3. Every person who shall be found, between 6 o'clock in the morning and nine o'clock in the evening;

(a) armed with any dangerous or offensive weapon or instrument with intent to commit any offence, or;

(b) having in his possession any key, picklock, crow, jack, bit or other implement of housebreaking with intent to commit any offence,

shall be guilty of an offence.

ARTICLE IV
Neglect of Duty by the German Police

4. Any German police officer who fails to prosecute diligently any enquiry into an offence which has been committed against this Ordinance or against Military Government Ordinance No. 1, paragraph 19 or 31, or who neglects his duty so as to allow an offender to avoid or escape from the process of the law, shall be guilty of an offence.

ARTICLE V
Penalties

5 Every person committing an offence under Article I, II or III, shall be liable on conviction by a Control Commission Court to such penalty other than death as the Court may determine.

6. Every person committing an offence under Article IV will be liable on conviction by a Control Commission Court to imprisonment for a term not exceeding five years or to fine not exceeding 10,000 RMs, or to both such imprisonment and fine.

ARTICLE VI
Definition

7. The term "Allied Forces" shall, for the purpose of this Ordinance have the same meaning as in Article VII of Military Government Ordinance No. 1.

ARTICLE VII

8. This Ordinance shall come into force on the 1st September, 1947.

BY ORDER OF MILITARY GOVERNMENT.

**MILITÄRREGIERUNG — DEUTSCHLAND
BRITISCHES KONTROLLGEBIET**

VERORDNUNG Nr. 91

Verhütung von Diebstahl alliierten Eigentums

Der Diebstahl von Eigentum der alliierten Streitkräfte hat so überhand genommen, daß es als angebracht erscheint, weitere und strengere Vorkehrungen zur Verhütung dieser Straftat zu treffen.

Es wird daher hiermit folgendes verordnet:

ARTIKEL I
Betreten von Grundstücken zu unerlaubten Zwecken

1. Wer ohne Berechtigung in oder auf einem Gebäude, Schiff, Eisenbahn oder Hafengelände oder Hafenbecken oder in einem umschlossenen Hof, Garten oder einer sonstigen umschlossenen Örtlichkeit, soweit sie durch alliierte Streitkräfte oder von Angehörigen derselben besetzt sind, angetroffen wird, ist einer strafbaren Handlung schuldig.

ARTIKEL II
Handlungen, die bei Nacht strafbar sind

2. Wer zwischen 9 Uhr abends und 6 Uhr morgens des nächstfolgenden Tages angetroffen wird und

a) eine Waffe bei sich führt oder mit einem sonstigen gefährlichen oder Angriffswerkzeug bewaffnet ist; oder

b) ohne Berechtigung (deren Beweis ihm obliegt) einen Nachschlüssel, Dietrich, ein Brech-, Stemm- oder Bohreisen oder ein anderes Einbruchwerkzeug bei sich führt; oder

c) in der Absicht, eine strafbare Handlung zu begehen, sein Gesicht maskiert oder unkenntlich gemacht hat,

ist einer strafbaren Handlung schuldig.

ARTIKEL III
Handlungen, die bei Tage strafbar sind

3. Wer zwischen 6 Uhr morgens und 9 Uhr abends angetroffen wird und

a) in der Absicht, eine strafbare Handlung zu begehen, eine Waffe bei sich führt oder mit einem sonstigen gefährlichen oder Angriffswerkzeug bewaffnet ist; oder

b) in der Absicht, eine strafbare Handlung zu begehen, einen Nachschlüssel, Dietrich, ein Brech-, Stemm- oder Bohreisen oder ein anderes Einbruchwerkzeug bei sich führt,

ist einer strafbaren Handlung schuldig.

ARTIKEL IV
Vernachlässigung ihrer Dienstpflicht durch die deutsche Polizei

4. Wer als deutscher Polizeibeamter es verabsäumt, die Nachforschung nach einer gegen diese Verordnung oder gegen Ziffer 19 oder 31 der Verordnung Nr. 1 der Militärregierung begangenen strafbaren Handlung eifrig zu betreiben, oder aber seine Dienstpflicht derart vernachlässigt, daß es einem Straffälligen infolgedessen gelingt, sich der Strafverfolgung zu entziehen, ist einer strafbaren Handlung schuldig.

ARTIKEL V
Strafen

5. Wer eine strafbare Handlung nach Artikel I, II oder III begeht, wird, wenn ihn ein Gericht der Kontrollkommission für schuldig befindet, mit einer von diesem Gericht zu bestimmenden Strafe (mit Ausnahme der Todesstrafe) bestraft.

6. Wer eine strafbare Handlung nach Artikel IV begeht, wird, wenn ihn ein Gericht der Kontrollkommission für schuldig befindet, mit Gefängnis bis zu 5 Jahren oder mit Geldstrafe bis zu RM 10 000.— oder mit Gefängnis und Geldstrafe in dieser Höhe nebeneinander bestraft.

ARTIKEL VI
Begriffsbestimmung

7. Der Ausdruck „alliierte Streitkräfte" hat im Sinne dieser Verordnung dieselbe Bedeutung wie in Artikel VII der Verordnung Nr. 1 der Militärregierung.

ARTIKEL VII

8. Diese Verordnung tritt am 1. September 1947 in Kraft.

Im Auftrage der Militärregierung.

von einem Militärgericht zu einem Jahr Gefängnis verurteilt. Der Angeklagte Eduard hatte sich geweigert, einen britischen Offizier zu bedienen. Zu seiner Verteidigung wurde ein deutscher Anwalt zugelassen. Der Präsident des Gerichtshofes erklärte, daß er bei einem jüngeren Mann eine äußerst schwere Strafe verhängt hätte."
Ab 1. Juni 1945 waren deutsche Justizbehörden in einigen Städten in Zivilsachen wieder tätig geworden. Es fungierten also zwei Organe, die Recht sprachen: Alliierte Militärgerichte waren für Strafsachen zuständig, deutsche Gerichte für Zivilsachen. Bis zu diesem Zeitpunkt waren aber in der „regierungslosen Zeit" viele Vergehen und Verbrechen begangen.
Gewöhnlich wurden Militärgerichtsverhandlungen in den Kreisstädten durchgeführt. Das Militärgericht Stadthagen verhandelte am 22. Mai 1946 wegen folgender Delikte:
1. Versperren des Weges (Behinderung eines Britischen Fahrzeugs)
        Urteil: 10 Tage Gefängnis.
2. Schwarzer Markt: Urteil: 2 Monate Gefängnis.
3. Fahren ohne Licht: Urteil: RM 60,— oder 7 Tage Gefängnis.
4. Überschreiten der
Höchstgeschwindigkeit: Urteil: 14 Tage Gefängnis.
Verstöße gegen die Sperrstunden wurden fast einheitlich mit einem Monat Gefängnis geahndet. Vier Männer, die die Britische Zone ohne Erlaubnis von der Französischen Kontrollzone betreten hatten, verurteilte das Militärgericht Bückeburg am 5. Juli 1946 zu je drei Monaten Gefängnis; sie wurden sofort eingesperrt. Ein Arbeiter, der „unbefugt der Arbeit für die RAF fernblieb", erhielt am 23. August 1946 zwei Monate Gefängnis. Zahlreiche weitere Urteile dieser Art könnten angeführt werden. Aus heutiger Sicht kann man bereits aus diesen wenigen Beispielen etwas von der rauhen Nachkriegszeit erkennen.
So beruhigend das Ende der Kampfhandlungen und der Fliegerangriffe für die Bevölkerung schien, um so gefährdeter waren jetzt vereinzelt liegende Grundstücke geworden. Beraubungen durch freigesetzte Ausländer waren an der Tagesordnung. Wehrmachtseigentum, das sich in großen Mengen auf Bahnhöfen in Transportzügen befand, fand Abnehmer bei Deutschen und Ausländern. Textilien und Bedarfsgegenstände wurden auf Handwagen, Fahrrädern und mit Pferdegespannen abtransportiert. Andere Artikel (in Minden: 20 neue Flugzeugmotore, elf Geschütze und 200 t Luftwaffengeräte) blieben monatelang unangetastet. Im Mindener Raum konnten die Bauern Pferde aus

MILITAERREGIERUNG–DEUTSCHLAND
Kontroll-Gebiet des Obersten Befehlshabers

BEKANNTMACHUNG PERSONEN-VERKEHR

ARTIKEL I
Reisebeschränkungen

Niemand darf:

~~1. Über die Grenze von~~ ────────

2. Weiter als _100 km_ von _Wohnort_ reisen, es sei denn, dass er von dem Offizier der Militärregierung in ──────── ──────── oder dessen bevollmächtigten Untergebenen einen Erlaubnisschein erhalten hat.

ARTIKEL II
Strafen

Jeder Verstoss gegen die Vorschriften dieser Bekanntmachung wird nach Schuldigsprechung des Täters durch ein Gericht der Militärregierung nach dessen Ermessen mit jeder gesetzlich zulässigen Strafe, ausschliesslich der Todesstrafe, bestraft.

Im Auftrage der Militärregierung

CA/Gl 25a

★ Unzutreffendes ist zu streichen.

Ein Bild aus den ersten Tagen nach der Besetzung. Anstatt Benzin wurden echte „Pferdestärken" ausgenutzt.

Wehrmachtsbeständen übernehmen. Soweit die örtlichen Verwaltungsbehörden den Verkauf von ausgelagerten Waren übernahmen, wurden beträchtliche Summen kassiert. In Bückeburg wurde z.B. für 18.953,75 Reichsmark Mehl verkauft. Eine Kornbrennerei aus Lemgo hatte auf zahlreichen Bauernhöfen ihre wertvollen Erzeugnisse eingelagert. In einigen Orten wurden Weine und Spirituosen in Abflußkanäle geschüttet. Dennoch ist es oft genug vorgekommen, daß sich Ausländer von den Resten sinnlos betranken und in ihrem Rausch die Bevölkerung belästigten. Die von der Besatzungsmacht eingesetzten Hilfspolizisten – Zivilisten mit weißen Armbinden – waren gegen die oft bewaffneten Ausländer hilflos.

Eine Gefahr bildete die zahlreich im Walde umherliegende Munition. Deutsche Truppen, die sich abgesetzt hatten, schütteten teilweise ganze LKW-Ladungen in Straßengräben. Zwei Jungen aus Wennigsen fanden bei ihrem Streifzug durch den Deister eine Granate. Als sie daran hantierten, verunglückten beide (14 und 15 Jahre alt) tödlich. Bei Barntrup schraubte ein Junge eine Gewehrgranate auf. Sie explodierte, und mit zerrissener Brust blieb er tot liegen. Sein Freund blieb wie durch ein Wunder unverletzt.

Im Juni 1945 durften Gendarme, die nach Überprüfung wieder ihren Dienst versehen sollten, ihre alte Uniform tragen. Es mußten nur sämtliche Abzeichen entfernt werden. Am linken Oberarm war zusätzlich die weiße Armbinde zu tragen. Als Waffe war ein Holzknüppel bewilligt worden. Mit diesem war natürlich gegen die in größerer Anzahl auftretenden Einbrecher nichts auszurichten. Kein Wunder, daß die Polizei erst eintraf, wenn die Beute fortgeschleppt war.

Die Städte und Gemeinden mußten nach wie vor die Wohnungen bewirtschaften. Zunächst schien eine leichte Lockerung in der Wohnungsnot einzutreten, da Flüchtlinge aus Westdeutschland in ihre Heimat zurückkehrten und Evakuierte aus Hannover zum Teil ihre Wohnungen wieder beziehen konnten. Für Bad Oeynhausen jedoch gab es eine besonders schwierige Situation. Bei der Stadtverwaltung traf am 7. Mai 1945 ein Beschlagnahmebescheid ein, daß umgehend mehr als die Hälfte der Stadt zu räumen sei. Es mußten innerhalb kurzer Frist

Dies war die „Uniform" eines von der Besatzungsmacht eingesetzten deutschen Polizeibeamten. Als Waffe durfte ein Holzknüppel getragen werden.

Bad Oeynhausen war Hauptquartier der Britischen Rheinarmee geworden. Die deutsche Bevölkerung mußte kurzfristig einen großen Teil der Stadt räumen. Hier Feldmarschall Montgomery bei einer Rundfahrt durch die Stadt.

zwischen 9000 bis 15000 Einwohner in die Nachbarorte evakuiert werden. Die britische Rheinarmee wollte hier ihr Hauptquartier aufschlagen. Der beschlagnahmte Stadtteil wurde später mit einem hohen Drahtzaun umgeben. (Erst 1954 wurde die Rheinarmee nach Mönchengladbach verlegt.)

Die Wohnungsnot wurde im Jahre 1946 besonders groß. Heimatvertriebene aus den Ostgebieten trafen in den Monaten Mai und Juni 1946 in sämtlichen Landkreisen ein. Sie waren von den Polen aus Schlesien ausgewiesen worden. Die Bevölkerungszahl war in einigen Orten bis auf das Doppelte angestiegen. Eine mehrköpfige Familie mußte oft in einem oder in zwei Zimmern leben. Ein Schrank mitten im Zimmer diente als Trennwand, dahinter standen die Betten, die den Schlafraum ausmachten. Um das Bild abzurunden, sind noch die zahlreich aufgetretenen Streitigkeiten mit Hausbesitzern oder Mitbewohnern zu erwähnen. Und 1946 waren die Lebensmittelrationen besonders niedrig. Es war ein besonders schweres Los für die Flüchtlinge, die vor dem Nichts standen und auch keine Tauschobjekte besaßen.

Im Hauptquartier der britischen Rheinarmee in Bad Oeynhausen bei einem Vorbeimarsch: General Deeds.

Das Hauptquartier war abgesperrt. Diese Aufnahme stammt aus dem Bereich, der für Deutsche nicht zugänglich war.

Der britische Henker in Hameln.

Im September 1945 war es soweit. Der erste große Kriegsverbrecherprozeß war vorbereitet. Die Wachmannschaften des Konzentrationslagers Bergen-Belsen, die bei der Einnahme des Lagers am 15. April 1945 gefangengenommen werden konnten, standen vom 17. September bis 16. November 1945 in der Lüneburger MTV-Halle vor ihrem Richter. Nach 54 Verhandlungstagen wurden acht SS-Männer und drei Aufseherinnen zum Tode verurteilt, zwei SS-Männer, neun SS-Aufseherinnen und acht Kapos erhielten Freiheitsstrafen von einem Jahr bis lebenslänglich. Sieben SS-Männer, drei Kapos, vier SS-Aufseherinnen wurden freigesprochen. In Hameln befand sich das sichere alte „Zuchthaus". Dort konnte man die Gefangenen unterbringen, auch die Todeskandidaten verlegte man nach dort. Aus England bestellte man den Henker Albert Pierrepoint. Als er in Hameln eintraf, hatten britische Ingenieure eine Hinrichtungskammer eingerichtet. Am Tage vor der Hinrichtung begutachtete der Henker den Galgen. Es sollten 13 Verurteilte hingerichtet werden. Nach dem Essen wurden alle 13 gewogen und gemessen, um die Fallhöhe zu berechnen. Als Gehilfe wurde dem Henker der britische Hauptfeldwebel O'Neil zugeteilt. Im übrigen waren bereits wieder deutsche Angehörige des Strafvollzugsdienstes eingesetzt. Am nächsten Morgen, dem 13. Dezember 1945, mußten auch sie Zeugen sein, als der Henker seines Amtes waltete. Bereits um 6 Uhr war er erschienen. Er rief nur „Irma Greese!" Darauf schlossen die Wachen eilig die Gucklöcher an zwölf Zellentüren und öffneten die dreizehnte. Irma Greese kam heraus. Sie wurde vom Henker auf dem Gang gefesselt, da die Zelle sehr eng war. „Folgen Sie mir!" sagte der Henker auf englisch und der Gehilfe O'Neil übersetzte. Wiederstandslos ging sie in die Todeskammer, schaute die Zeugen an und stellte sich auf die Falltür. „Schnell", sagte sie, als der Henker die weiße Kapuze über den Kopf zog. Danach wurde ein Hebel bedient. Nach 20 Minuten wurde der Leichnam in einen bereitstehenden Sarg gelegt. Als nächste Frau wurde Elisabeth Volkenrath gerufen. Über sie war in der ausländischen Presse inzwischen genügend berichtet worden, „fast eine Schönheit, aber die meistgehaßte Frau im Konzentrationslager Belsen, 42 Jahre alt". Als dritte Frau wurde Johanna Bormann gehenkt. Nach einer Teepause waren fünf Doppelhinrichtungen vorgesehen. Als erste wurden in die Hinrichtungskammer Josef Kramer und Dr. Fritz Klein

Der britische Henker Albert Pierrepoint. „Ich henkte damals im Gefängnis von Hameln an einem einzigen Tag 27 Männer. Das war für mich ein Job wie jeder andere", sagt P. nach über 30 Jahren.

geführt. Die Tätigkeit des Henkers nahm den gesamten Vormittag in Anspruch. Erst gegen 13 Uhr war alles erledigt. Versehentlich war für den letzten Toten kein Sarg hergerichtet worden. Es wurde somit nur ein Sack beschafft und damit der Tote in das Grab gelegt.
In der Folgezeit mußte der Henker noch einige Male nach Hameln reisen, wenn von den Militärgerichten einige zum Tode Verurteilte eingeliefert waren. Er persönlich äußerte sich einmal: „Ich henkte damals im Gefängnis von Hameln an einem einzigen Tag 27 Männer. Das war für mich ein Job wie jeder andere." Daß es sich bei den Hingerichteten nicht nur um KZ-Bewachungsmannschaften gehandelt hat, sondern um deutsche Soldaten und Offiziere in der Mehrzahl, ist nie der Öffentlichkeit bekannt geworden. Die Toten, die zunächst im Zuchthausgelände bestattet waren, sind erst nach Jahren zum Friedhof „Am Wehl" umgebettet worden. Die angeblichen Verbrechen der

Hingerichteten-Gräber
Friedhof Wehl/Hameln

November 1979

Bernhard Siebken,
SS-Obersturmbannführer
und Regimentskommandeur,
hingerichtet
am 20. Januar 1949 in Hameln.

Hingerichteten – außer der KZ-Bewachung – konnten nur in drei Fällen ermittelt werden. Der in Coppenbrügge wohnhafte Hauptmann Willy Mackensen war Kommandant der besetzten Stadt Thorn (Polen). Ihm waren persönlich keine strafbaren Handlungen nachzuweisen. In der Stadt Thorn sind aber in einem Gefangenenlager 30 Engländer und Russen an Ruhr gestorben, für deren Tod man niemand anders verantwortlich machen konnte. Von der Verurteilung und der Hinrichtung hat man nicht einmal die Ehefrau benachrichtigt.
In einem anderen Fall ist jemand wegen des Besitzes von fünf Schuß Karabinermunition gehenkt worden. Sonst ist nur noch das Schicksal des Bernhard Siebken bekannt geworden. Im Juni 1944 lag sein Bataillon an der Invasionsfront und kämpfte mit dem gelandeten Gegner. In diesem Raum wurden am 8. Juni 1944 mehrere gefangene deutsche Offiziere und Mannschaften von einem britischen Panzerspähwagen erschossen. Ein Bericht dazu lautet:
„Als sich die deutschen Offiziere weigerten, freiwillig als Kugelfang auf den Panzerspähwagen stehend durch die deutschen Linien zu fahren, wurde der schwerversehrte Oberst Luxenburger von zwei britischen Offizieren gefesselt, bewußtlos geschlagen und in blutüberströmten Zustande auf einen britischen Panzerspähwagen als Kugelfang aufgebunden. Dieser Spähwagen wurde später von einer deutschen Pak abgeschossen. Oberst L. starb einige Tage danach an den Folgen der erlittenen Mißachtung der Gesetze der Menschlichkeit.
Männer des Bataillons Siebken wurden Zeugen dieser verbrecherischen Untat. Mit eiserner Entschlossenheit und voller Abscheu vor dem Geschehen kämpften sie weiter. Tage danach fand man im Gefechtsabschnitt Siebken die Leichen von zwei englischen Soldaten. Wer sie getötet hat, weiß man nicht. Ob einer der Grenadiere den Tod seiner dahingemetzelten Kameraden rächen wollte oder ob ein Fluchtversuch vorlag, ist ungewiß*).“
Obwohl auch hier kein völkerrechtswidriger Befehl nachgewiesen werden konnte und keine Schuldigen zu finden waren, machte man es sich einfach und verurteilte den Kommandeur des Gefechtsabschnittes, SS-Obersturmbannführer Bernhard Siebken. Noch am 20. Januar 1949 mußte Henker Pierrepoint bei der Hinrichtung dieses Soldaten in Aktion treten, der nur als untadeliger, tapferer und ritterlicher Soldat bekannt war. Er war einer der letzten, die in Hameln gehenkt wurden.

---

*) „Der Freiwillige", Heft 10/1959

Preußenschatz in Kleinenbremen.

Im Dezember 1944 erschien im Pfarrhaus zu Kleinenbremen bei Bückeburg der Generalbevollmächtigte des früheren preußischen Königshauses, Frhr. von Plettenberg. Der Pfarrer, erstaunt über den hohen Besuch, wurde befragt: „Wäre nicht der Keller Ihrer Kirche ein geeigneter Ort, die preußische Königskrone aufzunehmen?" Der Pfarrer überlegte kurz, dann gingen beide in die Kirche. Im Kerzenschein fanden sie eine geeignete Stelle unter der Kellertreppe. Frhr. von Plettenberg sagte zu, daß er in einer Woche den Schatz bringen würde. Pfarrer Strathmann bereitete in den nächsten Tagen mit zwei zuverlässigen Leuten (Maurermeister Friedrich Ackmann und Kirchendiener Friedrich Aldag) alles vor. An einem Abend gegen 20.00 Uhr traf dann von Plettenberg mit einer verlöteten Kassette ein. „Es ist soweit!" sagte der Pfarrer nur zu seinen Gehilfen. Im Kerzenschein stiegen sie die Treppe in der Kirche hinab. Der Kirchendiener handlangerte, als der Maurer eine kleine Mauer zog. Der Putz wurde anschließend mit Kohlenstaub verschmiert, damit das frische Mauerwerk nicht auffiel. Ein Jahr lang wurde in der Kirche Gottesdienst gehalten, ohne daß die Kirchengänger etwas von dem kostbaren Schatz vermuteten. Erst im Januar 1946 kamen britische Besatzungsangehörige und beschlagnahmten die Kirche. Niemand durfte sie betreten. Pfarrer Strathmann sagte später: „Ich habe lange unter dem Verdacht gelitten, daß die Kunde aus meinem Dorfe gekommen sein könnte. Meine Leute aber haben geschwiegen wie ein Grab."
Die Kenntnis der Engländer jedoch stammte aus einer Aktennotiz des Herrn von Plettenberg, die zwar kurz lautete: „Kirche zu Kleinenbremen und vermauert." Zur Bergung dieses Schatzes hatten die Engländer Prinz Oskar nach Bückeburg gebracht. Dieser wollte „jede Auskunft verweigern". Prinz Oskar mußte aber mit einem weiteren Beamten des preußischen Hauses ein englisches Kommando nach Kleinenbremen begleiten. Über das weitere Geschehen wird berichtet:
„Der alte Maurermeister war mit Meißel und Hammer bestellt worden. Schweigend stiegen wir die Treppe hinunter und schweigend verharrten wir, als dumpf die Hammerschläge durch das Gewölbe dröhnten und der Hohlraum mit der Kassette freigelegt wurde. Der Prinz stand neben mir, aschfahl im Gesicht. Der kommandierende Offizier trug die Kassette mit der Krone selbst in den Wagen. Die Krone Preußens war nicht mehr in deutscher Hand."

Tatsächlich befand sich nicht nur die preußische Krone in dem Behälter, sondern noch eine Anzahl Tabakdosen des Preußenkönigs Friedrich der Große. Die Schätze verblieben zunächst im englischen Besitz. Erst nach einigen Jahren wurden sie dem Bevollmächtigten des preußischen Hauses, Graf Hardenberg, zurückgegeben. Wer die Burg Hohenzollern bei Hechingen/Württ. besichtigt, bekommt die Krone in einem besonders abgesicherten Raum hinter Glas zu sehen. Sie besitzt einen Wert von mehreren Millionen D-Mark. Auch die Tabakdosen Friedrichs des Großen gehören zu dem reichhaltigen Ausstellungsgut im Burgmuseum.

Soeben aus dem Versteck entfernt: Diese preußische Königskrone und die Tabaksdosen Friedrichs des Großen waren in der Kirche zu Kleinenbremen bei Bückeburg eingemauert. Die Wertstücke befinden sich jetzt im Museum der Burg Hohenzollern bei Hechingen (Württemberg).

Die Entnazifizierung.

Die meisten Mitglieder der NSDAP und ihrer Gliederungen waren nach der Besetzung im April 1945 bereits aus ihren beruflichen Stellungen entfernt. Am 12. Januar 1946 stellte der Kontrollrat für ganz Deutschland Richtlinien für die Entfernung und den Ausschluß von Nationalsozialisten und Militaristen auf. Im Anschluß daran gaben die einzelnen Militärregierungen Weisungen zur politischen Säuberung für jede Besatzungszone gesondert heraus. In einer Präambel hieß es: „Die Befreiung vom Nationalsozialismus und Militarismus ist eine unerläßliche Vorbedingung für den politischen, wirtschaftlichen und kulturellen Wiederaufbau." Durch diese Gesetze wurden erstmals umfassend deutsche Stellen in die „Bewältigung" des „Dritten Reiches" einbezogen. Es entstand eine umfangreiche Sondergerichtsbarkeit mit öffentlichen Klägern und Spruchkammern mit zwei Instanzenzügen. Das Gesetz sah vor, daß zur Befreiung des deutschen Volkes von Nationalsozialismus und Militarismus und zur Sicherung dauernder Grundlagen eines deutschen demokratischen Staatslebens alle, die die Gewaltherrschaft unterstützt oder Unrechtshandlungen begangen haben, von der Einflußnahme auf das öffentliche wirtschaftliche und kulturelle Leben ausgeschlossen und zur Wiedergutmachung verpflichtet werden.
Ausführendes Organ dieses Gesetzes war jetzt der in jeder Kreisstadt zu bildende „Entnazifizierungsausschuß". Er durfte nicht aus Personen bestehen, die vorher den NS-Gliederungen angehört haben. Es waren daher sehr oft Männer eingesetzt, die während der NS-Herrschaft aus dem Amt ausscheiden mußten, insbesondere wegen der Zugehörigkeit zur SPD oder KPD. Im Holzmindener Ausschuß konnte sich über einen längeren Zeitraum ein „großer Nazi" halten und bis zu seiner Entlarvung scharf über die kleinen Nazis richten. Bei ihm war als Flüchtling die politische Vergangenheit nicht nachzuforschen gewesen. Nach einer Fragebogenaktion kam es zur mündlichen Verhandlung, in der die Einstufung in eine der fünf Gruppen erfolgte.
Der im Landkreis Höxter seit Juni 1945 amtierende britische Major Sheen war einer der ersten, der seinen Kreis-Entnazifizierungsausschuß arbeitsfähig hatte. Die Gehälter der Ausschußmitglieder waren auf 400,— RM festgesetzt. Anfang April 1946 mußten sich die ersten NS-Mitglieder dem Ausschuß stellen. Die ergangenen Beschlüsse wur-

den danach der Kreis-Militärregierung zugestellt. Auch die deutschen Arbeitgeber sollten Kenntnis von allen Fällen erhalten. Die Verhandlung konnte die sofortige Entlassung aus dem Arbeitsverhältnis zur Folge haben. Die Arbeitgeber waren angewiesen worden, dann auch die sofortige Entlassung auszusprechen. Gegen die Entscheidung war noch das Rechtsmittel der Berufung möglich.
Vor der formalen Einstufung durch den Entnazifizierungsausschuß hatten die Betroffenen aber bereits, sofern sie Soldat gewesen waren, die Gefangenschaft hinter sich gebracht und waren dort einer Sonderbehandlung unterzogen worden. Die in der Heimat aufgegriffenen politischen Leiter und Parteiangehörigen wurden noch im April 1945 in besonderen Lagern untergebracht. Bei Vennebeck nahe der Porta Westfalica waren Ende April 1945 auf freiem Feld etwa 2000 bis 3000 Menschen zusammengetrieben worden. Sie mußten in Erdhöhlen hausen. Als nach Tagen die Fläche zu klein wurde, erweiterte man den Komplex um ein bestelltes Roggenfeld. Während die Häftlinge bisher auf Gras schlafen mußten, konnten sie jetzt Roggenhalme als Schlafunterlage nutzen. Ringsherum waren MG-Stände und nachts auch Scheinwerfer aufgebaut.
Im Sennelager/Hövelhof waren auch einige tausend Angehörige von NS-Organisationen untergebracht. Hier standen Baracken, in denen bisher Russen gelegen hatten. Zu der herrschenden Wanzenplage kam schlechte Behandlung. Ein 66jähriger Arzt wurde von einem Deutschen empfangen: „Ich war fünf Jahre im KZ, jetzt kommt es anders, ihr Nazischweine!" Am zweiten Pfingsttag hatte dieser befohlen: „Die Ortsgruppenleiter her!" Es meldete sich eine Gruppe von 20 Mann. Diese Mannschaft mußte jetzt in Konservendosen Sand schleppen, von einer Stelle zur anderen. Das ging der deutschen Aufsicht nicht schnell genug, dann kam der Befehl „im Laufschritt". Auch der 66jährige Arzt mußte sich fügen und mit einer Dose in der Hand hin- und herrennen.
Unweit von Hövelhof befand sich das Lager „Staumühle". Hier waren neben den führenden Persönlichkeiten von NS-Organisationen auch Angehörige der Wehrmacht und Waffen-SS interniert. Die Amerikaner hatten ehemaligen KZ-Insassen, die sich in ihrer gestreiften Häftlingskleidung zeigten, die innere Lagerführung übertragen. Da diese sich von Rachegefühlen leiten ließen, kam es ständig zu Ausschreitungen an den Lagerinsassen. – Auf dem Friedhof von Hövelhof erinnert eine Gedächtnisstätte an die vielen Opfer, die in diesen Lagern umkamen.

Der Schwarz- und Tauschhandel.

Die Hoffnung, daß die Ernährungslage sich nach Ende der Kriegshandlungen bessern würde, bewahrheitete sich nicht. Im Gegenteil: die Rationen verringerten sich ständig, bis im Monat Juli 1946 die „Hungerration der 91. Periode" sogar abgebildet wurde und sämtliche Zeitungen in diesem Zusammenhang über die bisher schlechteste Ernährungslage berichteten. Die Normalverbraucher erhielten pro Tag: 285 g Kartoffeln, 16 g Fleisch, 1/10 Liter Milch, 250 g Brot, 7 g Fett, 35 1/2 g Nährmittel, 18 g Zucker, 4,6 g Kaffe-Ersatz. Die Stadtbevölkerung war zu diesem Zeitpunkt gezwungen, auf das Land zu reisen, um Lebensmittel gegen ihre Wertgegenstände einzutauschen. Geld zum Reisen hatte man genug, die alten Reichsmarkscheine waren noch gültig. Somit gab es nur noch überfüllte Züge, die Menschen standen auf den Trittbrettern, und niemand nahm Anstoß daran. Es war ein alltägliches Bild geworden. Wer kein gegenständliches Tauschobjekt hatte, mußte zum Geld greifen, auch wenn der Preis unverantwortlich hoch war. Eine Frau aus Hannover, deren Mann bei der Hanomag arbeitete und wöchentlich 50 Reichsmark mit nach Hause brachte, konnte das ihr von einem Ausländer angebotene Pfund Schmalz für 200,— RM nicht kaufen. Wovon hätte die Familie mit drei Kindern dann noch leben sollen? Die Frau, 43 Jahre alt, wog noch 96 Pfund, ihr Mann mit 50 Jahren 95 Pfund bei einer Arbeitswoche von 56 Stunden.
Ganz offen über die Not in Westdeutschland berichtet die englische Zeitung „Daily Mail" 22. Juli 1946. Die Offenheit der Sprache ist verblüffend:
„Belsen ist jetzt ruhig und verlassen. Niemand lebt dort. Die Baracken sind verbrannt und die Insassen tot oder zerstreut. Aber außerhalb seiner Tore finden wir das neue Belsen, das hygienische, langsam fortschreitende Belsen – unter unserer Aufsicht.
Wir waren imstande, die Bestie von Belsen zu verurteilen und hinzurichten. Aber wir konnten nicht sagen, was Kramer hätte tun sollen. Und weil wir die Antwort immer noch nicht wissen, tun wir genau dasselbe, was er tat. Wir haben zuwenig Nahrung für Deutschland und verteilen sie mit peinlicher Genauigkeit unter viel zu viel Menschen.
Wenn man durch Deutschland reist, ist man überrascht über die Zahl von gesund aussehenden Leuten, die munter durch die Straßen gehen. Man bekommt äußerlich keinen Eindruck von einem verhungernden

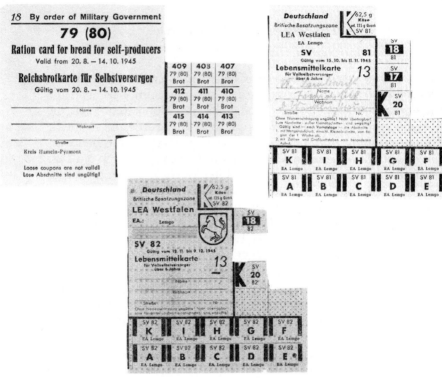

Verschiedene Lebensmittelkarten der Nachkriegszeit.

Durch die alliierte Militärbehörde in Umlauf gesetztes Besatzungsgeld. Es war neben den alten Reichsmark-Scheinen bis zur Währungsumstellung (20. Juni 1948) gültig.

Land, durchaus nicht. In Anbetracht der Rationen, die wir den Deutschen geben, müßten sie theoretisch dem Tode viel näher sein, als sie es sind. Die Gesundheitsstatistik müßte viel entsetzlicher sein. Die Leute dürften eigentlich gar keine Widerstandsfähigkeit mehr gegen Krankheiten haben. Im letzten Winter wäre vernünftigerweise zu erwarten gewesen, daß das Land von ungeheuren und unaufhaltbaren Epidemien überschwemmt wurde. Jetzt werden die Leute in den großen deutschen Städten von Tag zu Tag schwächer. Die Krankheits- und Todeskurven steigen zäh an. Der alte unerträgliche Gestank von Belsen beginnt aus den Slums von Hamburg und der Ruhr aufzusteigen. Die Kinder der ganz Armen mit ihren gelben Gesichtern sitzen schon müde auf den Türschwellen, statt zu spielen. Der nächste Winter – ein neuer Winter ohne Nahrung und ohne Wärme und ohne Hoffnung – wird das Ende bringen. Die Leute, die hier in den Ruinen leben, nennen ihr eigenes Land heute bereits das ‚Belsen ohne Stacheldraht'.
Es ist eine Ernährung, um langsam zu sterben, aber nicht, um davon zu leben. Und tatsächlich, als man die Leute ins Gefängnis gab, begannen sie zu schnell zu sterben. Die Nahrung gab nicht einmal genug Kraft, um ein ruhiges Gefängnisleben ertragen zu lassen. Infolgedessen mußten wir den Gefangenen 200 Kalorien zusätzlich pro Tag gewähren. Und das bedeutet, daß deutsche Verbrecher ein Fünftel mehr Nahrung bekommen als die anständige, dem Gesetz gehorsame deutsche Hausfrau. Die Erklärung ist, daß die meisten Deutschen trotz aller Vorkehrungen, die wir treffen, sich irgend etwas extra verschaffen. Sie gehen ins Land hinaus und handeln mit den Bauern, vertauschen ihre Hemden und Handtücher und Familienjuwelen gegen Nahrung. Dann versuchen sie, die Polizeistreifen zu umgehen und schmuggeln ihre Einkäufe zurück in die Stadt. In der Theorie erlaubt man ihnen, genug nach Hause zu tragen für ihren eigenen persönlichen Bedarf. Aber in jeder Stadt hört man Klagen, daß die Polizei jedes bißchen wegnimmt."
Bei der in diesem englischen Bericht dargestellten Notlage kam es auch zu zahlreichen Felddiebstählen. In Salzhemmendorf stellte man einen Flurhüter ein, der nachts mit einem Hund die Felder und Gärten beobachtete. Während der Kartoffelernte im Oktober 1947 wurden in der Feldmark Springe in wenigen Tagen 45 Zentner Kartoffeln gestohlen. In der Hannoverschen Presse vom 3. Oktober 1947 wird über Tündern berichtet:

„Wie die Polizei jetzt mitteilt, mußte sie in Tündern (Kreis Hameln--Pyrmont) bei einem Bauern die Erntearbeiten unter Schutz stellen, weil eine fast 200-köpfige Menschenmenge das Feld stürmte und große Mengen Kartoffeln auf eigene Faust rodete. Einem anderen Landwirt wurden auf diese Weise drei Viertel Morgen Ackerland abgeerntet. Diese Vorgänge spielten sich in den Tagen ab, als die Bevölkerung mit der Ausgabe von nur einem Zentner Kartoffeln rechnen mußte."
Als Umschlagsort von Schwarzmarktware waren im Laufe der Zeit Gaststätten oder Warteräume auf Bahnhöfen bekannt geworden. Dort wurde Ware gegen Ware getauscht oder Lebensmittel gegen hohe Preise abgesetzt. Die Preise schwankten in der Schwarzhandelszeit, die bis zur Währungsumstellung 1948 anhielt. Der Preis für ein Pfund Butter betrug zeitweise 250,— Reichsmark, im März 1948 280,— Reichsmark. Für 1 kg Kaffee wurden 640,— Reichsmark bezahlt. Die Tauschpartner nahmen vorsichtig miteinander Kontakt auf, denn sie wußten nicht immer, wen sie vor sich hatten. Es drohte immer noch

In Gegenwart von britischer Militärpolizei kontrolliert deutsche Polizei Schwarzhändler. Ein Paar Schuhe und zwei Flaschen Rübenschnaps wurden bei diesem Herrn gefunden.

Unter Stroh versteckt fand die Polizei eine Ladung Kartoffeln.

Strafe. Aber die Not war groß, jeder wollte etwas Brauchbares erstehen, das förderte schon ein Zusammenhalten unter den „Schwarzhändlern". Und in vielen Fällen hat man die Not in Familien lindern können. Eine Frau, genügend Reichsmark in der Tasche, konnte für ihren schwerkranken Mann einige Nahrungsmittel zusätzlich kaufen. – Das verdeutlicht am besten die Notwendigkeit eines Schwarzmarktes in Notzeiten.
Es können in diesem Rahmen gar nicht alle Einzelheiten des Schwarzen Marktes erwähnt werden. Nicht zu vergessen sind zahlreiche kleine Brennereianlagen, die „Rübenschnaps" herstellten. Auch dieser war ein gutes Tauschobjekt. Allmählich waren auch Ölmühlen auf dem Schwarzen Markt zu erhalten. Mit kompensiertem Raps wurde für den eigenen Bedarf Speiseöl hergestellt. Erst nach dem 20. Juni 1948, dem Tag der Währungsumstellung, als jede Person mit 40,– „Deutsche Mark" anfangen mußte, besserten sich die Zeiten. In den Geschäften waren plötzlich einige Waren angeboten worden, die vor Tagen für die alte „Reichsmark" noch nicht zu erhalten waren. Die meisten Lebensmittel waren aber noch bis 1949 rationalisiert.

Kriminelle Ausschreitungen.

Tausende von „Fremdarbeitern" und Kriegsgefangenen waren mit der Besetzung unseres Gebietes plötzlich befreit. Kriegsgefangene Franzosen, Holländer und Belgier traten bald ihren Heimweg an. Viele machten sich mit gestohlenen Fahrrädern, Autos oder Pferdewagen auf den Weg. Anders war es mit den Polen und Russen. Diese wurden durch die Militärregierung aufgerufen, sich auf ihren früheren Arbeitsstellen zu melden oder sich auf einem zuständigen Büro zur Arbeit einschreiben zu lassen. Soweit sie einer Arbeit nicht nachgehen wollten, wurden sie in von der Militärregierung eingerichteten Lagern untergebracht. Dort sollten sie verbleiben, bis eine Rückführung in ihre Heimatländer möglich war. Fast alle Ausländer ließen sich in einem Lager nieder. Beispielsweise wurden im Kreise Höxter mehrere Lager eingerichtet, und zwar in Brakel, Nieheim, Himmighausen und Bad Hermannsborn. Zunächst hatten die Ausländer Plünderungsrecht verlangt, außerdem wollten nicht sie in Kasernen oder Lager untergebracht werden, sondern es sollte umgekehrt kommen: Die deutsche Bevölkerung sollte in diese Lager, die Polen und Russen wollten in die Häuser der Stadt. Die Amerikaner lehnten das aber entschieden ab. In der Stadt Höxter lagen bald 4768 Ausländer. Die Zustände in dieser Stadt werden in einer Chronik beschrieben:
„In der Stadt sah es wüst aus. Die Schaufenster der Innenstadt waren fast alle zertrümmert, die Bevölkerung plünderte ununterbrochen Wehrmachtsgut. Schon am 9. April strömte, von sogenannten Antifaschisten veranlaßt, viel Raubgesindel in die Stadt, plünderte und raubte bei Tag und Nacht und setzte sich in den Besitz von Waffen. Eine rühmliche Ausnahme bildeten die französischen ehemaligen Gefangenen, die sich an den Ausschreitungen nicht beteiligten."
Soweit Vorratslager der Wehrmacht erbrochen waren, kamen immer mehr Deutsche hinzu und brachten auf Handwagen, Fahrrädern und Pferdewagen Gebrauchsgüter nach Hause. Über Höxter wird dazu weiter berichtet:
„In der Nacht zum 12. Mai 1945 verüben Ausländer in der Teufelsgasse einen Einbruch in das Lager der Weingroßhandlung Thies. Der Wein soll dort in Strömen durch die Gossen geflossen sein. Natürlich gab es dabei den üblichen Radau, der sich bald auf die ganze Stadt ausdehnte, wo die Betrunkenen umherzogen. Weiber gröhlten und sangen mit den

Männern. Es soll auch heftige Keilereien zwischen Männlein und Weiblein gegeben haben. Höxteraner waren nicht darunter. Bemerkenswert demgegenüber ist, daß man in den ersten Monaten nach der Besetzung weder englische noch amerikanische Besatzungssoldaten betrunken sah."
In Bevern bei Holzminden benutzte die Besatzung das Schloß zur Unterbringung von Russen und Polen. Diese plünderten in der Umgebung besonders stark. Als ihr Hauptradelsführer festgenommen werden sollte, mußten die Engländer das Schloß mit zahlreichen Panzerfahrzeugen umstellen. In Lobach wurde der Landwirt Grupe erschossen, als er mit einer Trompete aus dem Fenster blies, um Hilfe gegen einen geplanten Überfall herbeizurufen. Als die Polen auf Militärfahrzeugen abtransportiert werden sollten, hatten sie vorher Steine zum Werfen auf die LKW gebracht. Die Einwohner des Ortes wurden daher aufgefordert, die Straßen nicht zu betreten. Ein Mann wurde dennoch am Kopf getroffen und starb.
Über die zahlreichen Morde und Ausschreitungen nach der Besetzung wird kaum noch gesprochen. Nur die Kirchenbücher geben eine knap-

Eine seltene Aufnahme: Befreite Russen verprügeln einen Deutschen.

pe Auskunft über die Todesursache. „Gestorben am 20. April 1945, von plündernden Polen erschlagen" lautet eine Eintragung in Wennigsen/Deister, sie bezieht sich auf den 55jährigen Bauern Heinrich Herbst.

Und hier eine Begebenheit aus Eldagsen/fr. Kreis Springe: Der Besitzer einer Gummifabrik wollte mit einigen Eldagsern aus seinen Gebäuden Einrichtungsgegenstände abholen. Dort hatten sich aber Polen und Russen niedergelassen. Diese nahmen zwei Mann von ihnen gefangen und ließen sie aus den Räumen nicht mehr frei. Die Nachricht von den zurückgekehrten Eldagsern brachte Unruhe auf. Es begaben sich danach etwa 15 bis 20 Mann zu dem Grundstück, um die Festgehaltenen zu befreien. Schon bei dem Betreten des Grundstücks schossen die Ausländer. Nachdem ein Mann am Arm verwundet war, kehrten sie unverrichteter Dinge zurück. Die Polen hatten sich bei der Besetzung zwei Feuerwehrfahrzeuge angeeignet und benutzten diese für ihre Ausfahrten. Es war nun beobachtet worden, daß sie damit zum Wald gefahren waren. Der Verdacht einiger Einwohner bestätigte sich. Als sie dort nachsuchten, fand man die beiden Einwohner (41 und 53 Jahre alt) tot in einem Wassergraben. Sie waren übel zugerichtet. Das geschah am 15. April 1945.

Es sollen hier nur die Ausschreitungen größten Ausmaßes erwähnt werden. Die zahlreichen Einzelüberfälle sind gar nicht mehr zu erforschen. Radfahrer wurden am leichtesten ausgeraubt. Es gab Ausländer, die ihre beiden Arme mit je sechs gestohlenen Armbanduhren schmückten. Der „Sternberg" bei Bösingfeld/Lippe war dafür bekannt, daß man dort nicht mit dem Fahrrad vorbeikomme. Die Burg Sternberg war mit Polen besetzt.

In Fürstenau (Krs. Höxter) konnte die Nachtwache einen Einbruch Mitte Juli 1945 verhindern. In dem Handgemenge kam ein Plünderer, ein Pole, zu Tode. Seine Komplicen ließen ihn im Stich, so daß er zunächst in Fürstenau beigesetzt wurde. Die Polen rächten sich dann an den Einwohnern von Fürstenau am Sonntag, dem 29. Juli 1945. Etwa 150 Polen mit deutschen Karabinern und sonstigen Hieb- und Stichwaffen versehen, kamen gegen 20 Uhr auf das Dorf zu. Die Truppe breitete sich aus und durchzog alle Straßen, schoß in Fenster und Türen und warf mit Steinen. Fast keine Scheibe blieb heil. Auf Einwohner, die sich auf der Straße aufhielten, wurde geschossen. In ein Haus drangen fünf Polen ein, holten den Besitzer heraus und erschossen ihn auf der Straße. In einem anderen Fall hatten sich die Bewohner in den Keller verkrochen, die Türen verschlossen. Dennoch drangen die Polen ein und erschossen im Keller den Mann vor seiner Familie. Bürgermeister Lange, der geflüchtet war, mußte aus einem fremden Keller hilflos zusehen, als sein Gehöft mit Stallungen vollständig niederbrannte. Eine Bluttat verübten die Banditen im Hause Nr. 84. Hier ermordeten sie mit Stichwaffen zwei Frauen und einen Mann. Aus einem Haus holten sie einen pensionierten Gerichtsrat und erschossen ihn auf der Straße. Etwa zwei Stunden dauerte das Morden und Brandstiften. Die Feuerwehren konnten nicht eingreifen, so daß mehrere Gebäude bis auf die Grundmauern niederbrannten.

Es soll Mühe gekostet haben, die Engländer in Höxter zum Eingreifen zu bewegen. Zahlreiche Polen wurden bei ihrem Erscheinen festgenommen, einige konnten über die Felder entkommen. Vor dem britischen Militärgericht in Paderborn wurden nach einiger Zeit einige Polen zum Tode und weitere zu Freiheitsstrafen verurteilt; sie sind aber angeblich später wieder in Freiheit gesetzt worden.

Im nördlichsten Weserbergland mußte die Bevölkerung die größten Opfer bringen. Vier Tage nach der Besetzung traf in Lahde der Befehl ein, daß sämtliche Häuser für Polen frei zu machen sind. In den nächsten Tagen und Wochen mußten auch Bierde, Ilserheide, Raderhorst, Frille, Päpinghausen und Cammer, teils mit einer Räumungsfrist von drei Stunden, evakuiert werden. Jede Person durfte nur 100 kg Gepäck mitnehmen. Die Einwohner zogen zu Bekannten oder Verwandten in nicht besetzte Nachbardörfer.

Die Polen übten bald eine Terrorherrschaft gegen ihre Umgebung aus. Hunderte Stück Vieh wurden gestohlen. In den Dörfern lebten sie in den Wohnungen der deutschen Hausbesitzer. Die Arbeit, Holz als Brennmaterial zu beschaffen, machten sie sich nicht. Vorhandene Möbel und Türen wurden verfeuert. Im Volksmund waren die Orte bereits als „Polendörfer" bekannt. Deutsche Polizei hatte keine Machtbefugnis. Auf umliegende Gehöfte wurden 287 Bandenüberfälle registriert, dazu kommen 149 Einbruchdiebstähle, 529 einfache Diebstähle von Vieh und Feldfrüchten. Die Angaben von gestohlenen 462 Fahrrädern und 38 Kraftfahrzeugen sind niedrig angegeben, da die Bevölkerung wegen der Aussichtslosigkeit keine Anzeige erstattete. Von 14 verübten Morden wurde nur ein Fall aufgeklärt.

In der Weserbergland-Klinik in Höxter waren Tbc-kranke Russen untergebracht. Sie wurden am 13. September 1945 in einem Lazarettzug abtransportiert. In diesen Monaten begann überhaupt die Rückführung von Russen und Polen und streckte sich noch über mindestens zwei Jahre hin. Eine Anzahl Polen, die bei Bauern in Diensten standen, waren nicht in Lager gegangen und beteiligten sich auch nicht an Überfällen. Mit diesen bestand ein gutes Verhältnis zur deutschen Bevölkerung. Der gute Kontakt brach auch nach Rückkehr in ihre Heimat mit den deutschen Arbeitgebern nicht ab, so daß noch nach über 30 Jahren mit Franzosen oder Polen Briefwechsel aufrechterhalten werden. – Sie haben ihre gute Behandlung bis heute nicht vergessen.

Neubeginn in der Besatzungszeit.

In den Städten und Dörfern des Weserberglandes waren die Kriegsschäden an Gebäuden zum größten Teil durch Eigenleistung und Nachbarschaftshilfe behoben worden. Mit dem Fensterglas war es schwieriger. Monate- oder jahrelang sah man noch nach Kriegsende in Städten holzverkleidete Fenster. Wenn auch Halbfertigfabrikate der Wehrmacht jetzt für den Zivilbedarf fertiggestellt wurden und einzelne Waren (Metall) genügend zu erhalten waren, konnte man wichtige Gebrauchsgüter, wie Kleidung, Schuhe, Fahrräder und Zündhölzer, kaum erhalten. Eine Wandlung vollzog sich tatsächlich erst im Jahre 1948 mit der Einführung der „DM". In dieser Zeit, die man als echte „Notzeit", inbesondere in der Lebensmittelversorgung, bezeichnen muß, begann aus dem Nichts der Wiederaufbau. Die Strom- und Wasserversorgung wurde als erstes sichergestellt. In Paderborn gab es bereits am 8. April 1945 wieder Licht und Wasser. Der neuernannte Bürgermeister Niestroy setzte sich dort für seine Leute ein. Wenige Tage zuvor hatte er noch eine Volkssturmkompanie geführt. Auch die Versorgung durch die Elektrizitätswerke Wesertal in Hameln kam nach Tagen wieder in Gang. Unter der Aufsicht der britischen Kommandanten waren die ernannten Bürgermeister und Landräte für die Bevölkerung tätig, insbesondere setzten sie sich für den Betrieb der Lebensmittelgeschäfte ein. Buchhandlungen und Leihbüchereien durften nur eröffnen, wenn der Bestand überprüft war. Das war bei drei Buchhandlungen in Hameln der Fall; sie durften am 22. Mai 1945 ihre Läden öffnen.

Um in der Verwaltung eine demokratische Mitarbeit zu sichern, wurde für die Stadt Vlotho ein Ausschuß von sechs Bürgern aus verschiedenen Berufsgruppen gebildet. Er hielt am 8. Juni 1945 seine erste Sitzung ab. In Hameln wurde am 1. Juni 1945 der Fabrikant Dr. Friedrich Kreibaum aus Bad Münder zum kommissarischen Landrat ernannt. Als Oberbürgermeister der Stadt Hameln setzte die Militärregierung am 4. Juni 1945 Dr. Harm ein. Er war bereits vor 1933 in Hameln als II. Bürgermeister tätig gewesen und im Jahre 1933 entlassen worden. Der in Lemgo stationierte britische Kommandant Harwey übertrug dem Landrat a. D. Clemens Becker das Amt des Bürgermeisters. Landrat für den Kreis Lemgo wurde Carl Wagener. In Detmold regierte das „121. Military Governement" unter Oberstleutnant Shepherd. Bereits fünf Tage nach der Besetzung hatte er den früheren Landespräsident Heinrich Drake kommen lassen, um ihm wieder das Amt zu übertragen. Als dieser wegen seines Alters – 65 Jahre – ablehnte, antwortete Shepherd: „Ich kann es Ihnen auch befehlen." Drake nahm nach zwei Tagen an und wurde sogleich „Landespräsident für Lippe". In Hannover hatte man Hinrich Wilhelm Kopf zum Oberpräsidenten ernannt.

In den Monaten Juli und August 1945 planten die Landesregierungen, die Schulen wieder zu eröffnen. Das zog sich aber bis zum Jahresende 1945 hin. Noch im September waren in einem Landkreis zehn Schulen von Polen besetzt. Im Kreis Höxter wurde in zahlreichen Volksschulen am 15. Oktober 1945 wieder Unterricht erteilt, nachdem das NS-Lehrmittelgut beseitigt war. Der Lehrermangel trat dadurch hervor, daß die Schülerzahl infolge Flüchtlingszuwanderung erheblich zugenommen hatte und zahlreiche Lehrer sich noch in Gefangenschaft befanden. Lehrer, die NS-Mitglieder waren, wurden nicht eingesetzt. Höhere Schulen in Schaumburg-Lippe erhielten erst am 18. Februar 1946 die Genehmigung zur Wiedereröffnung. Den Lehrermangel im Jahre 1946, als der Flüchtlingszustrom am stärksten war, kennzeichnet die Lage in Bredenbeck/Deister: Es wurden 303 Volksschüler von zwei Lehrern unterrichtet.

Verhältnismäßig früh konnte der Eisenbahnverkehr aufgenommen werden. Zwischen Hameln und Rinteln waren ab 4. Juni 1945 Triebwagen für den Berufsverkehr eingesetzt worden. Am gleichen Tage wurden auch die Strecken Hameln – Elze und Hameln – Hagenohsen in Betrieb genommen. Allerdings fuhren die Züge nur morgens und abends. Omnibuslinien der KVG in Hameln wurden ab 20. Juni 1945

Rinteln: Wiederaufbau der Weserbrücke.　　　　Foto: E. Hachmeister.

Eine Holz-Notbrücke wurde in Hameln Ende 1945/Anfang 1946 errichtet. Auf dem Bild ist noch der gesprengte Brückenteil zu erkennen.

eröffnet. Die Inbetriebnahme war unterschiedlich, je nach Fertigstellung zerstörter Anlagen wurden Triebwagen eingesetzt. Zwischen Ottbergen und Höxter verkehrte ab 15. Juli 1945 die Eisenbahn, täglich zwei Züge in beiden Richtungen. Abfahrtstelle war das Bahnwärterhaus am Felsenkeller.
Für den Postleitzahlbezirk 20 wurde ab 20. Juni 1945 der Postkartenverkehr erlaubt. Sämtliche Postsachen unterlagen der Zensur. In anderen Gebieten wurde der zivile Postverkehr am 2. Juli 1945 eröffnet. Es durfte nur in deutscher oder englischer Sprache korrespondiert werden. Die Briefkästen wurden noch nicht geleert, die Karten mußten also auf dem Postamt abgegeben werden. Telefonverkehr konnte ab 13. August 1945 aufgenommen werden. Private Gespräche waren verboten, die Anschlüsse durften nur für geschäftliche oder dienstliche Zwecke benutzt werden.
Zu den besonderen Leistungen des Wiederaufbaus zählt die Weserbrücke in Höxter. Sie konnte bereits am 19. Dezember 1945 dem Verkehr übergeben werden. Die „Valentinibrücke" in Kirchohsen war im August 1946 durch englische Pioniere fertiggestellt worden. Gesprengte Teile waren durch den Einbau einer Holzkonstruktion ersetzt worden. Der eingerichtete Fährverkehr konnte aufgehoben werden. In Hameln war neben dem gesprengten Brückenteil eine Notbrücke errichtet worden. Die gesprengte Eisenbahnbrücke war 1949 fertiggestellt und konnte am 19. Dezember dem Verkehr übergeben werden.
Trotz aller Anstrengungen in der Bauwirtschaft war in den Jahren 1945, 1946 und 1947 die Wohnungsnot nicht zu beheben. Für die im Jahre 1946 eintreffenden Flüchtlinge bestand in Hameln das Lager in der Fabrik „Domag", Kuhbrückenstraße. Allein zwischen dem 1. Juni 1946 und dem 17. Juli 1946 trafen dort sieben Großtransporte ein. Diese mußten im Landkreis Hameln-Pyrmont untergebracht werden. Weitere 8000 Flüchtlinge waren bereits angekündigt. Die Einwohnerzahl hatte sich längst verdoppelt. In den Nachbarkreisen war das nicht anders. Im Jahre 1947 gab es in der Stadt Hameln noch 120 Häuser und 1014 Zimmer, die durch die Besatzungsmacht belegt waren. Außerdem waren mehrere Hotels und Großunterkünfte beschlagnahmt.
Freie und geheime Gemeindewahlen fanden erstmalig 1946 wieder statt. Es galt, die durch die Militärregierung eingesetzten Ratsmitglieder entweder abzulösen oder zu bestätigen. Die erste Wahl ergab in Hameln folgende Sitzverteilung: SPD 18, NLP 9, CDU 2, FDP 1, KPD–. Oberbürgermeister Löffler wurde in seinem Amt bestätigt.

In der Stadt Höxter war eine Holz-Dauernotbrücke errichtet. Auch die Fahrbahnoberschicht bestand aus Bohlen.

Im Lande Niedersachsen, das im November 1946 gebildet worden war, fand die erste Landtagswahl am 20. April 1947 statt. Ministerpräsident wurde Hinrich Wilhelm Kopf (SPD).
Am 20. Juni 1948 – am Tage der Währungsumstellung – erhielt jeder Einwohner 40 Deutsche Mark bei seiner Gemeinde- oder Stadtverwaltung. Die Schwierigkeiten der Nachkriegszeit waren damit nicht behoben. Erst nach ein bis zwei Jahren konnte man von einer wesentlichen Besserung der Verhältnisse sprechen, denn auch 1949 mußten für einzelne Versorgungsbereiche noch Lebensmittelkarten ausgegeben werden.
Die aus den drei westlichen (französische, britische und amerikanische) Besatzungszonen gebildete Bundesrepublik Deutschland wuchs wirtschaftlich, ohne in einen Krieg verwickelt worden zu sein. Auch für die Zukunft ist zu hoffen, daß durch Vernunft und Verständigung unsere Heimat von kriegerischen Ereignissen verschont bleibt.

Zur Bildung des ersten niedersächsischen Landtages spricht der britische Generalleutnant Sir Brian Robertson. Das Land Niedersachsen war vom 1. bis 23. November 1946 gebildet worden.

Der erste niedersächsische Ministerpräsident Hinrich Wilhelm Kopf hält seine erste Ansprache. Im Hintergrund britische Offiziere.

Namensverzeichnis

Ackmann, Friedrich 321
Aerzener Maschinenfabrik 153
Ahleke, Bürgermstr. 194
Ahrens, Ortsgruppenleiter 182
Albes, Hans-Ernst 74, 223, 224
Albrecht, Oberstleutnant 193
Aldag, Friedrich 321
Alfa-Werke 18
Allhorn, Willy 34
Ande, Hauptmann 129, 130
Aselmeyer, Josef 244, 245

Baer, Siegfried 57
Bähre & Greten 18
Bandleon 134
Bailey, US-Lt. Col. 259
Barleben, Pol. Ltn. 264, 266
Bauer, Dr. 272
Beaudoin, Raymont 173
Becher, Gen.-Major 84, 101, 106, 127, 150, 154, 162, 178, 179, 214
Becker, Clemens 335
Beckmann, Hans 269
Begemann, Ofw. 297
Behschnitt, W. 278, 279, 280, 281, 282
Beißner 157
Beißner (Fischbeck) 174, 175
Bekedorf, Heinrich 138
Bernhard 211
Bernhard, Oberreg.-Rat 262
Bessert, Nettelbeck & Mertens KG. 18
Beulshausen, Dr. 279, 281
Beyer, Dr. 183
Bieker, Hermann 104
Bieler, Günter 211
Binding, Reg. Präs. 287
Bitter, Harry 97
Blancke, Dr. 142
Bley, Oberleutnant 68
Blome, Hermann 182
Blum 182
Blume, Karl 254
Bobe, Wilhelm 161
Böing, Grenadier 211

Böker, Wilhelm 275
Börner, Oberbürgermeister 287
Bogelski, August 158
Bohnstedt, General 279, 281
Bormann, Johanna 316
Bormann, Minna 163
Borttscheller, Oberstleutnant 214
Bosse, Hermann 239, 240
Botermann 285
Brakemeier 51
Brand (Barntrup) 51
Brand, Friedrich 103
Brautlecht 26
Bredemeier, Heinrich 138
Brinkmann 54
Brunshagen, Peter 139
Brunsmeier 139
Bültemeier, Wilhelm 139
Burton, Colonel 115
Busching, Bürgermeister 174
Butterbrodt, Lw.-Helfer 74

Callaghan, US-Major 193
Collier, John H. 243
Continental-Gummiwerke 40, 290, 292
Czibora, Wilhelm 151

Daimler-Benz AG 17
DASAG 19
Dauer, Bürgermeister 270, 271, 273
Deeds, Brit. General 315
Dehne 277
Deinert 297
Deutschbein 287
Deutsche Edelstahlwerke AG 18
Dieck, Friedrich 76
Diepholz, Hermann 98
Dietrich, Wolfgang 223
Dörner 158
Dörnte, Karl 281
Dohmann 48
Domag AG 18
Drake, Heinrich 335
Dresp 192

Dröge 157
Dumont, Eheleute 147

Egly, Philipp 153
Ehlert 51
Eicke 277
Ennis, John J. 123
Ernst, Theodor 231
Erxleben, Gen.-Major 219
Evers, August 182

Farrel, Hugh R. O. 83
Feldmann 157, 159
Fieseler 40
Fitzner, Fritz 158
Frank, Hans-Dieter 60
Frisse, F. 199
Fritze 240

Gabler, Uffz. 55
Gaertner, Dr. 90, 91
Gain, Ernst 240
Georgi, Captain 115
Gerlach 91
Gern 68
Giebel, Hans-Georg 139
Giesecke, Heinrich 139, 141
Glanert, Gerhard 239, 240
Glaser, Dr. 182
Glenewinkel 253
Goebbels, Josef Dr. 19
Goerbig, Paul 82, 84, 107, 144, 145, 162, 180, 185, 186, 190, 214, 229, 251
Görling, Wilhelm 139
Gräfer, Wilhelm 82, 83, 84, 85, 145, 146, 182
Greese, Irma 316
Greitenevert 211
Grieße, Friedrich 153
Grimm, K. 76
Grüber 109, 110
Grupe 321
Grzecz, Leo 240

Händler & Natermann 18
Hanning, Werner 67
Hanomag AG 19
Haunschild 283

Haupt 159
Hardenberg, Graf 322
Harrison, William K. 175, 184
Heckmann, Hauptmann 82, 83, 84, 144, 145, 146, 147, 154, 162
Hedermann 129
Heistermann, Minna 107
Held, Werner 97
Henke 265
Hennecke 64
Hennig 55
Henschel & Sohn 222
Hentze, Lina 183
Herborth 161
Herbst, Eberhard 213
Heuer, Friedrich 233
Heuer, Friedrich-August 233
Heuer, Heini 252
Heuermann, Horst 233
Hilker 210
Himmler, Heinrich 21, 101
Hinz 280
Hitler, Adolf 91, 286
Hobbs, Leland 175
Hodges, Courtney H. 104
Höhle, Major 107
Holle, Dr. 91
Hölzemann, Johannes 194
Holzer 107, 214, 269, 271
Hoppe, Jutta 183
Hoßbach, General 229
Hüper 153
Huke, Willi 56
Hummer, Johann 206

Ilse & Co. 271
Ilse, Karl 272

Jäger 233
Jahn, Karl 252
Jörg, Franz 139
Jordan 281
Jordan, Wilhelm O. 244

Kählert 153
Kaminski, Franz 18
Kamlah, Klaus 240
Kampe 51

341

Karst, Gen.-Ltn. 214
Kaufmann, Ernest 280, 281, 282
Keim 279, 280, 281
Keunecke 277
Kirch, Hans 240
Kirchheis 55
Klei, August 114, 115
Klein, Fritz Dr. 316
Kling 221
Klockenbrink 172, 236
Knatsch 162
Knipping, Josef 197
Knoke, Georg 241
Knoke, Günter 157
Knoke, Heinz 62, 63, 64
Knoop, Wilhelm 257, 258
Knost, H. 76
Koch, Gustav 165
Koch, Kurt 262
Koch, Werner 165
König 211
Kösel, Konrad 234
Kopf, Hinrich-Wilhelm 335, 338, 339
Korff 151
Kornfeld, Josef 198, 199
Kramer, Josef 316
Kranz, Willi 193
Kreibaum, Friedrich Dr. 335
Kreuter 85
Kreye, Hermann 163
Krukenberg, Dr. 129
Kuhlmann, US-Lt. Col. 259

Lages, Helmut 238, 240
Laliberte 259
Lange (Lippspringe) 109
Lange (Fürstenau) 196, 333
Lauterbacher, Hartmann 168, 297
Leimroth 121
Lichel, General 278
Löffler 53
Löffler, Josef 337
Löhning, Gen.-Major 287, 292
Löneke 48
Lohse, O. Stud. Dir. 72
Lorens, C. AG 18
Lüpke, Herbert 145, 146
Lüttge 279, 280, 281

Lüttmann 82, 145
Luttmann 151
Luxenburger 320

Maack 269
MacDonald 259
Macherey, Dr. 51, 148
Mackensen, Willi 320
Maerz 153
Mainzer, Dr. 72
Makarenko, Iwan 27
Marahrens, Conrad 22, 236
Maß, Dr. 130
Mattenklott, General 279, 281
McCown, Hal D. 166
Meier, Fritz 95
Meier, Maria 101
Meier, Wilhelm 160
Meier 164
Meißner, Siegfried 192
Menke, Hubert 198, 199
Menschenmoser, Fr. 274
Meyer, Alfred Dr. 100, 285
Meyer, Erich 56
Meyer, Heinrich 22
Meyer, Heinrich 164
Meyer, Lene 292
Meyer, Werner 54
Meyrahn, RA 91
Michaelis 233
Mische 151
Müller (Barntrup) 51
Müller, Felix 47
Müller, Heinrich 113
Müller, Friedrich 49, 50
Müller, Karl 139
Müller (Major) 287
Müller (Oberst) 282
Münster, Leopold 68, 69
Model, Walther 100
Möhle, Andreas 244, 245
Möller, Bürgermeister 300
Montgomery 314

Nagel 157
Neil, O. 316
Neumann, Kurt Herbert 238, 240
Niedermeier 186

Niehaus 194
Niemann, Major 146
Nothvogel, Heinrich 233

Obermeier, Alois 158
Ohlmer, Rudolf 234
Olheide, Hans 159
Osterott, von 294, 295

Päschel, Rudolf 139
Paland 252
Passe 148
Pattloch, Walter 231
Pessler, Konrad 194
Picht, Major 129
Pierrepoint, Albert 316, 317
Plettenberg, Frh. von 321
Pollok, Max 240
Popp, Otto 161
Prancer, Heinz 269
Preiß, Hans GmbH. 18

Raimann 62
Randel 121
Rasch 154, 156
Raygrotzky 53
Reese 298
Reineking 132, 133
Reinhold (Kampfgruppe) 107
Remy, Fritz 297
Richter, Helmut 139
Ritzel 202
Robertson, Briam 339
Rochling & Buderus 18
Röder, Fw. 66
Röthig 174
Rose, Maurice 103, 104
Rudolphi, Franz 109

Salmhofer 194
Sanonow, Fedor 212
Saurer-Werke 16
Scott, Kenneth 259
Seibel 64
Sellers, William 259
Sempf, Friedrich 136
Sheen, Brit. Major 323

Sheppard, Brit. Oberstleutnant 335
Siebken, Bernhard 319, 320
Siegmund, Dr. 261, 264, 266, 267
Siekmann, Heinrich 147
Siepmann, Dr. 109
Sierk 72
Siewert, Günther 269
Simpson, William H. 184
Sitzler, Günther 250
Smith, US-Colonel 256
Sorotschhan, Iwan 27
Speer, Albert 19
Springenberg 211
Sunderbrink 115
Szameitat, Paul 61

Schäper, Uffz. 55
Scherkenbeck 66
Scheve, Dr. 143
Schlüter 199
Schmidt, Anton 53
Schmidt, Oberbürgermeister 174
Schmidt, Walter 206
Schmidt, Vincenz 198, 199
Schmitz 196
Schön 193
Schoffs, Theodor 161
Schott 134
Schrader, E. 233
Schreter, von 97
Schröder, Wilhelm 98
Schubert 66
Schulze-Kaiser 287
Schustek, Otto 161
Schuster, Leonhard 161
Schwache, Wilhelm 251
Schwarz, Alfred GmbH 26
Schwerdtfeger, August 277
Schwering & Hasse 181

Starke 147
Steding, Fritz 138
Stern 214
Stiens, Hermann 163
Stockhausen, General 154
Stoffmeister, Günter 269
Strache 91
Strathmann 321

Strottmann 265
Student, Kurt 286, 301

Tantzen, Leutnant 282
Taylor, Geoff 47
Teske 68
Thiede, Werner 183
Thiele, Hermann 163
Thiemann, Helmut 54
Tichy, Ekkehard 69, 70
Tingley, Robert L. 123
Tölke, Wilhelm 199
Trappe 51
Treuenfels, von 287
Trockels 65

Uhse, Dirk 219, 220, 221
Ungemach, Pfarrer 196

Vahlbruch, August 233
Vehmeier 51
Vogelmeier, Oberleutnant 150
Volkenrath, Elisabeth 316

Wagener, Carl 335
Wallbaum, Familie 27
Wassmann 253
Weaver 37, 40
Weber, Kreisleiter 91
Weber, Wolfgang 139
Wehmeier, Fritz 90, 91
Wellings, Heinrich 115
Weserhütte, Fa. 117, 118
Wesermühlen 169
Wessel 164
White, Isaak D. 181
Wiese, Oberst 91, 174, 250, 251
Wille 71
Willert, Fw. 66
Wisserodt 233
Witte 157

Ziegenmeier, Pastor 278
Zollmüller 208
Zündorf 109

Ortsverzeichnis

Aachen 58, 181, 306
Abbecke 277
Achmer 71, 74
Adelebsen 230
Adensen 234
Aerzen
  47, 153, 166
Afferde 164
Ahrbergen 245
Ahrenfeld 158, 233
Albaxen 203
Alfeld 25, 51, 248, 252, 259, 261,
  262, 263, 264, 265, 267, 268
Alfen 103
Alferde 233, 234
Algermissen 243
Alhausen 191
Allersheim, Domäne 256
Altenbeken 52, 103
Altenheerse 214

Alvesrode 232
Amelsen 281
Amelungsborn 250, 253, 255
Amelunxen 197
Andershausen 280
Anderten 288
Apelern 48
Appenrode 229
Arnum 287
Arolsen 223
Atteln 103
Augustdorf 107

Bad Eilsen 142, 284
Bad Ems 139
Bad Hermannsborn 330
Bad Lippspringe 52, 101, 108, 109,
  110, 178
Bad Münder 28, 53, 54, 300, 335
Bad Nenndorf 48, 286

Bad Oeynhausen 49, 91, 111, 112, 113, 117, 313, 314, 315
Bad Pyrmont 72, 82, 176, 181, 182
Bad Salzdetfurth 249
Bad Salzuflen 113, 114
Bad Sooden-Allendorf 229
Bakede 300
Barfelde 246
Barkhausen 18, 118
Barksen 142
Barntrup 20, 50, 83, 84, 148, 150f., 179
Baum, Schloß 97
Beber 300
Beerenbusch 285
Bega 51, 148, 149
Behrensen 157, 231
Belle 193
Bellenberg 193
Bemerode 292
Bennigsen 298, 301
Bensen 137
Benstorf 34, 232
Bergen-Belsen 316, 325, 327
Bergkamen 74
Bergkirchen 113
Berlebeck 177
Berlepsch 223, 227
Berlin 139, 240
Bessingen 157, 250
Bessinghausen 164
Bettmar 248
Betzen 51, 148
Bevergern 105
Bevern 178, 180, 249f., 256f., 331
Beverungen 48, 163, 191, 197, 201, 202, 269
Bielefeld 52, 68, 101, 106, 111, 113, 127
Bierbergen 246
Bierde 28, 96, 97, 333
Billerbeck 193
Bisperode 154, 230, 250
Bleyinghausen 59
Blomberg 176, 179, 181
Bochum
Bodenburg 248, 249
Bodenfelde 269
Bodenwerder 84, 85, 162, 166, 176, 181, 183, 251

Bödekken 103
Bödexen 196
Bögerhof 20
Börry 164
Bösingfeld 153
Boitzum 233
Bollensen 274
Bonenburg 210, 213
Bordenau 98
Borgentreich 211, 213
Bozen/Südtirol 186
Braak 254
Brake/Lippe 147
Brakel 207, 330
Bramsche 71
Braunschweig 57, 135, 250, 262
Bredenbeck 55, 298, 299, 335
Bredenborn 194
Breslau 240
Brettmühle 197
Brevörde 187, 259
Brockensen 166
Brünnighausen 64, 76, 160, 237
Brünte 74
Brunkensen 252
Brunsen 280, 281
Buchholz 138, 284
Bückeburg 25, 60, 118, 126, 131, 135, 156, 284, 296, 297, 310, 312, 321
Buensen 283
Bühne 214, 215
Bültenholz 151
Büren 103
Burgstemmen 234, 235
Bursfelde 227

Cammer 94, 333
Capellenhagen 250
Celle 106
Clauen 246
Coppenbrügge 156, 157, 158, 231, 236, 241, 250, 320
Coppengrave 252

Dalhausen 200
Dalheim 103
Dankersen 53
Dankersen, Gut 131

345

Dassel 277, 278
Deckbergen 52, 131, 139
Dehme 119
Deinsen 253
Delliehausen 227
Delligsen 252
Derental 59
Detmold 67, 85, 107, 108, 154, 176, 178, 181, 335
Diedersen 231
Diekholzen 246, 248
Diepholz 27
Ditterke 286
Dörenhagen 103
Dörenschlucht 108, 109
Dörentrup 59, 83, 148, 150
Dörpe 21, 22, 55, 156, 236f., 243, 294
Döteberg 286, 290
Dohnsen 61
Donop 147, 148
Drahnsdorf 240
Dransfeld 227, 229
Drohne 34, 35
Düsseldorf 58, 280
Duingen 62, 251, 252

Ebbinghausen 103
Eberholzen 60
Edemissen 283
Edesheim 276
Egestorf/Süntel 300
Egge 61
Eilverse 60
Eilversen 194
Eimbeckhausen 53, 54, 300
Eimen 281
Einbeck 25, 278, 279, 280, 282, 283
Eisbergen 118, 122, 123, 131, 284
Ellierode 274, 275
Elbrinxen 179
Eldagsen 28, 60, 236, 237, 239, 245, 295, 297, 298
Elze/Hann. 156, 161, 168, 233, 235, 263, 278, 332, 335
Emmerthal 162
Engar 213
Engelbostel 286
Engern 131

Enzen 284
Erzhausen 283
Esbeck 283
Eschenbruch 181
Escherde 246
Eschershausen 18, 25, 250, 251, 255, 256, 259
Etteln 103
Everloh 286
Everode 265, 266
Exten 130
Exter 111, 114
Extertal 28

Fallingbostel 25
Falkenhagen 179, 185, 186, 195
Farmbeck 51
Fischbeck 52, 135, 136, 137
Flegessen 159, 300
Fölsen 206, 214
Förste 245
Forellkrug 27
Forst, Domäne 190, 249
Freden 283
Fredelsloh 51, 230, 275
Frenke 166
Friedewalde 93
Friedrichshausen, Gut 276, 278
Frielingen 98
Frille 94, 95, 97, 333
Fröndenberg 26
Fromhausen 177
Fürstenberg 206
Fürstenau 195, 196, 332
Fuhlen 144

Gandersheim 283
Gehrden 55, 286
Gelldorf 285
Gieselwerder 216, 218
Gießen 68
Gifhorn 278
Gimte 227
Gladebeck 229
Godelheim 198
Godenau 18
Golmbach 255
Gravenhorst 105

346

Greene 283
Gretenberg 302
Grießem 151, 241
Göttingen 168, 211, 219, 228ff., 276
Götze 286
Grohnde 14, 183, 185
Gronau 246
Groß Berkel 82, 84, 144, 149, 153, 161, 162, 166, 168, 172, 179
Großenbreden 193
Großeneder 213
Großenwieden 143
Groß-Lengden 229
Groß Munzel 286
Grünenplan
Grupenhagen 153, 178, 179
Gütersloh 52, 102
Gummersbach 297

Haarbrück 206, 207
Haaren 103
Hachmühlen-Neustadt 300
Hagen b. Bad Pyrmont 181
Hagenohsen 335
Hahnenklee 297
Hainholz (Hannover) 290
Hajen 64, 183, 189
Hakenberg 210
Halle/Westf. 101, 102, 106
Halle/Bodenwerder 250, 251
Hallerburg 234
Haltern 100
Halvestorf 60, 178
Hamburg 269, 327
Hameln 18, 25, 26, 33, 44, 47, 48, 50, 58, 62, 63, 64, 72, 73, 135, 136, 161, 165, 168, 169, 170, 171, 238, 287, 301, 316, 317, 319, 335, 337
Hamm 268
Hann.-Münden 18, 69, 70, 94, 215, 219, 222, 223, 224, 226, 227, 230
Hannover 19, 24, 25, 27, 28, 31, 37, 40, 41, 42, 47, 52, 57, 60, 72, 100, 106, 113, 116, 127, 130, 168, 174, 182, 250, 263, 278, 287, 288, 289, 292, 294, 301, 302, 307, 325, 335
Hardegsen 168, 227, 230, 274, 276
Harderode 70

Harsum 246
Harth 103
Hasede 245
Hasperde 158, 159, 299
Hastenbeck 34, 49, 163, 174
Hausberge 18, 33, 118, 119
Hausneindorf 139
Haverbeck 60, 142
Hechingen 322
Heeßen 284
Heidbrink 285
Hehlen 84, 154, 180
Heiden 67
Heidenoldendorf 176
Heiligenkirchen 177
Heinsen 61, 179, 189, 190, 249
Heisede 246
Hemeringen 24, 56
Hemmendorf 231
Henglarn 103
Herbram 103, 210
Herford 21, 52, 101, 102, 106, 111, 113, 114, 115, 132, 159
Herkendorf 163
Herlinghausen 212
Herrenhausen (Hannover) 292
Herstelle 208, 209
Heßlingen 33
Hess. Oldendorf 26, 112, 118, 142, 143, 168, 297
Heyen 166
Heyersum 61, 246
Hiddessen 178
Hildesheim 25, 44, 45, 46, 61, 68, 69, 70, 113, 135, 156, 174, 232, 243, 246, 247, 248, 278, 305
Hillegossen 106
Hillentrup 59, 148
Hilter 101
Hilwartshausen 224
Himmelsthür 246
Himmighausen 330
Höfingen 135, 136, 137
Hörstmar 82, 144, 145, 146
Hövelhof 324
Höxter 59, 100, 168, 184, 191, 194, 195, 196, 197, 203, 204, 207, 210, 257, 297, 323, 330, 333, 335, 337, 338

347

Hofgeismar 214, 215, 219
Hohenbüchen 252
Hohenhameln 246
Hohenhausen 114, 118, 127
Hohenrode 130, 131
Hohenstein 142
Hohenwepel 213
Hohnsen 160
Holenberg 254
Hollenstedt 284
Holtensen (b. Eldagsen) 54, 57
Holtensen (b. Hameln) 136
Holzen 25, 261
Holzhausen 121, 177
Holzhausen (b. Hann. Münden) 223
Holzminden 25, 68, 71, 156, 168, 238, 240, 250, 251, 254, 256, 257, 258, 278
Holzmühle 24, 236, 237, 238, 239, 240, 241, 295
Hope 163
Horn 101, 108, 111, 154, 178
Hornoldendorf 177
Hüpede 298, 301
Hullersen 282
Humfeld 51, 148
Hummersen 186
Husen 103

Ibbenbüren 269
Iber 283
Ihme-Roloven 287
Ihringshausen 221, 222
Ilserheide 333
Ilvese 97
Imsen 250
Ittenbach 104

Jeinsen 244
Jühnde 227, 228

Kalldorf 56
Kapellenhagen 251
Karlshafen 47, 206, 207, 208, 209
Kassel 40, 43, 58, 219, 221
Kemnade 183, 251
Kiel 60
Kirchborchen 103
Kirchohsen 162, 251, 337

Kirchwehren 286
Klein-Berkel 166
Kleinenberg (b. Bad Pyrmont) 179
Kleinenberg (Krs. Warburg) 213
Kleinenbremen 122, 126, 321
Köln 142
Königswinter 104
Kohlenstädt 143
Kohnsen 281
Kollerbeck 193, 195
Krefeld 240
Krückeberg 56

Lachem 142
Lage 111, 144, 154
Lahde 28, 94, 95, 96, 97
Lamerden 214
Landwehrhagen 222, 223, 225
Langenkamp 195
Latferde 163
Lauenau 56
Lauenförde 201, 202
Lauenstein 64, 158
Lemgo 47, 59, 82, 101, 111, 139, 144, 145, 146, 149, 150, 164, 180, 312, 335
Lenglern 230
Leopoldstal 111, 191
Lerbeck 18, 122
Lichtenau 103, 222
Lichtenborn 274
Limmer 290
Limmerburg 263
Linnenbeeke 114
Lippisch-Veldrom 191
Lippoldsberg 269
Lippoldshausen 227
Lippstadt 100, 101
Lobach 331
Lobke 246
Löwen 213
Löwendorf 193
Lohe/Oeynhausen 113
Lohhof 139
Lothe 194
Lübbecke 34, 89, 91, 101
Lüdenhausen 144, 154
Lüdersen 301
Lügde 13, 82, 84, 146, 180, 181, 182

348

Lüneburg 316
Lüntorf 183
Lütgenade 190
Lütgeneder 213
Lüthorst 281

Mahlerten 60
Mainzholzen 281
Malzmühle 139
Mardorf 61
Marienau 34, 158, 231
Marienburg 25, 248
Marienhagen 253
Marienloh 108
Markoldendorf 275, 277, 278, 282
Meensen 227
Meerhof 103
Mehle 18, 232
Mehler Waldhaus 233
Meiborßen 185
Meierberg 28
Melle 101
Merlsheim 191
Merzhausen 61
Meyenfeld 286
Minden 21, 27f., 48, 53, 89, 91f., 100, 101, 113, 116, 118f., 168, 184, 310
Misburg 52
Möllenbeck 127, 131
Mönchengladbach 314
Mönchshof 148
Moringen 274
Mortain 181
Münchehagen 27
Münster 111
Müsingen 126

Naensen 283
Nammen 122
Natzungen 214
Neesen 118, 119, 126
Negenborn 254, 255
Nettelrede 300
Neuenbeken 103
Neuengamme 18
Neuenheerse 210, 211
Neuenknick 27
Neuhof, Gut 93

Neulitschein 139
Neustadt/Rbge. 27, 98, 99
Newcastle 96
Niederkaufungen 222
Nieheim 192, 330
Nienburg 25, 27, 94
Nienhagen 274
Niese 186
Niesen 206
Nienstädt 285
Nienstedt/Deister 300
Nörten 230
Nörten-Hardenberg 276
Nordborchen 110
Northeim 28, 51, 168, 275, 276, 278
Nordstemmen 61

Obensburg 164, 230
Oberkaufungen 222
Obernkirchen 138, 172
Ochtersum 247, 248
Ockensen 61
Oerlinghausen 106
Ohr 135, 156, 161, 163, 164, 165, 166, 175, 230, 235, 250
Ohsen 163
Oldenburg 76
Oldendorf 231, 232
Osnabrück 38, 39, 58, 71, 89, 90
Ostercappeln 91
Osterwald 21, 49, 157
Ottbergen 197, 337
Ottenstein 185
Ovenstädt 93

Paderborn 27, 60, 101, 102, 103, 108, 109, 127, 210, 214, 333
Päpinghausen 333
Paschenburg 139, 140, 141
Pattensen 287, 300
Peckelsheim 207, 213, 214
Pegestorf 189
Peine 25
Petershagen 89, 93, 94, 95
Petzen 126
Pivitsheide 107
Pömbsen 191
Pötzen 56, 135, 156

Pohle 56
Polle 180, 185, 187, 188, 189, 195, 249, 256, 297
Pollnitz 240
Poppenburg 235
Porta Westfalica 18, 120
Preußisch Oldendorf 89
Prezier 240
Pulvermühle 55

Quakenbrück 65

Raderhorst 333
Radom 21
Reelsen 191
Reher 152
Rehme 113
Rehren A. O. 53
Reileifzen 190
Reinsdorf 56
Reitliehausen 271
Relliehausen 277
Remagen 100
Rinteln 20, 25, 33, 58, 112, 114, 115, 118, 127, 128, 129, 132, 134, 154, 174, 286, 335, 336
Rischenau 185
Rodenberg 285
Röcke 122, 124, 125
Rohden 140
Rohdeneck 140
Rodental 140
Rohrsen/Süntel 300
Rolfzen 193
Ronnenberg 57, 287
Rosdorf 229
Rotenburg/Hann. 68
Rotenkirchen 283
Rott 253
Ruthe 244, 245

Sabbenhausen
Salzburg 22, 34, 55, 237, 241
Salzderhelden 62, 269
Salzhemmendorf 61, 158, 233, 327
Sandebeck 64, 191
Sarstedt 243, 244, 245
Segelhorst 142

Sehnde 302
Sennelager 162, 269, 300, 324
Sievershausen 276, 277, 278
Söhre 248
Soest 154
Sohlingen 269
Sonneborn 151, 153
Sottrum 62
Speele 222
Spieckershausen 222
Spiegelberg 158
Springe 18, 25, 55, 162, 168, 232, 237, 293, 294, 295, 299, 300, 327
Sudheim 230
Südfelde 93
Süllbeck 285

Schaumburg 27
Scheie 284
Scherfede 211, 213
Schermbeck 48
Schieder 193, 194
Schlangen 111
Schlarpe 274
Schlüsselburg 89, 93, 230
Schulenburg/Leine 233ff., 243f., 297
Schulenburg/Hann. 290
Schwalenberg 179, 193, 195
Schwaney 210
Schweckhausen 206, 214
Schwöbber 47

Stadthagen 25, 27, 56, 60, 74, 135, 156, 168, 223, 224, 284, 285, 310
Stadtoldendorf 168, 251, 253ff., 259
Stahle 251
Stargard
Staumühle 324
Steinberg 151
Steinbergen 127, 131, 135, 137
Steinegge 111
Steinhausen 103
Steinheim 27, 178, 193
Steinkrug 57
Stemmen 60, 131, 284, 286
Stendal 240
Sternberg, Burg 332
Stöcken (Hannover) 289

350

Stöckheim 284
Stolzenau 168
Stroit 280

Tallensen 53
Teufelsberg
Texas (b. Höfingen) 136
Thiedenwiese 244, 297
Thorn 320
Tietelsen 197, 200
Todenmann 131
Todtenhausen 93
Trendelburg 214, 219
Tündern 162f., 165, 173ff., 236, 327f.

Ubbedissen 106
Uchtdorf 130, 134
Ummeln 246
Unsen 136
Uslar 230, 269, 270, 271, 272, 273, 274

Vaake 226
Vahlbruch 185, 186
Valhausen 193
Vardegötzen 244, 297
Veckerhagen 215, 219, 226, 227, 228
Veldrom 111
Vennebeck 324
Versmold 111
Vinsebeck 193
Vlotho 50, 113, 335
Völksen 295, 298
Vörden 194
Voldagsen 49
Volkmarhausen 227
Volpriehausen 274
Voremberg 49, 164
Vorwohle 281
Voßheide 148

Wahmbeck 48
Wahrendahl 56
Wangelnstedt 254, 257, 281

Warber 284
Warburg 206, 210, 212, 214
Warendorf 111
Weende 229
Weetzen 284, 285, 287
Wehrden 48, 198, 199, 202
Wehrendorf 114
Weibeck 53
Welliehausen 136
Welsede (b. Bad Pyrmont) 183
Welsede (b. Rinteln) 138, 140, 142
Wendlinghausen 51, 148
Wendthagen 285
Wennenkamp 118
Wennigsen 312, 332
Wenzen 280
Werther 102
Wesel 101
Wettbergen 57, 285
Wever 103
Wewelsburg 101
Wien 237
Wiensen 269
Wiershausen 227
Wietersheim 95
Wilhelmshaven 72, 73
Willebadessen 210
Windheim 96
Wismar 139
Wispenstein, Gut 250
Wöbbel 193
Wörderfeld
Wrisbergholzen 246, 247
Wülferode 292
Wülfingen 235
Wülfinghausen 233
Würgassen 202
Wulfhagen 60
Wunstorf 56, 57, 59, 65, 66, 67, 70, 98
Wuppertal 64

Zersen 142
Ziegenberg 100

351

Quellenverzeichnis

Bode, Ludwig, Chronik der Münchhausenstadt Bodenwerder
Bölte, Hans, In jenen Tagen vor zehn Jahren, Höxter 1955
Bremeier, Hausberge a. d. Porta
Draper, The 84th Inf.-Division in the Battle of Germany
Hugo, Heinrich, Geschichte von Steinbergen, Rinteln 1967
Girbig, Werner, Start im Morgengrauen, Stuttgart 1973
Kesselring, Soldat bis zum letzten Tag, Bonn 1953
Knoke, Heinz, Die große Jagd (1967)
Kühling, Osnabrück 1933 bis 1945
MacDonald, The Last Offensive
Dr. Mehrdorf/Stemler, Chronik von Bad Pyrmont
Meier-Lemgo, Geschichte der Stadt Lemgo 1962
Middleton, D., Danger Forward
Rauls, W., Deensen, ein Dorf vor dem Solling
Ring/Girbig, Jagdgeschwader 27, Stuttgart 1972
Röhr, H. von, Stationen und Gestalten am Wege, Detmold
Schlieker, E., Aus der Geschichte der Stadt Lügde
Spanuth, Dr., Geschichte der Stadt Hameln
Wittkopp, Heinsen, Geschichte eines Oberweserdorfes
Meyer, Adolf, Sehnde, vom Bauerndorf zur Industriegemeinde

Zeitungen, Schriftenreihen:
Hannoversche Allgemeine Zeitung (April 1965)
Unsere lippische Heimat (Beilage zur Lippischen Rundschau) Nr. 52/1970
Heimatland Lippe (Mai 1965)
Zeitschrift des Historischen Vereins für Hessische Geschichte und Landeskunde, Bd. 75/76, Jahrg. 1964/65
Schaumburger Heimatblätter (1961)
Deister- und Weserzeitung
Göttinger Jahrbuch 1961

Benutzte Archivalien:
Staatsarchiv Hannover
Staatsarchiv Bückeburg
Staatsarchiv Detmold
Bundesarchiv Freiburg i. Br.
Militärgeschichtliches Forschungsamt Freiburg i. Br.
G-2-Journal 83. US-Inf.-Div.

Fotonachweis:
Bundesarchiv (5),
Landesbildstelle Niedersachsen (5),
Stadtarchiv Hameln (1),
Foto Liebert Holzminden (1),
Foto Hachmeister Rinteln (5),
Kommunalarchiv Minden (2),
Stadtarchiv Hildesheim (3),
Institut f. Lippische Landeskunde Detmold (2),
Staatsarchiv Detmold (2),
Alliiertes Fotoarchiv (36),
Archiv Meyer-Hameln (114).